3D-Krisen-management

Bewältigung von Krisen in Krisen
Mit Best-Practice-Fallstudie

von
Dr. Ronny A. Fürst,
Thomas Sattelberger
und
Univ.-Prof. Dr. Oliver P. Heil (Ph.D.)

R. Oldenbourg Verlag München Wien

Bibliografische Information der Deutschen Nationalbibliothek

Die Deutsche Nationalbibliothek verzeichnet diese Publikation in der Deutschen Nationalbibliografie; detaillierte bibliografische Daten sind im Internet über <http://dnb.d-nb.de> abrufbar.

© 2007 Oldenbourg Wissenschaftsverlag GmbH
Rosenheimer Straße 145, D-81671 München
Telefon: (089) 45051-0
oldenbourg.de

Lektorat: Wirtschafts- und Sozialwissenschaften, wiso@oldenbourg.de
Herstellung: Anna Grosser
Coverentwurf: Kochan & Partner, München
Cover-Illustration: Hyde & Hyde, München
Gedruckt auf säure- und chlorfreiem Papier
Druck: Grafik + Druck, München
Bindung: Thomas Buchbinderei GmbH, Augsburg

ISBN 978-3-486-58316-8

Vorwort

Das chinesische Wort „wei-chi" vereint neben dem Begriff Krise auch die Bedeutung der Chance. Im Rückblick kann dieses Werk als eine realisierte Chance der in der exemplarischen Fallstudie vorliegenden Buches erläuterten Mehrfachkrise interpretiert werden. Erst die drastischen Auswirkungen nach den Attentaten vom 11. September 2001 auf die gesamte internationale Luftfahrtbranche lenkten unseren Blick auf den Kern vorliegenden Werkes – die Besonderheiten von Mehrfachkrisen. Die vielen Insolvenzen von Fluggesellschaften führten jedermann bildhaft vor Augen, was passieren kann, wenn die Wechselwirkungen zwischen einzelnen Krisen im wahrsten Sinne des Wortes „explodieren".

Wir sind der Überzeugung, dass nicht selten existenzbedrohliche Gefahren von Mehrfachkrisen durch ein systematisches Krisenmanagement abwendbar oder zumindest reduzierbar sind. Deshalb soll durch dieses Werk ein umfassendes Verständnis für die Besonderheiten von Mehrfachkrisen theoretisch konzeptionalisiert und ein systematisches Konzept zur erfolgreichen Bewältigung von Krisen in Krisen bereitgestellt werden. Damit dieses Buch zudem dabei hilft die Krisenkompetenz ganzheitlich zu erhöhen, ermöglichen das Best-Practice-Fallbeispiel und die zur eigenständigen Bearbeitung angebotenen Fallstudienkonzeptionen den Erwerb von reflektierten „Erfahrungen" außerhalb einer echten bedrohlichen Mehrfachkrise. Häufig lässt sich bereits durch den somit erzielten Lerneffekt ein (überlebens-)wichtiger Wettbewerbsvorteil bei der nächsten Krisenbewältigung realisieren.

Für die inhaltliche Unterstützung bei der exemplarischen Fallstudie danken wir dem Bereichsvorstand Netzmanagement, IT und Einkauf Dr. Holger Hätty sowie Herrn Thomas Scharfenberger von der Lufthansa Passage. Zudem gilt unser Dank Herrn Dipl.-Kfm. Jan Busch für die intensive Mithilfe bei der Erstellung vorliegenden Werkes und Frau Dorothea Rector für die Hilfe bei der Drucklegung.

Düsseldorf/Hannover/Mainz im Frühjahr 2007

Dr. Ronny A. Fürst   Thomas Sattelberger   Prof. Dr. Oliver P. Heil

Inhaltsverzeichnis

	Vorwort	V
Kapitel 1	**Buchkonzeption und Anwendungsempfehlungen**	**1**
	1.1 Einleitung	1
	1.1.1 Problemstellung	1
	1.1.2 Erklärungsbeitrag	3
	1.2 Aufbau und Anwendung	4
	1.2.1 Aufbau	4
	1.2.2 Zielgruppenspezifische Anwendungsempfehlungen	6
Teil I	**Theorie zum Krisenmanagement**	**9**
Kapitel 2	**Grundlagen von Krisen**	**11**
	2.1 Einführung und begriffliche Abgrenzung von Krisen	11
	2.1.1 Einleitung in die Krisentheorie	11
	2.1.2 Begriffsabgrenzung Krise vs. Unternehmenskrise	11
	2.2 Ursachen von Unternehmenskrisen	15
	2.2.1 Unternehmensinterne Krisenursachen	15
	2.2.2 Unternehmensexterne Krisenursachen	16
	2.3 Verlauf von Unternehmenskrisen	17
	2.3.1 Krisenverläufe aus Sicht der betroffenen Unternehmen	18
	2.3.2 Krisenverläufe aus Sicht des öffentlichen Interesses	20
	2.4 Krisentypen und deren Klassifizierung	21
	2.4.1 Strategie-, Erfolgs- und Liquiditätskrisen	23
	2.4.2 Plötzliche Unternehmenskrisen	25
	2.4.3 Publizistische Unternehmenskrisen	26
Kapitel 3	**Institutionelles Krisenmanagement**	**29**
	3.1 Der Begriff des Krisenmanagement	29
	3.2 Prozessorientiertes Krisenmanagement	30
	3.2.1 Die Phasen des Krisenmanagement	30
	3.2.2 Der RPM-Prozess	32
	3.3 Organisations- und Informationsgestaltung in Krisen	33
	3.3.1 Organisatorische Gestaltungsziele in Krisen	33
	3.3.2 Umsetzung organisatorischer Gestaltungsziele	34
	3.3.3 Modelle der organisatorischen Gestaltung in Krisen	36

3.4 Kommunikation in Krisen 40

   3.4.1 Definition und Ziel der Krisenkommunikation 40

   3.4.2 Grundsätzliche Strategien der Kommunikation in Krisen 40

   3.4.3 Vier-Stufen Modell der Krisenkommunikation 41

Kapitel 4   **Individuelle Krisenbewältigung** **43**

4.1 Krisenverhalten bei Managern 43

   4.1.1 Handlungsrahmen und Wahrnehmung in der Krise 43

   4.1.2 Auswirkungen von Stress in Krisensituationen 44

   4.1.3 Auswirkungen von Frustration in Krisensituationen 45

   4.1.4 Veränderung des Führungsverhaltens in Krisensituationen 46

4.2 Krisenverhalten bei Konsumenten 48

   4.2.1 Krisen und Konsumentenforschung 48

   4.2.2 Langfristige Veränderungen im individuellen Kontext 48

   4.2.3 Effekte von Krisen auf Einstellungen 49

   4.2.4 Effekte von Krisen auf Involvement und Wahrnehmung 51

   4.2.5 Krisen und Angst 52

Kapitel 5   **Bewältigung von Krisen in Krisen** **53**

5.1 Besonderheiten von Mehrfachkrisen 53

   5.1.1 Einführung von multiplen Krisen 53

   5.1.2 Interaktionseffekte zwischen Krisen.. 54

5.2 Das 3D-Krisenmanagement 55

   5.2.1 Grundlegendes Konzept 55

   5.2.2 Prozess und Phasen 57

   5.2.3 Organisatorische Gestaltungsempfehlungen 62

5.3 Implikationen 64

   5.3.1 Zusammenfassung 64

   5.3.2 Künftiger Forschungsbedarf 64

Teil II   **Praktisches Krisenmanagement am Fallbeispiel** **67**

Kapitel 6   **Der 11. September 2001 und seine Rahmenbedingungen** **69**

6.1 Die Zeit vor dem 11.9.2001 69

   6.1.1 Die globale Wirtschaftslage 70

   6.1.2 Besonderheiten und Schwierigkeiten der Luftfahrtbranche 71

   6.1.3 Die Luftfahrtindustrie in den USA 76

   6.1.4 Die Luftfahrtindustrie in Europa 79

   6.1.5 Die Rolle der Low-Cost-Anbieter 81

   6.1.6 Die Deutsche Lufthansa AG 86

6.2 Der 11. September 2001 – Tag des Terrors 92
    6.2.1 Die Chronologie der Terror-Anschläge 92
    6.2.2 Die Zielobjekte der Anschläge 94
    6.2.3 Der 11.9.2001 vs. vorherigen Anschlägen 97

Kapitel 7 Auswirkungen des 11.9.2001 in den ersten Tagen **101**
    7.1 Allgemeine Veränderungen 101
    7.2 Die Folgen für die Luftfahrtbranche 102
    7.3 Die Deutsche Lufthansa AG 103

Kapitel 8 Auswirkungen des 11.9.2001 im ersten Quartal **107**
    8.1 Allgemeine Veränderungen 107
        8.1.1 Die globale wirtschaftliche Lage 107
        8.1.2 Kurzfristige Auswirkungen auf die Amerikaner 110
    8.2 Die Luftfahrtbranche 112
        8.2.1 USA 114
        8.2.2 Europa 117
    8.3 Die Deutsche Lufthansa AG 123
        8.3.1 Die typologische Einordnung der Krise 123
        8.3.2 Quantifizierte Krisenfolgen 123
        8.3.3 Die Auswirkungen auf die Kunden und das Unternehmen 125
        8.3.4 Der Einfluss auf die (Personal-) Führung 125
        8.3.5 Die Krisenbewältigungsmaßnahmen 130
        8.3.6 Die Krisenkommunikation 138

Kapitel 9 Auswirkungen des 11.9.2001 im ersten Jahr **139**
    9.1 Allgemeine Veränderungen 139
        9.1.1 Die globale wirtschaftliche Lage 139
        9.1.2 Langfristige Auswirkungen auf die Amerikaner 144
    9.2 Die Luftfahrtbranche 145
        9.2.1 Veränderungen in der Luftfahrtindustrie 145
        9.2.2 Die europäischen Low-Cost-Anbieter 149
    9.3 Die Deutsche Lufthansa AG 151
        9.3.1 Weiterführende Kosteneinsparungen 154
        9.3.2 Anpassung der Flotte und der Kapazität 155
        9.3.3 Recruiting / Mitarbeiter 157
        9.3.4 Allianzen 158
        9.3.5 Online-Engagement 159
        9.3.6 Sonstige Maßnahmen 160

Kapitel 10 Zusammenfassung und Implikationen **163**

    10.1 Zusammenfassung.. 163

        10.1.1 Einordnung des 11.9.2001 in die Krisentheorie 163

        10.1.2 Auswirkungen auf die Luftfahrtbranche................................... 167

        10.1.3 Auswirkungen auf die Deutsche Lufthansa AG 169

    10.2 Evaluation der Lufthansa-Krisenbewältigung 171

        10.2.1 Krisenbewältigung der Deutschen Lufthansa AG 172

        10.2.2 Erfolge des durchgeführten Krisenmanagement 177

        10.2.3 Implikationen und neue Herausforderungen 183

Teil III   Fallstudienkonzeptionen **191**

Kapitel 11 Fallstudienkonzepte zum 11. September 2001 .... **193**

    11.1 Konzeption und Anwendungsempfehlungen 193

    11.2 Fallstudienkonzeption I 196

    11.3 Fallstudienkonzeption II 198

    11.4 Fallstudienkonzeption III 200

Literaturverzeichnis.. **203**

Stichwortverzeichnis **215**

Buchkonzeption und Anwendungsempfehlungen

Einleitung

Problemstellung

Jede unternehmerische Tätigkeit ist mit einem gewissen Maß an Risiko verbunden. Krisen treten dabei nicht nur marktbedingt, z.B. durch Wettbewerbsaktivitäten auf, sondern können vielmehr auch im Unternehmen selbst entstehen. Beispiele hierfür sind Managementfehler, Irrtümer oder Versäumnisse jeglicher Art. Darüber hinaus lösen zusätzlich exogene Einflüsse oder Katastrophen, wie z.B. die Terroranschläge des 11. Septembers 2001, Krisensituationen aus. Diese wiederum entziehen sich zumindest bis zur Entstehung einer Beeinflussung bzw. Kontrolle durch das Unternehmen. Generell besteht somit bei jeglicher unternehmerischer Aktivität die Alternative, dass die aufgestellten Ziele und Pläne nicht erreicht, sondern durch eine auftretende Krise konterkariert werden. Dies hat in der Regel zur Folge, dass Investitionen nicht ausreichend durch Erträge amortisiert werden und häufig zusätzliche Kosten für die Krisenbewältigung entstehen, die in letzter Konsequenz auch den Fortbestand der Unternehmung gefährden können (vgl. Pearson, Clair 1998, S. 66).

Unternehmenskrisen stellen dabei kein Phänomen dar, welches lediglich einzelne Unternehmungen spezieller Branchen betreffen kann. Unternehmenskrisen sind aufgrund des Wettbewerbprinzips ein inhärentes Wirtschaftproblem. Deshalb sind Unternehmenskrisen sowohl in jedem Unternehmen als auch in jeder Branche – in der ein funktionierender Wettbewerb gesichert ist – denkbar und deren Auftreten wahrscheinlich (vgl. Bergauer 2001, S. 2).

Diese Perspektive mag negativ erscheinen, eine vorsichtige und damit eher pessimistische Sichtweise im Vorfeld einer Krise ermöglicht es jedoch, frühzeitig und prophylaktisch Vorsorgemaßnahmen zu ergreifen, um möglicherweise auftretende Schäden wirkungsvoll zu begrenzen. Deshalb stellen sowohl das institutionelle als auch das individuelle Krisenmanagement in Unternehmen eine große und herausfordernde Verantwortung für das Management dar. Sei es zum einen die erfolgreiche Bewältigung existenzgefährdender Situationen oder zum anderen das Meistern von Krisen, die durch die Medien bzw. das öffentliche Interesse entstanden und in das Unternehmen hineingetragen worden sind (vgl. Töpfer 1999, S. 275; Watkins, Bazerman 2003).

Während sich Unternehmen bereits in den 80-iger Jahren durch ein immer rauer werdendes Wettbewerbsumfeld mit dieser Problematik konfrontiert sahen, steigt die allgemeine Relevanz des Krisenmanagement weiter an (vgl. Fürst 2004, S. 1). Es erscheint paradox, dass trotz gestiegener wirtschaftlicher und politischer Sicherheit das Existenzrisiko einer einzelnen Unternehmung – auch bzw. gerade im fortschrittlichen neuen Jahrtausend – als hoch einzuschätzen ist. Veränderte Wettbewerbsbedingungen durch Globalisierung, Handelsliberalisierung oder technologischen Fortschritt machen es Unternehmen zunehmend schwerer, sich im Markt zu behaupten. Insbesondere das verstärkte öffentliche Interesse und die massenmediale Berichterstattung tragen dazu bei, dass das Krisenmanagement immer mehr an Bedeutung für den nachhaltigen Erfolg eines Unternehmens gewinnt.

Die immense Anzahl an Insolvenzen in der Bundesrepublik Deutschland ist lediglich ein Anzeichen für die vielen Fälle, in denen das Krisenmanagement offensichtlich versagt hat. Die Ursachen hierfür liegen häufig in den Mängeln des betrieblichen Krisenmanagement bzw. den fehlenden Kenntnissen, Fähigkeiten und Erfahrungen von verantwortlichen Mitarbeitern Krisen erfolgreich zu meistern. Deshalb bereitet vorliegendes Werk zuerst als theoretische Grundlage den aktuellen Wissensstand zum Krisenmanagement auf. Somit können Verantwortliche und Entscheidungsträger mit der Lektüre dieses Buches sowohl hinreichende Kenntnisse zur Bewältigung von Krisen im Allgemeinen erwerben, als auch praktische Einsichten in eine beispielhafte reale Bewältigung einer Mehrfachkrise erhalten bzw. durch die Bearbeitung der offerierten Fallstudien selbst generieren.

Das hohe wirtschaftliche Risiko bzw. die große Anfälligkeit von Unternehmen auf dramatische Ereignisse oder externe Schocks in bestehenden Krisen veranschaulichen die wachsende Bedeutung des Krisenmanagement und deren erhöhte Anforderungen bzgl. Komplexität und Dynamisierung. In den meisten Fällen wird es künftig nicht mehr ausreichen, Krisen sukzessiv zu bewältigen, da diese vermehrt und zeitlich überlagert auftreten und somit simultan unter Berücksichtigung zusätzlicher Interaktionseffekte gemanagt und bewältigt werden müssen. Da es zudem durchaus möglich ist, mittels einer kompetenten Bewältigung dramatischer Ereignisse auch einer Krise eine unternehmerische Chance abzugewinnen (vgl. Kim 1998, S. 509), ist der Erwerb neuartiger Kompetenzen für das Management von Mehrfachkrisen in zweifacher Hinsicht für ein Unternehmen bzw. dessen Führung lohnenswert.

Dieser neuen Herausforderung trägt vorliegendes Buch Rechnung, indem ein erstes theoretisches Konzept zum erfolgreichen managen von Mehrfachkrisen vorgestellt wird und am Fallbeispiel eines Best-Practice-Unternehmens die erfolgreiche simultane Krisenbewältigung der Mehrfachkrise der Luftfahrtbranche nach den Terror-Attentaten vom 11.9.2001 illustriert wird (vgl. Fürst 2004, S. 168). Ausgehend von diesem gesellschaftsrelevanten Ereignis werden am konkreten praktischen Beispiel sowohl die erfolgreiche Anwendung der verfügbaren Theorie, als auch besondere Erfolge der illustrierten Krisenbewältigung von Deutsche Lufthansa AG aufgezeigt. Zudem werden die unternehmerische Realität und die Charakteristiken von Mehrfachkrisen sowie die Notwendigkeit neuer Krisenmanagementkonzepte zur erfolgreichen Bewältigung von dieser zunehmenden und komplexen Krisenart aufgezeigt, welche in vorliegendem Werk die bestehende Theorie zum herkömmlichen Krisenmanagement konzeptionell erweitert.

Erklärungsbeitrag

Die Anschläge des 11. Septembers 2001 in New York und Washington verdeutlichen die Existenz und Relevanz von Krisen in Krisen (vgl. Fürst et al. 2005). Solche Mehrfachkrisen werden in vorliegendem Werk auf Grundlage einer Zusammenfassung des aktuell verfügbaren Wissensstands zum Krisenmanagement thematisiert und vorgestellt. Da die Besonderheiten von Mehrfachkrisen u.a. auch geeignete neue Bewältigungsstrategien erfordern, wird das Konzept des 3D-Krisenmanagement zur effizienten Bewältigung solcher multiplen Krisen in die Krisenmanagementliteratur eingeführt. Dabei werden sowohl der Prozess und die einzelnen Phasen als auch erste organisatorische Gestaltungsempfehlungen aufgeführt. Zudem kann dieser theoretische Erklärungsbeitrag als Anstoß zur empirischen Erforschung des Management von Mehrfachkrisen dienen.

Das vorliegende Werk illustriert zudem an dem ausführlichen Fallbeispiel der Anschläge des 11. Septembers 2001 mögliche Wechselwirkungen von Krisen untereinander sowie eine erfolgreiche praktische Krisenbewältigung. Aufgrund der per se besonders krisenanfälligen Luftfahrtbranche ist das Krisenmanagement bei globalen Fluggesellschaften bereits hinreichend gut entwickelt. Vor diesem Hintergrund ist die Illustration an einem Best-Practice-Unternehmen somit besonders interessant für die Einführung des Management von Mehrfachkrisen. Dessen Praxisrelevanz zudem an der Bewältigung eines jedem bekannten gesellschaftsrelevanten Krisenereignis wie dem 11.9.2001 zu demonstrieren, ist dabei eine weitere Besonderheit vorliegenden Buches. Da das Krisenmanagement der Terrorfolgen durch die Deutsche Lufthansa AG im komparativen Branchenvergleich deutlich positiv herausragt, ist dieses ein illustratives Best-Practice-Fallbeispiel und ermöglicht neben branchenspezifischen Erkenntnissen zudem Einsichten für das allgemeine Krisenmanagement.

Beginnend mit den Terror-Attentaten vom 11.9.2001 bis ein Jahr danach, ist der Zeitrahmen der exemplarischen Fallstudie vorliegenden Buches bzw. der Evaluierung des Krisenmanagement der Deutschen Lufthansa AG auf genau zwölf Monate beschränkt. In diesem Betrachtungszeitraum lassen sich sowohl die Folgen der Attentate selbst, als auch die Maßnahmen bzw. die posteriori Erfolgsevaluation des Krisenmanagement der Deutschen Lufthansa AG besonders gut bzw. größtmöglich objektivierbar herausarbeiten.

Obwohl sich die Luftfahrtbranche nach dem 11.9.2001 in einer Mehrfachkrise befand, lag der überwiegende Schwerpunkt der Berichterstattung in der Bewältigung dieses dramatischen Ereignisses. Somit trägt vorliegendes Werk zudem dazu bei, die Interdependenzen von unterschiedlichen Krisen sowie die besondere Herausforderung des Management von Mehrfachkrisen beim Leser ins Bewusstsein zu rufen und dort zu verankern. Obwohl der Hauptfokus innerhalb des einjährigen Betrachtungszeitrahmens in der akuten Krisenbewältigung der Terror-Folgen liegt, werden die konjunkturelle Krise und die Struktur-Krise ebenfalls in dem betrachteten Zeitfenster thematisiert.

Somit wird während der exemplarischen Fallstudie zudem die Existenz von Mehrfachkrisen in der unternehmerischen Realität beispielhaft aufgezeigt. Vor diesem Hintergrund wird das Problembewusstsein für den theoretischen Erklärungsbeitrag vorliegenden Werkes durch das ausführliche Fallbeispiel zusätzlich geschärft. U.a. werden dabei explizit die wirkungsvollen Interaktionseffekte von einzelnen Krisen, deren Bedeutung und Berücksichtigung im Krisenmanagement von Mehrfachkrisen thematisiert.

Durch das Fallbeispiel erhält der Leser neben einer umfassenden theoretischen Abhandlung des aktuellen Erkenntnisstandes zum Thema Krisenmanagement einzigartige praktische Einblicke in reale Entscheidungssituationen und -prozesse, der von den Anschlägen und der damit verbundenen Mehrfachkrise besonders hart getroffenen Luftfahrtbranche. Die angeschlossenen Fallstudienkonzepte laden dazu ein, das erworbene Wissen anzuwenden und das Vorgehen und die Regeln eines erfolgreichen Krisenmanagement in diesem konkreten Beispiel aus Sicht eines Lufthansa-Managers zu erfahren.

1.2 Aufbau und Anwendung

1.2.1 Aufbau

Grundlegend gliedert sich vorliegendes Werk in drei Teile. Eine rein theoretische Abhandlung (Teil I – Kapitel 2 bis 5), eine praxisbezogene Auseinandersetzung mit dem Thema Krisenmanagement am Fallbeispiel der Bewältigung der Terror-Attentate vom 11. September in der Luftfahrtbranche (Teil II – Kapitel 6 bis 10), sowie dem Angebot von zielgruppenspezifischen Fallstudienkonzeptionen zur eigenen Bewältigung der Krise nach dem 11. September 2001 als Lufthansa-Krisenmanager (Teil III – Kapitel 11). Im ersten Teil werden Mehrfachkrisen und die systematische Bewältigung von Krisen in Krisen konzeptionell fundiert, welche den skizzierten theoretischen Status Quo zum Krisenmanagement erweitern. Im zweiten Teil wird die erfolgreiche Bewältigung der Mehrfachkrise nach dem 11. September durch die Lufthansa vorgestellt und evaluiert. An diesem Fallbeispiel wird u.a. auch die erfolgreiche Umsetzung von der im ersten Bereich vorgestellten Theorie zum Krisenmanagement praktisch und nachvollziehbar illustriert.

Nach diesem *einleitenden Kapitel* „Buchkonzeption und Anwendungsempfehlungen" folgen in *Kapitel 2* die theoretischen Grundlagen von Krisen. Nach der Begriffsabgrenzung werden unterschiedliche Ursachen von Krisen, mögliche Verläufe und verschiedene in der Literatur auftretende Krisentypen erläutert. Hierbei wird zudem eine Klassifizierung und Systematisierung von Krisen vorgenommen.

Im folgenden *Kapitel 3* liegt ein besonderer Fokus in der theoretischen Einführung des institutionellen Krisenmanagement. Der begrifflichen Abgrenzung des Krisenmanagement folgt eine prozessorientierte Perspektive der Bewältigung von Krisen. Zudem werden Ansätze zur Organisations- und Informationsgestaltung sowie Ansätze zur Kommunikation in Krisen aufgezeigt.

Gegenstand des *Kapitels 4* sind die theoretischen Grundlagen individueller Krisenbewältigung. Dabei werden sowohl das Krisenverhalten von Managern, bspw. im Zusammenhang mit Stress, Frustration oder dem Führungsverhalten, als auch das Verhalten von Konsumenten in Krisen, z.B. in Bezug auf die Wahrnehmung oder Angst, separat behandelt.

Des *Kapitel 5* reflektiert den neuen theoretischen Erklärungsbeitrag vorliegenden Werkes. Dabei wird die Relevanz und Definition des Management von Mehrfachkrisen vorgestellt, welches den skizzierten Status Quo der vorgestellten theoretischen Grundlagen des allgemeinen Krisenmanagement erweitert. Neben dem grundlegenden Ansatz des 3D-Krisenmanagement werden dessen Phasen und erste organisatorische Gestaltungsempfehlungen erläutert sowie zusammenfassende Implikationen und zukünftiger Forschungsbedarf erläutert.

Aufbauend auf dieser theoretischen Basis folgt in *Teil II* eine Situationsbeschreibung, in welcher die globale Wirtschaftslage und die Rahmenbedingungen vor den Anschlägen vom 11.9.2001 analysiert werden. Dabei wird auch die Luftfahrtbranche explizit untersucht, bei welcher insbesondere die Überkapazitäten und der Preiskampf im transatlantischen Flugverkehr, sowie die Rolle der „Low-Cost"-Anbieter im Vordergrund der Analyse stehen. Zudem sind die Terror-Attentate vom 11.9.2001 Gegenstand des *Kapitels 6*. Zuerst wird dabei die Chronologie der Anschläge detailliert dargelegt, bevor die Zielobjekte der Anschläge sowie die komparativen Besonderheiten der Attentate vom 11.9.2001 im Vergleich bisheriger Anschläge herausgearbeitet werden.

Kapitel 7 widmet sich den unmittelbaren Auswirkungen der Anschläge. Unterteilt in allgemeine und luftfahrtspezifische Folgen, sowie Effekte auf die Deutsche Lufthansa AG im Speziellen, umfasst der zuerst beschriebene unmittelbare Zeithorizont die Tage direkt nach den Anschlägen. Danach werden im folgenden *Kapitel 8* die Folgen ein Quartal nach den Anschlägen ähnlich strukturiert aufbereitet. Für die Deutsche Lufthansa AG werden zudem Krisenbewältigungsmaßnahmen sowie die bisherige Krisenkommunikation vorgestellt.

Das *Kapitel 9* geht vornehmlich auf die realisierten Krisenreaktionsmechanismen der Fluggesellschaften ein und beschreibt die Entwicklungen, welche die vorhergehenden 12 Monate für diese Branche mit sich brachten. Somit beschreibt es die Situation der Luftfahrtbranche ein Jahr nach den Anschlägen des 11. Septembers 2001 und geht auf die daraus resultierenden langfristigen Folgen ein. Aufgezeigt werden hierbei zudem Entwicklungen, welche sich im Vergleich zu den Beobachtungen im vorherigen Kapitel verstärkt oder abgeschwächt haben. Ein besonderer Fokus liegt auch auf den Ausführungen zu der Deutschen Lufthansa AG.

Im *Kapitel 10* findet eine Zusammenfassung der identifizierten Folgen und Konsequenzen der Attentate des 11. Septembers 2001 auf die Luftfahrtbranche statt. Zudem wird die praktische Krisenbewältigung der Deutschen Lufthansa AG evaluiert und deren Erfolge herausgearbeitet. Abschließend werden wichtige Erkenntnisse und Erfolgsfaktoren sowie künftige Herausforderungen zusammengefasst.

Der abschließende *Teil III* des vorliegenden Werkes umfasst zielgruppenspezifische Fallstudienkonzepte. Diese werden sowohl im folgenden *Kapitel 1.2.2*, als auch in *Kapitel 11.1* ausführlicher erläutert. Dabei werden zudem zielgruppenspezifische Empfehlungen zur effektiven und effizienten Anwendung angeboten.

1.2.2 Zielgruppenspezifische Anwendungsempfehlungen

Sowohl der modulare Gesamtaufbau als auch die zielgruppenspezifische Aufbereitung der Fallstudienkonzepte stiften unterschiedlichen Anwendern einen adäquaten bzw. effizienten Nutzen. Während Vorstände, Top-Manager oder erfahrene Krisenmanager zum einen bereits Kenntnisse und Erfahrungen bzgl. der erfolgreichen Bewältigung von Krisen aufweisen, ist üblicherweise die Zeit für das Lesen eines Buches eine restriktive Ressource. Studenten unterschiedlichster Fachrichten haben im Allgemeinen dagegen mehr Zeit für das Studium eines Buches, während das verantwortliche Meistern von bisherigen Krisen zumeist auf das persönliche Lebensumfeld beschränkt blieb.

Im Folgenden werden für drei unterschiedliche Zielgruppen detaillierte Handlungsempfehlungen zur Nutzung vorliegenden Buches aufgeführt. Dabei wird den verschiedenen Parteien innerhalb einer Zielgruppe ein relativ homogenes Nutzungsprofil unterstellt. Aufgrund der folgenden und in Kapitel 11.1 für die Fallstudienkonzepte aufgeführten zielgruppenspezifischen Anwendungsempfehlungen wird es jedoch einfach sein, im Falle grundlegender

Abweichungen bzgl. Kenntnisstand, Erfahrung, Funktion, Zeitbudget oder ähnlichem, ein individuelles Nutzungskonzept abzuleiten.

Vorstände, Top-Management und erfahrene Krisenmanager

Sofern mit dem aktuellen Stand des Krisenmanagement vertraut, sei zuerst die Lektüre des Kapitel 5, „Bewältigung von Krisen in Krisen", empfohlen. Darin werden Mehrfachkrisen konzeptionalisiert und das 3D-Krisenmanagement zu deren erfolgreichen Bewältigung vorgestellt. Nach diesem Studium des theoretischen Erklärungsbeitrag zu Krisen in Krisen ist das Lesen des Kapitels 6 ratsam, um sich die Terror-Attentate vom 11.9.2001 und dessen Rahmenbedingen als Ausgangssituation der Krisenbewältigungsherausforderung zu vergegenwärtigen. Danach kann in Kapitel 10 die Zusammenfassung und Evaluierung dessen Krisenbewältigung durch die Deutsche Lufthansa AG verfolgt werden. Somit ist bei einem geringen Zeitaufwand der wesentliche Beitrag vorliegenden Buches zum allgemeinen Stand des Krisenmanagement höchst effizient nutzbar.

Um neben dem theoretischen Kenntnisstand die praktische Qualifikation zu fördern, sei zudem das anspruchsvolle Fallstudienkonzept I angeraten, welche bei Anwendung vor der Lektüre des Kapitels 10 durchgeführt werden kann.

Führungskräftenachwuchs, Manager und Wirtschaftswissenschaftler

Unabhängig vom Kenntnisstand sei das intensive Studium der ersten theoretischen Abschnitte (Kapitel 2 bis 6) empfohlen, bevor je nach Anspruchsniveau die Fallstudienkonzeption II oder III durchgeführt wird. Nach deren Bearbeitung sei für den Führungskräftenachwuchs sowie für fortgeschrittene BWL-Studenten mit Schwerpunktfächern wie Krisenmanagement oder Unternehmens-/Personalführung zudem zeitverzögert das anspruchsvolle Fallstudienkonzept I empfohlen.

Interessierte und Studenten jeglicher Fachrichtungen

Prinzipiell sei zuerst die Lektüre des Kapitels 6 empfohlen, um die Terror-Attentate vom 11.9.2001 und dessen Rahmenbedingen als Ausgangssituation der Krisenbewältigungsherausforderung kennen zu lernen. Danach kann in Kapitel 10 die Zusammenfassung und Evaluierung dessen Krisenbewältigung durch die Deutsche Lufthansa AG als ein aktuelles praktisches Beispiel zur Kenntnis genommen werden. Je nach Interessenslage und zur Verfügung stehender Zeit kann das allgemeine theoretische Wissen zum Krisenmanagemt durch Studium der Kapitel 2 bis 4 wirkungsvoll erweitert werden bzw. die Auswirkungen der Mehrfachkrise nach den Terror-Attentaten vom 11.9.2001 und dessen Bewältigung detaillierter mittels der Kapitel 7 bis 9 verfolgt werden.

Um erste praktische simulierte „Erfahrungen" zu generieren bzw. erlernte „Key Konzepte" des Krisenmanagement zu vertiefen und in die Praxis zu transferieren sei die Bearbeitung der Fallstudienkonzeption III empfohlen.

Teil I

Theorie zum Krisenmanagement

Grundlagen von Krisen

Einführung und begriffliche Abgrenzung von Krisen

Einleitung in die Krisentheorie

Das vorliegende Kapitel beschäftigt sich mit dem theoretischen Hintergrund von Krisen und dem aktuellem Erkenntnisstand des Krisenmanagement. Eingangs werden dazu die in der Literatur vorherrschenden Definitionen der Begriffe Krise und Unternehmenskrise vorgestellt. Darauf aufbauend wird im Anschluss auf die allgemeinen Ursachen von Unternehmenskrisen eingegangen. Die verschiedenen Verlaufsformen dieser Krisen stehen anschließend im Blickpunkt der Betrachtung, gefolgt von einer Klassifizierung und Systematisierung verschiedener Krisentypen.

Die weitere theoretische Einführung in das Krisenmanagement folgt danach in Kapitel 3, in welchem dessen institutionelle Facette erläutert wird, bevor in Kapitel 4 die theoretischen Grundlagen der individuellen Krisenbewältigung gelegt werden, wobei zwischen der Krisenbewältigung durch Manager und Konsumenten unterschieden wird. In Kapitel 5 werden Mehrfachkrisen konzeptionalisiert und das 3D-Krisenmanagement zu deren effizienten Bewältigung eingeführt. Dieser in Kapitel 5, „Bewältigung von Krisen in Krisen", aufgeführte neue theoretische Erklärungsbeitrag vorliegenden Werkes zur Bewältigung von Mehrfachkrisen erweitert abschließend die verfügbare Theorie zum Krisenmanagement. Somit reflektieren die Kapitel 2 bis 5 den aktuellen Stand der Theorie und bilden damit die Basis der späteren Evaluierung der Krisenbewältigung nach dem 9.11.2001 durch die Deutsche Lufthansa AG sowie die Grundlage für die eigenständige Bearbeitung der angebotenen Fallstudienkonzepte.

Begriffsabgrenzung Krise vs. Unternehmenskrise

Der Begriff Krise ist im Umgangssprachlichen sehr verbreitet und umfasst sowohl Krisen im persönlichen Bereich als auch weltumspannende Krisen. Ursprünglich stammt der heute verwendete Krisenbegriff aus dem altgriechischen („*krisis*") und bezeichnet ganz allgemein den Bruch einer kontinuierlichen Entwicklung und im engeren Sinne den Wende- bzw. Höhepunkt einer gefährlichen Entwicklung und der sich damit verbundenen Entscheidungssituation. Nach Krystek (1987, S. 3) kennzeichnet er des Weiteren eine Situation, deren Entwicklungsmöglichkeiten extrem ambivalent sind. Dies verdeutlicht auch die Betrachtung des chinesische Ausdruck für Krise, „*wei-chi*": er vereint die zwei Gesichtspunkte *Gefahr* sowie *Gelegenheit* und *Chance* (vgl. z.B. Linde 1994).

Der Krisenbegriff wird in verschiedensten wissenschaftlichen Bereichen verwendet, am häufigsten jedoch in den Politik- und Geschichtswissenschaften, in der Medizin und in den Rechts- und Sozialwissenschaften. Im Rahmen der Politikwissenschaften wird die Krise als Entscheidungsprozess betrachtet, der durch Zeitdruck und einer steigenden Gefahr der Ausweglosigkeit gekennzeichnet ist. In der Medizin findet der Begriff Krise als der Höhepunkt einer schweren Erkrankung Verwendung, die in der Entscheidung um Leben oder Tod des Patienten mündet. In den Wirtschaftswissenschaften, und hier vornehmlich in der Volkswirtschaftslehre, wird die Krise hauptsächlich im Zusammenhang mit konjunkturellen Erscheinungen gesehen. Hierbei wird die Krise als der rezessiv abschwingende Teil eines Konjunkturzyklus angenommen (vgl. Krystek 1987, S. 4).

In der Betriebswirtschaftslehre findet eine Auseinandersetzung mit der Krise auf disaggregierter Unternehmensebene statt. Nach Krystek (1987, S. 6) sind Unternehmenskrisen „(…) ungeplante und ungewollte Prozesse von begrenzter Dauer und Beeinflussbarkeit sowie mit ambivalentem Ausgang. Sie sind in der Lage, den Fortbestand der gesamten Unternehmung substanziell und nachhaltig zu gefährden oder sogar unmöglich zu machen." Dabei steht der Zustand ungenügender Ertragskraft und mangelnder Liquidität und damit die Existenzbedrohung der Unternehmung im Vordergrund. Grüber (2001, S. 11) betont darüber hinaus, dass die Unternehmenskrise in der Regel als ein langwieriger Prozess, „(...) der irgendwann – vielleicht sogar erst in ein paar Jahren – zu einem Kumulationspunkt in Form ernster Ertrags- und dann Liquidationsprobleme führt (...)", verstanden werden muss.

Robert B. Irvine und Dan P. Millar (1996, S. 1) definieren den Begriff Krise, in Anlehnung an das Institute for Crisis Management, „(...) as a *significant business disruption which results in extensive news media coverage and public scrutiny.*"

Einen groben Überblick über die verschiedenen in der Literatur verwendeten Definitionen des Begriffs Unternehmenskrise illustrieren die Abbildungen 2-1 und 2-2.

Abbildung

2-1

Systematik betriebswirtschaftlicher Krisenbegriffe, Teil 1

(Quelle: Linde 1994, S. 9)

Krystek, U. Unternehmenskrisen (1987), S. 6 f	Löhneysen, G. von Unternehmenskrisen (1982), S. 26 f
Krise ist ein <u>Prozess</u> → ungeplant, ungewollt → von begrenzter Dauer u. Beeinflussbarkeit → mit ambivalentem Ausgang	Krise ist ein <u>Prozess</u> → ungeplant, ungewollt → zeitlich begrenzt → mit unbestimmtem Ausgang
Krisen sind in der Lage, den <u>Fortbestand der Unternehmung</u> substanziell und nachhaltig zu <u>gefährden</u> oder sogar unmöglich zu machen.	Krisen <u>gefährden</u> die Funktionsfähigkeit oder <u>das Fortbestehen des Systems</u> oder machen es unmöglich.
Die Gefährdung geschieht durch Beeinträchtigung bestimmter (dominanter) Ziele, deren Nichterreichen gleichbedeutend ist mit einer Existenzgefährdung oder -vernichtung als selbständig wirtschaftende Einheit.	Das geschieht durch das nachhaltige Nichterreichen festgelegter Mindestziele
Dominante Ziele sind: → Zahlungsfähigkeit → Mindestgewinn → Erfolgspotenziale	Tatbestände des Nichterreichens: → Zahlungsschwierigkeit → Zahlungsfähigkeit → Überschuldung

Abbildung

2-2

Systematik betriebswirtschaftlicher Krisenbegriffe, Teil 2

(Quelle: Linde 1994, S. 9)

Müller, R. Krisenmanagement (1982), S. 1	Krummenacher, A. Krisenmanagement (1981), S. 7 ff	Zahn, E. Konzepte (1983), S. 191 ff
Krise ist ein <u>Prozess</u> → von der Unternehmung ungewollt → zeitlich begrenzt	Krise ist die <u>Situation</u>, die nach einem abrupten Wechsel einer oder mehrerer Basisvariablen eines Systems entsteht	Krise ist für das betroffene System eine <u>existenzgefährdende Situation</u> mit unbestimmtem Gefahrenausgang
Krisen <u>gefährden die Existenz</u> der gesamten <u>Unternehmung</u>	Krisen <u>gefährden die Existenz des Systems</u>	Krisenmerkmale:
Gefährdung heißt akute Bedrohung überlebenswichtige Unternehmungsziele	Gefährdung der Erreichung bisheriger essentieller Normen und Ziele	→ Bedrohung der Realisierung überlebensrelevanter Ziele
Überlebenswichtige Ziele: → Erfolgspotenziale → Erfolg → Liquidität	Basisvariablen: → Liquidität → Erfolg Essentielle Normen und Werte: → Abhängig von der Definition des Betroffenen	→ Zeitdruck → Überraschung durch unerwartete Änderung von Basisvariablen (Liquidität, Gewinn, Marktanteil)

In der betriebswirtschaftlichen Praxis und Literatur werden oft ähnliche Begriffe im Zusammenhang mit Unternehmenskrisen verwendet, die inhaltlich scharf von einander abzugrenzen sind. Es geht dabei um die Begriffe Katastrophe, Störung und Konflikt. Abbildung 2-3 illustriert deren Interdependenzen. Es ist erkennbar, dass die Begrifflichkeiten nicht isoliert, sondern im Kontext zueinander gesehen werden müssen.

Müller (1986, S. 46) sieht *Konflikte*, ähnlich wie Mayntz und Krüger, als „(...) latente oder manifeste Gegensätzlichkeiten bzw. Spannungen zwischen Einzelpersonen oder Gruppen, die sich in offenen Auseinandersetzungen niederschlagen können". In Anlehnung an Grochla/Thom, hält Müller (1986, S. 46) sie nicht als zwangsläufige Gefährdung dominanter Unternehmensziele und deshalb sind sie bspw. in der Matrix-Organisation wegen ihrer produktiven Wirkung sogar erwünscht." Krystek (1987, S. 63f) stellt jedoch fest, dass Konflikte oft Ursache von Unternehmenskrisen sind, wenn diese im Managementbereich lokalisiert sind. Dieser sieht in *Störungen* dagegen Dysfunktionalitäten bei sachlichen Elementen wie Maschinen oder bspw. maschinellen Anlagen.

Krystek (1987, S. 8) geht zudem mit Weber einher, dass auch Störungen, wie Konflikte, „(...) weder eine Gefährdung noch die Unmöglichkeit der Erreichung überlebensrelevanter Ziele beinhalten muss."

<table>
<tr><td>Abbildung
2-3</td></tr>
</table>

Grundsätzlicher Zusammenhang zw. Unternehmenskrise, Konflikt, Störung und Katastrophe (Quelle: Krystek 1987, S. 9)

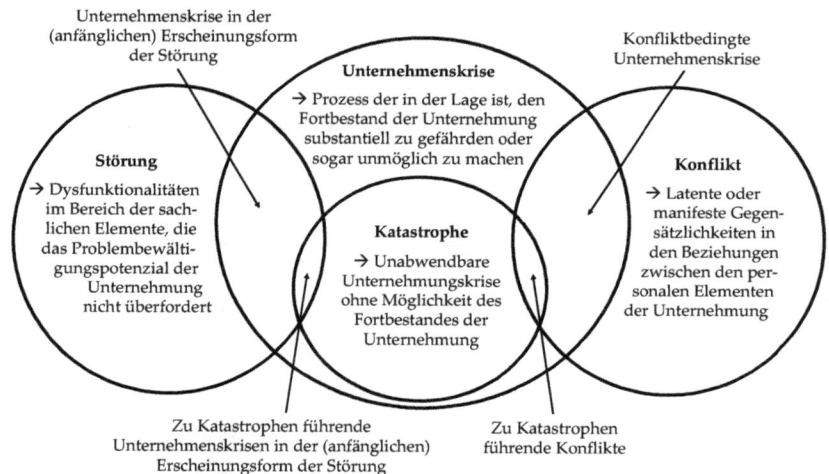

Es ist jedoch möglich, dass sich auch Krisen anfänglich als Störung zeigen. Somit besteht inhärent zudem die Gefahr, eine drohende Krise zu spät wahrzunehmen (vgl. Müller 1986, S. 46).

„Der Begriff *Katastrophe* kennzeichnet primär im außerökonomischen Bereich begründet liegende, die Funktionsfähigkeit der Unternehmung bedrohende Ereignisse in Form von Naturkatastrophen oder technischen Katastrophen" (Müller 1986, S. 46). Damit stellen Katastrophen auch eine potenzielle Ursache von Unternehmenskrisen dar.

Ursachen von Unternehmenskrisen

Jede Unternehmenskrise hat eine oder meist sogar mehrere Ursachen, die nach Ansicht von Grüber (2001, S. 12) in unternehmensinterne, respektive endogen induzierte, oder unternehmensexterne, auch exogen induzierte Ursachen genannt, klassifiziert werden können. Auch Müller (1986, S. 66 ff) klassifiziert nach internen und externen Ursachen von Unternehmenskrisen. Er bezeichnet sie deshalb auch als hausgemacht bzw. marktbedingt. In den folgenden Ausführungen wird diese Typologisierung von Krisenursachen detaillierter erläutert.

Unternehmensinterne Krisenursachen

Als interne Ursachen von Krisen sind sämtliche Unternehmensbereiche denkbar. Diese internen bzw. hausgemachten Krisenursachen sind wiederum in operative, strukturelle und unternehmensstrukturelle Ursachen differenzierbar (vgl. Grüber 2001, S. 14; Müller 1986, S. 67).

Bei *operativen Problemen* kann es sich z.B. um mangelnde Produktivität oder unzureichende Produktqualität handeln. Fehlende Produktinnovation, schlechte Portfoliopflege oder lediglich eine falsche Preispolitik, können Auslöser einer Unternehmenskrise sein. Auch der Bereich des Kosten- und Investitionsmanagement manövriert Unternehmen oft in Schwierigkeiten, wie zahlreiche Beispiele von Start-up Unternehmen am neuen Markt verdeutlichten. Ein solider Finanzierungsplan hätte einige dieser Firmen vor dem Insolvenzantrag bewahrt.

Schlechte Organisationsstrukturen und damit verbundene ineffiziente Prozessgestaltung und unzureichende Prozessinnovation sind Beispiele *struktureller Probleme*, wie sie in der Praxis oft anzutreffen sind. Auch fehlende Planungs- und Kontrollsysteme und in der Folge unkoordinierte Einkaufs-, Verkaufs- oder Lagerhaltungspolitik, können einem Unternehmen ernsthafte Probleme bereiten.

Zu den *unternehmensstrukturellen Problemen* zählen zum einen die mangelnde interne und externe Kommunikationsfähigkeit einschließlich des Führungsstils, und zum anderen das starre Festhalten an einer alten Unternehmenspolitik. Beide Bereiche können zu sinkender Mitarbeitermotivation, ineffizienter Produktivität und einem fehlenden Innovationsschub führen (vgl. Grüber 2001, S. 14 ff). Alle Probleme, ob operativ oder strukturell, müssen nicht zwangsweise gleich in einer Krise enden, erschweren jedoch unnötiger Weise den Fortbestand eines Unternehmens.

2.2.2 Unternehmensexterne Krisenursachen

Externe Krisenursachen, bspw. eine nachlassende Konjunktur, staatliche Regulierungen und Eingriffe, sowie Kriege, Naturkatastrophen und Anschläge – wie die des 11. Septembers 2001 – nehmen gerade im Bezug auf das Krisenmanagement und die Krisenprävention eine besondere Rolle ein, da diese meistens nicht direkt vom Unternehmen beeinflussbar sind. Gerade die Terrorattentate in New York und Washington zeigten, welche verheerenden Wirkungen solche Attentate nicht nur auf einzelne Unternehmen, sondern zudem auf ganze Branchen aufweisen können. Die Ereignisse des 11. September 2001 können daneben als eine neue Qualität an Krisenursachen mit unabschätzbaren Auswirkungen angesehen werden. Umso wichtiger ist es, Pläne und Strategien zu entwickeln, um mögliche negative Auswirkungen zu minimieren.

Nach Krystek (1987, S. 70) nimmt die *konjunkturelle (Fehl-) Entwicklung,* als eine der häufigsten exogenen Krisenursachen, eine zentrale Stellung ein. Dennoch gibt Krystek dabei zu bedenken, dass auch in Phasen günstiger konjunktureller Entwicklung Unternehmenskrisen anzutreffen sind und ansonsten „gesunde" Unternehmen auch konjunkturelle Rezessionen im Allgemeinen überstehen. So ist nach Krystek´s (1987, S. 70 f) Ansicht die „(...) *strukturelle Veränderung* im (gesamtwirtschaftlichen) Umfeld der Unternehmung (...)" ein ebenfalls wichtiger Faktor. Hauptsächlich sind damit strukturelle Veränderungen in der technologischen Entwicklung gemeint. Dabei können solche Unternehmen in eine Krise geraten, welche nicht rechtzeitig den Zugang in die neue Technologie finden.

Als externe Auslöser sind teilweise auch Medien für Krisen verantwortlich. Sie dienen der allgemeinen Berichterstattung und sind Sprachrohr der öffentlichen Meinung. Hierbei ist jedoch zu beobachten, dass sich im Laufe der Zeit die Bedeutung der Krisen, durch Veränderungen in der Gesellschaft und den Märkten, ebenfalls verändert haben. Standen vor einigen Jahren noch Umweltkrisen im Blickpunkt der öffentlichen Diskussion, so sind es heute eher Produkt- oder soziale Krisen (vgl. Herbst 1999, S. 2).

Verlauf von Unternehmenskrisen 2.3

Umfassende Ansätze gehen davon aus, dass der Krisenprozess aus mehreren Phasen besteht, wobei einzelne Phasen in sich wiederum als Teilprozesse bezeichnet werden (vgl. Linde 1994, S. 9). Dabei lassen sich vier Phasen einer Krise unterscheiden (vgl. nachfolgend Krystek 1987, S. 29 ff):

1. Phase: *Potenzielle Unternehmenskrise*

Dies ist der Normalzustand eines Unternehmens, in welchem es noch keine Anzeichen einer Krise gibt, die Krise stellt jedoch eine Möglichkeit dar. Dieser Phase kommt eine besondere Stellung zu, denn hier kann durch „(...) gedankliche Vorwegnahme möglicher Unternehmenskrisen und eine darauffolgende Ableitung von Maßnahmen für den Fall ihres Eintritts ein wesentlicher Beitrag zur Reduktion der Krisenbewältigungsanforderungen in zeitlicher und sachlicher Hinsicht geleistet werden" (ebenda, S. 29). Jedoch ist es oft eine schwierige Aufgabe unternehmensindividuelle relevante und potenzielle Unternehmenskrisen zu identifizieren.

2. Phase: *Latente Unternehmenskrise*

In dieser Phase gibt es eine latent vorhandene Krise im Unternehmen, welche mit hoher Wahrscheinlichkeit in der nächsten Zeit eintreten wird. Diese latent vorhandene Krise ist aber in Unternehmen mit traditionellen Informationssystemen noch nicht wahrnehmbar. Erst der Einsatz von Früherkennungsinstrumentarien ermöglicht eine vorbeugende, krisenvermeidende Beeinflussung der latent vorhandenen Krisenprozesse durch entsprechende präventive Maßnahmen.

3. Phase: *Akute, beherrschbare Unternehmenskrise*

Es gibt offensichtliche Symptome einer Krise und die Wirkungen der Krise werden durch die Unternehmung deutlich wahrgenommen. Die Intensität der destruktiven und gegen die Unternehmung gerichteten Kräfte steigt an, was zu erhöhtem Zeitdruck und Entscheidungszwang führt. Durch die fortschreitende Reduzierung an Handlungsalternativen im Zeitablauf steigen die Anforderungen, welche an die Krisenbewältigungsfähigkeiten der Führungskräfte gerichtet ist. Zudem muss die Unternehmung immer mehr Kräfte aufbringen, um die Krise bewältigen zu können.

4. Phase: *Akute, nicht beherrschbare Unternehmenskrise*

In dieser Phase übersteigen die Anforderungen der Krise das Potenzial deutlich, welches zur Krisenbewältigung vorhanden ist, und die Krise gerät außer Kontrolle. Dies bewirkt letztendlich die Vernichtung der Unternehmung.

Aufgrund der besonderen Relevanz akuter Krisen für den Unternehmenserfolg, werden diese folgend näher erläutert. Sie zeichnen sich insbesondere durch folgende Merkmale aus (vgl. nachfolgend Grenz 1987, S. 49 ff):

- Sie bewirken eine *Existenzgefährdung* der Unternehmung, da sie die Erreichung lebensnotwendiger Ziele gefährden.

- Sie haben einen *ambivalenten Ausgang*, das heißt, dass sowohl ein Überleben als auch ein Ausscheiden möglich ist.

- Sie stellen *Prozesse mit zeitlich begrenzter Entscheidungszeit* dar, wobei diese Prozesse mit der Wahrnehmung der Symptome[1] der Krise beginnen und mit der erfolgreichen Bewältigung bzw. der Vernichtung der Unternehmung enden.

Grundsätzlich lassen sich Krisen danach unterscheiden, ob sie plötzlich auftreten, oder sich schleichend über einen längeren Zeitraum anbahnen. „In short, the nature of the crisis can be sudden or smouldering" (Irvine, Millar 1996, S. 2). In diesem Zusammenhang lassen sich Krisen zudem danach klassifizieren, ob sie vorhersehbar oder nicht vorhersehbar gewesen sind oder waren (vgl. Töpfer 1999, S. 20, 85). Eine plötzlich eintretende Unternehmenskrise verläuft in der Regel anders, als eine sich über einen längeren Zeitraum ankündigende Krise. Der Zeitraum für das Management, die richtigen Maßnahmen zu treffen, ist bei plötzlichen Krisensituationen sehr kurz. Demgegenüber stellt sich bei schleichenden Krisen der Handlungszeitraum für die Unternehmensführung als weniger knapp dar.

Müller (1986, S. 55 f) dagegen beschreibt den Verlauf von Unternehmenskrisen anhand der Gefährdung von Unternehmenszielen. Im Kapitel 2.3.1 wird auf diese Krisenverlaufstypen detaillierter eingegangen. Töpfer (1999, S. 2) typologisiert Krisenverlaufsmuster im Zusammenhang mit dem öffentlichen Interesse, welche ausführlicher in Kapitel 2.3.2 erläutert werden.

2.3.1 Krisenverläufe aus Sicht der betroffenen Unternehmen

Nach Müller (1986, S. 55) lassen sich in der Praxis drei Kategorien an Krisenverläufen unterscheiden, welche in Abbildung 2-4 grafisch dargestellt sind. Diese Verlaufsmuster stellen dabei die Bedrohung der Unternehmensziele (den Strategieerfolg, das Erfolgspotenzial und die Sicherung der Liquidität) in den verschiedenen Krisentypen dar.

---

1) Klassische Symptome einer Krise sind u.a. Unterbilanzen, Zahlungsstockungen sowie negative Entwicklungen der Umsätze, Rentabilitäten und Deckungsbeiträge (vgl. Linde 1994, S. 10)

Typische Krisenverläufe bei Ausbleiben wirksamer Gegenmaßnahmen
(Quelle: Müller 1986, S. 56)

Abbildung

2-4

Krisentyp „A" (ca. 60% aller Krisen)	Krisentyp „B" (ca. 30% aller Krisen)	Krisentyp „C" (ca. 10% aller Krisen)
Strategische Krise		
↓		
Erfolgskrise	**Erfolgskrise**	
↓	↓	
Liquiditätskrise	Liquiditätskrise	**Liquiditätskrise**
↓	↓	↓
Insolvenz	Insolvenz	Insolvenz
↓	↓	↓
Vergleich, Konkurs	Vergleich, Konkurs	Vergleich, Konkurs
↓	↓	↓
Liquidation	Liquidation	Liquidation

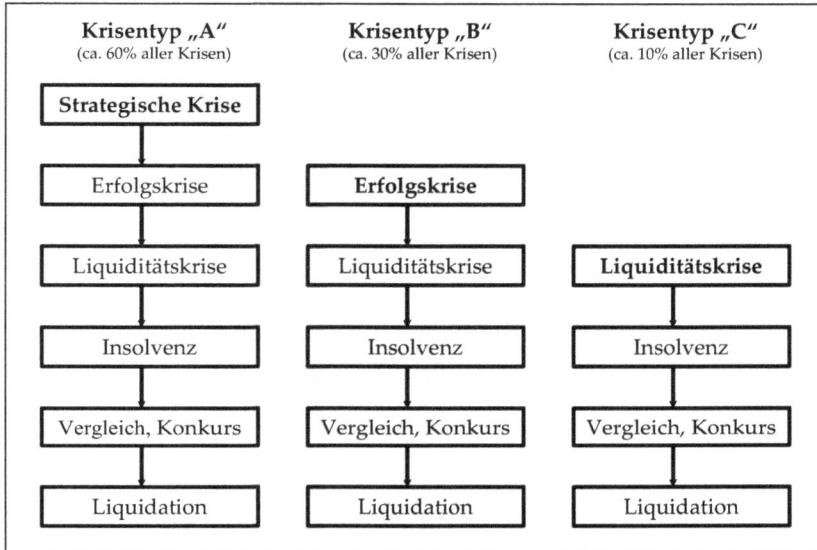

Im Krisenverlaufstyp A beschränken sich die Krisen zunächst nur auf den strategischen Bereich (wie bspw. Qualitäts- oder Kostenführerschaft, Expansions- bzw. Globalisierungsstrategien) und bedrohen im Anschluss daran das Erfolgspotenzial des Unternehmens. Anfänglich schlägt sich diese Entwicklung noch nicht in der Bilanz oder im Tagesgeschäft nieder. Im Laufe der Zeit jedoch, wird durch die ungenügende Erfolgsgrundlage die Realisierung der Erfolgsziele immer stärker beeinträchtigt. Vorausgesetzt, es werden keine wirksamen Gegenmaßnahmen ergriffen, folgt die Gefährdung der Liquidität oder eine Überschuldung droht. Diese Entwicklung kann sich über mehrere Jahre erstrecken und endet letztendlich häufig in der Insolvenz. In diesem Fall ist eine Restsubstanz an der Unternehmung, welche eine Sanierung ermöglichen würde, so gut wie kaum noch vorhanden. Ursache für einen solchen Krisenverlauf kann bspw. in einer verfehlten Globalisierungsstrategie oder einem Technologiewandel liegen.

Im Verlaufstyp B kommt es ohne das Vorliegen einer strategischen Krise zu einer Erfolgskrise. Bleiben wirksame Gegenmaßnahmen aus, folgt eine Liquiditätskrise, wie es in ca. 30 Prozent aller Unternehmenskrisen der Fall ist. „Trotz vorhandenen Erfolgspotenzials verhindern gravierende Mängel im operativen Bereich dessen Ausschöpfung, d.h. Umsetzung in Erfolgsgrößen" (Müller 1986, S. 55). Ursache hierfür kann z.B. in einer falschen Absatz- oder Finanzierungspolitik liegen. Im Gegensatz zum Krisenverlauf des Typ A, gibt es noch vorhandene Unternehmenssubstanz (Erfolgspotenzial), welche zur Rettung des Unternehmens wieder erfolgswirksam aktiviert werden kann.

In ca. 10 Prozent aller Unternehmenskrisen stellt sich der Krisenverlauf entsprechend dem Fall C dar. Es kommt, trotz guten Erfolgspotenzials, zu einer Liquiditätskrise. „So führen bspw. unerwartet auftretende Veränderungen in Beschaffungs- oder Absatzmärkten (z.B. Beschaffungsengpässe oder Preissprünge bei wichtigen Einsatzstoffen bzw. Vorprodukten sowie Zahlungsstockungen bei Hauptabnehmern) oder Fehler in der Finanzplanung dazu, dass Liquiditätsprobleme entstehen" (Müller 1986, S. 55). Es kann jedoch auch durch externe Schocks, wie Kriege oder Naturkatastrophen, zur plötzlichen Liquiditätskrise kommen. So z.B., wenn wichtige Märkte oder Geschäftspartner ausfallen. Bei einer solchen, in die Insolvenzbedrohung geratenen Unternehmung, bestehen die besten Aussichten einer erfolgreichen Sanierung, da noch eine gesunde Unternehmenssubstanz vorzufinden ist (vgl. ebenda, S. 55).

2.3.2 Krisenverläufe aus Sicht des öffentlichen Interesses

Töpfer (1999, S. 275) beschreibt Krisenerscheinungsformen, in Anlehnung an die PR-Agentur Kothes & Klewes, interdependent mit dem öffentlichen Interesses für eine Krise im Zeitablauf. Hierbei unterscheidet er, wie in Abbildung 2-5 dargestellt, in drei Erscheinungsformen: die eruptive, die schleichende und die periodische Krise.

Abbildung 2-5

Krisenverläufe aus Sicht des öffentlichen Interesses
(Quelle: Töpfer 1999, S. 275)

Die *eruptive Krise* ist dadurch charakterisiert, dass sich kurz nach dem Kriseneintritt ein sehr stark ansteigendes öffentliches Interesse zeigt. Dieses Interesse nimmt jedoch im Zeitablauf, in Abhängigkeit der Krisenbewältigungsmaßnahmen, stetig ab. Ein Beispiel für einen solchen Verlauf ist das Zugunglück von Eschede der Deutschen Bahn AG. Nach täglicher Berichterstattung der Medien und einem hohem öffentlichen Interesse für das Unglück und der anschließenden Verfolgung der Unglücksursachen, nahm dieses bereits nach wenigen Wochen stetig ab.

In der *schleichenden Krise* ist ein umgekehrter Verlauf zu beobachten. Das anfänglich geringe öffentliche Interesse nimmt im Zeitablauf, ausgelöst durch Multiplikator- und Akzeleratorwirkungen exponentiell zu, und eskaliert im Höhepunkt. Bei einer solchen Verlaufsform ist auch klar erkennbar, dass ein frühzeitiges Krisenmanagement nur ungenügend oder gar nicht wahrgenommen wurde. Beispielhaft ist hier die geplante Versenkung der Bohrinsel Brent Spar durch die Royal Dutch / Shell AG zu erwähnen. Nach anfänglichem Desinteresse in der Bevölkerung gelang es Greenpeace durch ihre Aktionen ein starkes öffentliches Interesse zu mobilisieren, welches bspw. in einem Boykott von Shelltankstellen mündete und in der Konsequenz zur Verhinderung der geplanten Versenkung der Bohrinsel führte (vgl. Watkins, Bazerman 2003; Scherler 1996).

Bei *periodischen Krisen*, der dritten Erscheinungsform, ist ein ständiges auf und ab des allgemeinen Interesses zu beobachten. Dabei steigert sich das Niveau der allgemeinen Aufmerksamkeit jedoch stetig. Bei dieser Krisenerscheinungsform ist im Allgemeinen festzustellen, dass „(...) das Unternehmen keine Lerneffekte erzielt und damit auch keine Maßnahmen zur Krisenbewältigung und Krisenvorsorge durchführt" (Töpfer 1999, S. 276). In regelmäßigen Zeitabständen entsteht ein erneutes und erstarktes öffentliches Interesse an der Unternehmenskrise.

Krisentypen und deren Klassifizierung 2.4

Unternehmenskrisen können anhand ihrer verschiedenen Erscheinungsformen klassifiziert werden. Dies begründet auch, dass jede Krise eines differenzierten Krisenmanagement bedarf. Müller (1986, S. 53 f) typologisiert nach:

- der Richtung der Unternehmensentwicklung, in dem die Krise erfolgt (z.B. Wachstums-, Stagnations- und Schrumpfungskrisen);
- nach dem Stadium des Lebenszyklus der Unternehmung, in dem die Krise erfolgt (z.B. Gründungskrisen, Wachstumskrisen und Alterskrisen);
- den Krisenursachen;
- dem Zeitdruck, der von einer Krise ausgeht, wobei zwischen latenten und akuten Krisen unterschieden wird;
- und der durch die Krise bedrohten Unternehmensziele.

Reinecke (1997, S. 12) ergänzt diese Klassifizierungen zudem um die publizistischen Krisen, bei denen es nicht um direkt existenzbedrohende Krisen geht, sondern vielmehr das Image und die Marktposition des Unternehmens zur Disposition stehen. Töpfer (1999, S. 15 f) hebt diese Krisenart ebenfalls heraus. Er weist aber daraufhin, dass solche Krisen mittelbar auch zu einer Existenzgefährdung des Unternehmens führen können. Eine eingehende Betrachtung dieses Krisentyps erfolgt im Kapitel 2.4.3. Herbst (1999, S. 2) und

Töpfer (1999, S. 16, 84 f) klassifizieren des Weiteren in plötzlich auftretende Krisen. Gegenstand dieses Krisentypus wird das Kapitel 2.4.2 sein. Bei der Betrachtung dieser Unterscheidungen muss jedoch konstatiert werden, dass einzelne Krisentypen einander nicht ausschließen, sondern vielmehr in engem Zusammenhang stehen können. So ist es beispielsweise möglich, dass sich aus einer plötzlichen Unternehmenskrise eine publizistische Krise entwickelt. Umgekehrt kann eine publizistische Krise wiederum für ein Unternehmen auch gleichzeitig eine plötzliche Krise darstellen.

Generell lassen sich Krisen danach unterscheiden, ob sie vorhersehbar sind oder nicht. Bei nicht vorhersehbaren Krisen ist somit auch der Kriseneintritt nicht vermeidbar. Beispiele hierfür sind jegliche Naturkatastrophen oder viele exogene Ursachen, die ohne falsches Handeln vom Menschen (Mitarbeitern) im Vorfeld des Kriseneintrittes zustande kommen. Wichtig dabei ist, dass die Vorhersehbarkeit einer Krise immer auf die zu dem Zeitpunkt praktikabel gegebene Möglichkeit bezogen ist, da theoretisch letztlich jede Krise grundsätzlich vorhersehbar ist. Bei zeitlich nicht vorhersehbaren Krisen ist eine Krisenprävention als Vorsorge gegen den Krisenfall dagegen lediglich begrenzt möglich. Da jedoch immer ein Restrisiko besteht, muss sich demnach die Krisenprävention zusätzlich auch auf die Vorsorge für die Zeit nach dem Kriseneintritt erstrecken. Dabei wird das Ziel verfolgt, negative Auswirkungen überhaupt nicht oder zumindest nicht in großem Maße auftreten zu lassen (vgl. Töpfer 1999).

Fürst (2004, S. 56 f) konzeptionalisiert Krisentypen nach Betroffenheit relevanter Marktteilnehmer und unterscheidet dabei in Unternehmenskrisen, Anbieterkrisen (alle konkurrierenden Anbieter sind von der Krise betroffen) und Kollektivkrisen (alle konkurrierende Anbieter und Nachfrager sind von der Krise betroffen). Des Weiteren gliedert er Krisentypologien nach Bezugsobjekt und Typologisierungsmerkmal (vgl. Abbildung 2-6).

Abbildung 2-6

Unterschiedliche Krisentypologien
(Quelle: Fürst 2004, S. 243)

Bezugsobjekt	Typologisierungsmerkmal	Krisentypen
	Marktteilnehmer	Unternehmens-, Anbieter-, Kollektivkrise
Krise	Vorhersehbarkeit	Vorhersehbare, nicht vorhersehbare Krise
	Entstehung und Wahrnehmung	Plötzliche, nicht plötzliche Krise
	Lebenszyklusabschnitt	Gründungskrise, Wachstumskrise, Alterskrise
Krisenbetroffenes Unternehmen	Unternehmensentwicklung	Wachstums-, Stagnations-, Schrumpfungskrise
	Intensität des Handlungsbedarfs	Akute, latente Krise
	betroffene Unternehmensziele	Strategie-, Erfolgs-, Liquiditätskrise
Externe Öffentlichkeit	Interessenverlauf	Eruptive, schleichende, periodische Krise

Strategie-, Erfolgs- und Liquiditätskrisen

Bei der *Strategiekrise* „(...) sind der Aufbau oder Verfügbarkeit des Erfolgs-potenzials der Unternehmung ernsthaft gefährdet" (Müller 1986, S. 54). Als Erfolgspotenziale sind dabei alle produkt- und marktspezifischen Faktoren zu verstehen, ohne welche Unternehmen auf einem Markt nicht erfolgreich sein können (vgl. Grüber 2001, S. 16). Bei einer Strategiekrise kommt es zu einer negativen Diskrepanz zwischen gewünschter und der zur Erreichung strategischer Unternehmensziele zwingend notwendigen Entwicklung der Unternehmung sowie der marktbedingten oder aus internen Schwächen resultierenden faktisch erwarteten Entwicklung (vgl. Müller 1986, S. 54).

Charakterisierung von strategischen Krisen

(Quelle: Müller 1986, S. 54 ff)

Abbildung

2-7

Merkmale	Ursachen	Auswirkungen
• Aufbau oder Verfügbar-keit des Erfolgspotenzials ernsthaft gefährdet • Eine Gefährdung des Erfolgspotenzials ist oft noch nicht real oder erkennbar • Ursachen einer entstehenden strategischen Krise oft nicht feststellbar	• Managementfehler (falsche Markteinschätzung, Defizite in der Strategieumsetzung...) • Marktveränderung • Struktureller Wandel	• Realisierung von Erfolgs-zielen immer stärker beeinträchtigt bei nicht ergreifen wirksamer Gegenmaßnahmen, Gefährdung der Liquidität in der Konsequenz droht die Insolvenz • Unternehmensrestsub-stanz kaum noch vorhanden

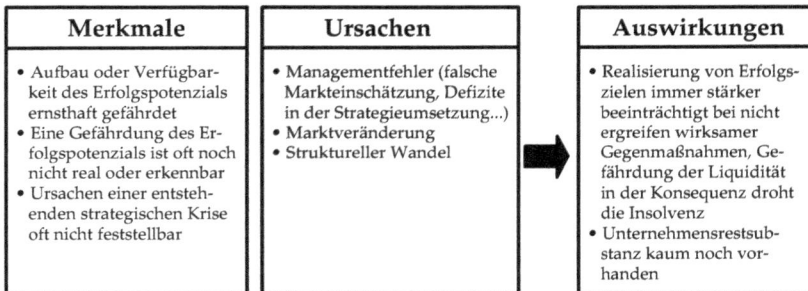

Nach Grüber (2001, S. 16 f) ist eine Strategiekrise des Weiteren dadurch gekennzeichnet, „(...) dass eine Gefährdung der Erfolgspotenziale noch gar nicht real ist, oder, dass zwar schon negative Tatsachen eingetreten sind, diese aber nicht als besorgniserregend wahrgenommen werden." Das Erfolgspotenzial erodiert in dieser Phase schleichend, so dass eine Existenzbedrohung oft nicht bemerkt wird. Deshalb werden die Ursachen einer entstehenden strategischen Krise oftmals auch nicht erkannt oder falsch bewertet.

Ein Beispiel für ein Unternehmen in einer Strategiekrise ist Polaroid, Hersteller von Sofortbildkameras. Das Management hat es versäumt, in den zukunftsträchtigen Markt der Digitalkameras einzusteigen. Sofortbildkameras, die auf Belichtungstechnik basieren, sind zunehmend obsolet. Das Erfolgspotenzial des Unternehmens erodiert.

Unternehmen, die sich in einer Erfolgskrise befinden, kämpfen mit den Folgen des erodierten Erfolgspotenzials, welches sich in den sinkenden oder fehlenden Umsätzen und Erträgen bemerkbar macht. „Die (realistisch) vorgegebenen Gewinn-, Umsatz- und/oder Rentabilitätsziele werden nicht mehr erreicht" (ebenda, S. 18). Gründe dafür können nach Müller (1986, S. 54) in „(...) einer falschen Produktpolitik, unwirtschaftlicher Fertigungsverfahren oder größerer Fehlinvestitionen (...)" liegen. Weitere Ursachen liegen möglicherweise in einer Marktsättigung und dem damit verbundenen Aufbau von Überkapazitäten, in steigenden Lohn- und Energiekosten oder auch in staatlichen Eingriffen (vgl. ebenda, S. 68).

Abbildung

2-8

Charakterisierung von Erfolgskrisen

(Quelle: Müller 1986, S. 54 ff)

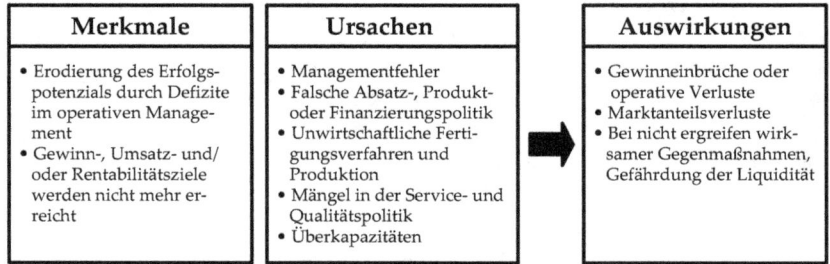

Merkmale	Ursachen	Auswirkungen
• Erodierung des Erfolgspotenzials durch Defizite im operativen Management • Gewinn-, Umsatz- und/ oder Rentabilitätsziele werden nicht mehr erreicht	• Managementfehler • Falsche Absatz-, Produkt- oder Finanzierungspolitik • Unwirtschaftliche Fertigungsverfahren und Produktion • Mängel in der Service- und Qualitätspolitik • Überkapazitäten	• Gewinneinbrüche oder operative Verluste • Marktanteilsverluste • Bei nicht ergreifen wirksamer Gegenmaßnahmen, Gefährdung der Liquidität

Ein Beispiel aus der Praxis ist der Automobilhersteller Opel. Eine nicht bedarfsgerechte Produktpolitik und die mangelnde Rentabilität der Produktionsstätten, führte Opel in die Verlustzone. Erschwerend kam hinzu, dass die Service- und Qualitätspolitik vom Markt nicht toleriert und dies mit stetig sinkendem Marktanteil quittiert wurde. Aus diesem Grunde versuchte das Unternehmen die künftige Produkt- und Unternehmensplanung weg vom Billigimage, hin zum Marktsegment der Premiumhersteller, neu auszurichten (vgl. o.V. 2002 o, www).

Erfolgskrisen lassen sich jedoch verschleiern. Bspw. können durch Auflösung von Rückstellungen oder durch Realisierung stiller Reserven Gewinneinbrüche oder Verluste im operativen Geschäft verdeckt werden (vgl. Grüber 2001, S. 19). Diese Praxis wird oftmals von Aktiengesellschaften angewandt, um Kurseinbrüche am Aktienmarkt zu vermeiden. Aufgrund solcher Bilanzeffekte wird mitunter eine Erfolgskrise nicht rechtzeitig erkannt oder, wie im Fall Enron, mutwillig herbeigeführt. In der Konsequenz endete dies beim letztgenannten Beispiel in der größten Firmenpleite der Energiehändlerbranche.

In der *Liquiditätskrise* drohen der Unternehmung im Zeitablauf die Zahlungsunfähigkeit und/oder die Überschuldung. Das Unternehmen kann seine Zahlungsverpflichtungen aufgrund anhaltender Verluste und ungenügender liquider Mittel nicht mehr fristgerecht nachkommen (vgl. Müller 1986, S. 54; Grüber 2001, S. 20).

Charakterisierung von Liquiditätskrisen

(Quelle: Müller 1986, S. 54 ff)

Abbildung

2-9

Merkmale	Ursachen	Auswirkungen
• Aufgrund anhaltender Verluste kommt es über kurz oder lang zur Zahlungsunfähigkeit oder Überschuldung • Mangel an liquiden Mitteln • Verzug laufender Zahlungsverpflichtungen	• Managementfehler • Veränderungen auf Absatz- und Beschaffungsmärkten • Ungenügende Umsatz- und Gewinneinnahmen • Hohe Kreditlasten	• Aufgrund der Zahlungsunfähigkeit oder Überschuldung kommt es zur Insolvenz • Schließung oder Verkauf der noch vorhandenen Unternehmenssubstanz durch Insolvenzverwalter

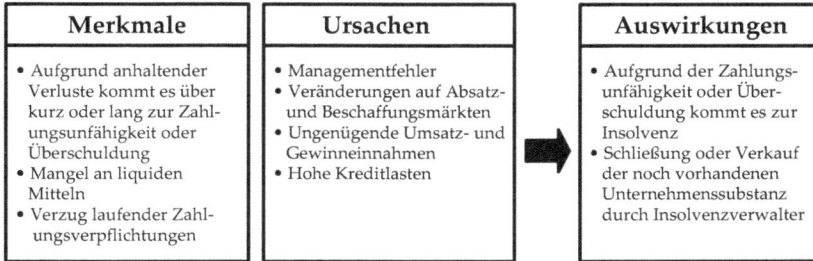

Dies kann dazu führen, dass Lieferanten ihre Waren nur noch gegen sofortige Zahlung ausliefern. So erging es in der Praxis der in Liquiditätsschwierigkeiten geratenen Fluggesellschaft Swissair. Kerosinlieferanten belieferten Swissair nur noch gegen Sofortzahlung mit Flugzeugbenzin, um sich somit vor dem Risiko eines Zahlungsausfalls zu schützen. Aufgrund der schlechten finanziellen Lage des Unternehmens standen jedoch nicht genügend liquide Mittel zur Verfügung. Dies führte dazu, dass viele Maschinen am Boden bleiben mussten und somit mit diesen keine Umsätze generiert werden konnten. Damit befand sich Swissair bis zum folgenden Insolvenzantrag in einer beschleunigten negativen Spirale. Dieses Beispiel verdeutlicht, dass im Falle einer unüberwundenen Liquidationskrise zwangsläufig ein gerichtliches Insolvenzverfahren die Folge ist (vgl. Grüber 2001, S. 20).

Plötzliche Unternehmenskrisen

Plötzliche Unternehmenskrisen sind dadurch gekennzeichnet, dass sie entsprechend ihrer Benennung überraschend auftreten. Herbst (1999, S. 2) bezeichnet sie deshalb auch als Überraschungs- bzw. Über-Nacht-Krisen. Durch diesen Überraschungseffekt kommt es häufig zu einem Lähmungszustand im Unternehmen, begründet durch die Orientierungslosigkeit und Überforderung auf allen Unternehmensebenen, in der sich nun befindlichen, außergewöhnlichen Situation. Eine solche Handlungslosigkeit ist Folge mangelnder oder sogar fehlender organisatorischer Krisenprävention (vgl. Töpfer 1999, S. 84 f). Das Management ist auf das Eintreten einer Ausnahmesituation nicht vorbereitet und gerät damit unter hohen Handlungsdruck. Gerade zu Beginn der plötzlichen Krise ist es wichtig, durch ein planvolles und gezieltes Handeln die Grundlage zur erfolgreichen Krisenbewältigung zu legen. Nicht selten jedoch wird eine unzureichende Vorbereitung und fehlende Erfahrung durch Improvisation ersetzt und damit werden häufig Krisen in ihrer Wirkung zusätzlich verstärkt (vgl. Töpfer 1999, S. 84 f). Diese Ansicht unterstützt Pearson (2002, S. 1) und meint, „(...) a true crisis, if improperly managed, can destroy an organization." Abbildung 2-10 veranschaulicht zusammenfassend die Merkmale, Ursachen und mögliche Auswirkungen plötzlicher Unternehmenskrisen.

Wie in Kapitel 2.3 über den Verlauf von Krisen bereits erwähnt, stellt sich zur Vermeidung zukünftiger Krisen grundsätzlich zuerst die Frage, ob Krisen vorhersehbar und damit abwendbar sind, oder ob dies nicht zutrifft. Vorhersehbare Krisen die bspw. durch Produktfehler oder nicht ausgereifte Technologie entstehen können, sind eher durch geeignete Gegenmaßnahmen zu bewältigen.

Abbildung 2-10

Charakterisierung plötzlicher Unternehmenskrisen
(Quelle: Töpfer 1999, S. 17)

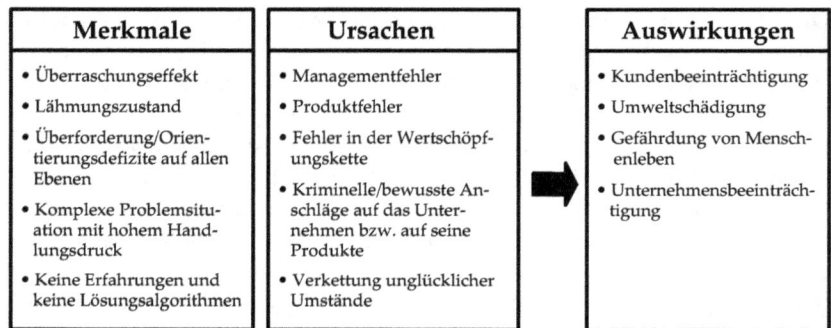

Merkmale	**Ursachen**	**Auswirkungen**
• Überraschungseffekt • Lähmungszustand • Überforderung/Orientierungsdefizite auf allen Ebenen • Komplexe Problemsituation mit hohem Handlungsdruck • Keine Erfahrungen und keine Lösungsalgorithmen	• Managementfehler • Produktfehler • Fehler in der Wertschöpfungskette • Kriminelle/bewusste Anschläge auf das Unternehmen bzw. auf seine Produkte • Verkettung unglücklicher Umstände	• Kundenbeeinträchtigung • Umweltschädigung • Gefährdung von Menschenleben • Unternehmensbeeinträchtigung

Bei unvorhersehbaren Ereignissen, z.B. durch externe Einflussfaktoren oder menschliches Versagen herbeigeführt, gestaltet sich das Krisenmanagement problematischer. Flugzeugabstürze, Anschläge oder Sabotageakte auf ein Unternehmen sind Beispiele hierfür. Bei solchen Ereignissen verbleibt trotz gründlichster Krisenvorsorge immer ein Restrisiko vorhanden. Hierbei müssen nun, bei der Vorsorge von potenziellen Krisen, Maßnahmen eingeleitet werden, die das Ausmaß der zu erwartenden Schäden bestmöglich abfangen und minimieren (vgl. Töpfer 1999, S. 85).

2.4.3 Publizistische Unternehmenskrisen

„Publizistische Krisen sind Krisen, die entweder durch mediale Berichterstattung entstehen, bzw. andere Krisen, die in die Medien getragen werden, oder Krisen, die ausschließlich auf die Medien beschränkt sind. In allen Fällen stehen dabei Image und Marktposition des Unternehmens zur Disposition. Da grundsätzlich alle Krisen von öffentlichem Interesse sind, besteht bei jeder Art von Krise auch die Gefahr, dass sie zu einer publizistischen Krise wird" (Reinecke 1997, S. 12). Deshalb entscheidet oft auch die Reaktion der Öffentlichkeit, ob sich ein Unternehmen in einer Krise befindet und wie schwer diese letztendlich ist (vgl. Marconi 1994, S. 36). Mit publizistischen Krisen ist allerdings nicht gemeint, dass jede schlechte Unternehmensnachricht, z.B. Meldungen über Umsatz- oder Gewinneinbruch, die in die Medien getragen wird, gleich in einer Krise endet. Publizistische Krisen sind dann gegeben, wenn das Unternehmen, verursacht durch die Publicity oder verstärkte Aufmerksamkeit, Schäden in Form von beispielsweise Imageverlust oder Marktanteilsverlusten erfährt und somit gezwungen wird, geeignete Gegenmaßnahmen einzuleiten.

Publizistische Krisen lassen sich näher durch ihren Verlauf charakterisieren. Eine detailliere Betrachtung der verschiedenen Erscheinungsformen des Verlaufes dieses Krisentyps ist im Kapitel 2.3.2 in Abbildung 2-5 aus Sicht des öffentlichen Interesses dargelegt worden.

Wie von Reinecke (1997) bereits erwähnt, können verschiedene Gründe die Ursache für eine publizistische Krise darstellen. Ob Krisen grundsätzlich in die Öffentlichkeit getragen werden oder nicht, spielt eine entscheidende Rolle bei der Bewältigung einer Krisensituation.

Institutionelles
Krisenmanagement

Der Begriff des Krisenmanagement

Der Begriff des Krisenmanagement wird in der Betriebswirtschaft seit den siebziger Jahren verwendet und entstand ursprünglich während der Kuba-Krise 1962 im politischen Bereich. Er bezeichnete einen Entscheidungsprozess, der das Ziel der Krisenbewältigung verfolgt (vgl. Linde 1994, S. 14). In der Betriebswirtschaft wird Krisenmanagement definiert, als eine „(...) besondere Form der Führung von höchster Priorität, deren Aufgabe es ist, all jene Prozesse der Unternehmung zu vermeiden oder zu bewältigen, die ansonsten in der Lage wären, den Fortbestand der Unternehmung substantiell zu gefährden oder sogar unmöglich zu machen" (Krystek 1987, S. 90).

Krystek setzt das Krisenmanagement in Bezug zu den jeweiligen Phasen einer Krise und unterscheidet dabei drei Teilgebiete des Krisenmanagement (vgl. nachfolgend Krystek 1987, S. 105 ff):

1. *Antizipatives Krisenmanagement*

In der potenziellen Phase einer Krise bedeutet Krisenmanagement die gedankliche Vorwegnahme möglicher Unternehmenskrisen und eine darauf aufbauende Ableitung von Alternativplänen, um so für den Fall des überraschenden Eintritts einen Zeitgewinn zu realisieren. Diese Aufgabe wird als antizipatives Krisenmanagement bezeichnet.

2. *Präventives Krisenmanagement*

Diese Art des Krisenmanagement setzt sich mit latenten Krisen auseinander und befasst sich mit der Problematik der Früherkennung von Krisen durch Frühwarnsysteme, da davon ausgegangen wird, dass latente Krisen Frühwarnsignale aussenden. Krystek verwendet für das antizipative und präventive Krisenmanagement zusammen betrachtet auch den Begriff *aktives Krisenmanagement*.

3. *Reaktives Krisenmanagement*

Gegenstand des reaktiven Krisenmanagement sind Reaktionsmöglichkeiten auf eine akute Krise, in welcher bereits deutliche Symptome sichtbar sind.

Abschließend soll noch auf die Unterscheidung in eine enge und eine weite Auffassung von Krisenmanagement hingewiesen werden. Krisenmanagement im weiten Sinne umfasst die Auseinandersetzung mit allen Phasen der

Krise (potenzielle, latente, akute) während die enge Auffassung von Krisenmanagement ausschließlich aus der Bewältigung einer akuten Krise bzw. dem reaktiven Krisenmanagement besteht (vgl. Töpfer 1999, S. 17 f).

3.2 Prozessorientiertes Krisenmanagement

3.2.1 Die Phasen des Krisenmanagement

Aus prozessorientierter Perspektive lässt sich das institutionelle Krisenmanagement in einzelne Phasen untergliedern. Im Folgenden wird der in Abbildung 3-1 illustrierte fünfphasige Krisenprozess von Mittroff und Pearson (1993) erläutert (vgl. nachfolgend Weidl 1996, S. 63):

1. Phase: *Signal Detection (= Früherkennung)*

Laut Mittroff und Pearson kündigen sich fast alle Krisen durch Warnsignale an, wobei das Problem darin besteht, aus der Vielzahl empfangener Signale gerade diejenigen herauszufiltern, welche Krisen ankündigen.

2. Phase: *Preparation / Prevention* (= Krisenprävention)

Um auf Krisen vorbereitet zu sein, empfehlen Mittroff und Pearson, dass Unternehmungen ihre Strukturen und Prozesse auf Krisenanfälligkeit überprüfen. Dass ein Unternehmen nicht auf alle Krisen eingestellt sein kann, geben die Autoren zu, weisen jedoch darauf hin, dass die Beherrschung eines Krisenhandwerkzeugs zu einem effizienten Krisenmanagement führt.

3. Phase: *Containment / Damage Limitation* (= Kriseneindämmung)

In der Schadensbegrenzungsphase, kommen Krisenmanagement-Mechanismen und -Prozesse zum Einsatz, mit denen eine Ausweitung der Krise vermieden werden soll.

4. Phase: *Recovery* (= Erholung)

In der Erholungsphase sollen insbesondere die Kernaktivitäten festgelegt und die Kommunikation mit Kunden und Lieferanten sowie alternative Orte für kritische Unternehmensaktivitäten (wie zum Beispiel die EDV) sichergestellt werden.

5. Phase: *Learning* (= Lernen aus der Krise)

Die Erfahrungen, die während der Krise gesammelt werden, sollen im Sinne der „Lernenden Organisation" in der Lernphase wieder als Feedback in die Organisation einfließen, um so gegen zukünftige Krisen besser vorbereitet zu sein.

Abbildung

3-1

Krisenphasen nach Mitroff und Pearson

(Quelle: in Anlehnung an Weidl 1996, S.64)

```
┌──────────┐   ┌──────────────┐   ┌──────────────────┐   ┌──────────┐
│  Signal  │──▶│ Preparation/ │──▶│  Containment/    │──▶│  Signal  │
│ Detection│   │  Prevention  │   │ Damage Limitation│   │ Detection│
└──────────┘   └──────────────┘   └──────────────────┘   └──────────┘
      ▲                  ┌──────────┐
      └──────────────────│ Learning │◀──────────────────────┘
                         └──────────┘
```

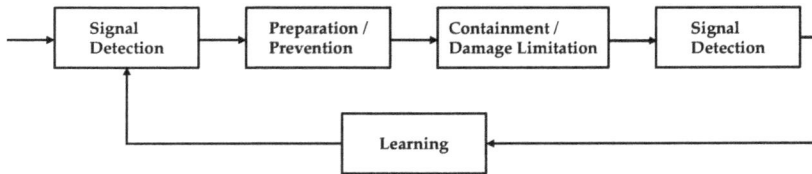

Töpfer (1999, S. 66 f) misst der ersten Phase (Signal Detection) eine besondere Bedeutung zu. Er vertritt die Auffassung, dass die Konzentration auf die Krisenvorsorge als Investition (er nennt dies die fortschrittliche Sicht) sinnvoller ist als ein auf die Krisenbewältigung gesetzter Schwerpunkt (diese Sichtweise bezeichnet er als traditionelle Sicht). Krisen entstehen laut Töpfer oft erst dadurch, dass zuwenig finanzielle Mittel für die Krisenprävention und Krisenfrüherkennung eingeplant beziehungsweise bewilligt wurden. Deshalb unterteilt er die erste Phase nochmals in folgende drei Unterphasen:

1. *Frühaufklärung*

Mit Hilfe bestimmter Methoden (z.B. Szenario-Analyse) werden die Bereiche für mögliche Krisen aufgedeckt. Ziel ist es möglichst alle Krisenbereiche zu identifizieren und möglichst genau untereinander abzugrenzen.

2. *Früherkennung*

Danach werden für die aufgedeckten potenziellen Krisenbereiche bestimmte aussagefähige Indikatoren einer jeweiligen Krise gesucht, welche sich messen lassen und somit direkt oder zumindest indirekt beobachtbar sind. Durch die Identifikation derartiger Frühindikatoren erlangt das Unternehmen Handlungsspielraum für Maßnahmen, bevor negative Effekte einer Krise auftreten können. Das Problem bei der Früherkennung ist, dass die Signale umso schwächer sind, je früher sie wahrgenommen werden, wodurch die Interpretation möglicher Wirkungen schwieriger wird (vgl. Kenter 1990, S. 40).

3. *Frühwarnung*

Schließlich müssen Toleranzgrenzen bestimmt werden, die durch periodische Messvorgänge überprüft werden und im Normalfall nicht überschritten sein sollten. Falls diese Toleranzgrenzen überschritten werden, müssen Ursachen und Folgen einer möglichen Krise analysiert werden. Diese Informationen sollten frühzeitig an das Management geleitet werden, so dass diesem Zeit verbleibt, entsprechende Gegenmaßnahmen einzuleiten.

Der RPM-Prozess

Der Recognition-Priorisation-Mobilisation-Prozess (RPM-Prozess) stellt aus fortschrittlicher Sicht (vgl. Kapitel 3.2.1) einen neuartigen Prozessansatz für das Krisenmanagement bereit. Die systematische Analyse, welche folgend in Anlehnung an Watkins und Bazerman (2003) erläutert wird, hilft Krisen zu erkennen und zu bekämpfen, bevor diese eskalieren. Die Wissenschaftler haben herausgefunden, dass die meisten unvorhergesehenen Probleme bzw. Krisen vermeidbar gewesen wären. Obwohl nicht alle Ereignisse, die über ein Unternehmen hereinbrechen unvermeidlich sind, sehen viele Unternehmen trotz existierender Warnzeichen jedoch das Unheil nicht kommen. Eine weitere Erkenntnis der Harvardforscher ist, dass Unfähigkeit von Organisationen sich auf solche vermeidbaren Überraschungen vorzubereiten grundlegend auf folgende drei Ursachen zurückzuführen sind:

1. *Psychologische Hemmnisse*

   Vielfach werden Verantwortungsträger entweder zu spät, oder einseitig bzw. verharmlosend über negative Entwicklungen oder potenzielle Krisenherde informiert.

2. *Strukturelle Hemmnisse*

   Aufgrund komplexer Entscheidungsmechanismen (häufig zunehmend mit der Größe eines Konzerns) können sich bspw. Unternehmenseinheiten oder einzelne Abteilungen gegenseitig die Verantwortung zuschieben.

3. *Interessenspolitische Hemmnisse*

   Lobbyarbeit und mächtige Interessensgruppen verhindern bewusst und teilweise gezielt, dass entsprechende Verantwortungsträger über eine Gefahr informiert werden.

Manager können skizzierte Barrieren letztlich nicht vollkommen abbauen, aber es ist durchaus möglich diese mittels gezielter Maßnahmen stark zu reduzieren. Ein geeigneter prozessorientierter Ansatz stellt hierzu der entwickelte RPM-Prozess dar, welcher sich in folgende drei Schritte gliedert:

1. *Recognition*

   Da diese Phase der ersten von Mittroff und Pearson bzw. der weiteren Unterteilung von Töpfer im vorigen Kapitel 3.2.1 entspricht, sei auf eine weitere Darstellung der Früherkennung von Krisen verzichtet.

2. *Priorisation*

   Nachdem eine Gefahr erkannt wurde, sollte dieser vom Management eine entsprechende Priorität eingeräumt werden. Dabei muss letztendlich die Leistung erbracht werden, gefährliche Probleme von anderen kritischen Situationen zu unterscheiden bzw. Kosten-Nutzen-Analysen durchzuführen, um den Gefahrenpotenzialen eine hohe Priorität einzuräumen, welche hohe Kosten verursachen können.

3. *Mobilisation*

Als nächster wichtiger Schritt muss einer als ernst eingestuften Gefahr die Mobilisation von Kräften folgen. Eine wirksame Begegnung einer massiven Bedrohung in einer Unternehmung ist nicht ohne die Freisetzung von entsprechenden Ressourcen möglich (vgl. Watkins, Bazerman 2003).

Diese Strukturierung verdeutlicht die Notwendigkeit jeder einzelnen Phase für ein effektives Krisenmanagement, welches vielfach in der unternehmerischen Praxis zu wünschen übrig lässt. Entweder versäumt es ein Unternehmen bereits am Anfang, die drohenden Gefahren frühzeitig zu erkennen oder dieser danach die richtige Priorität einzuräumen. Auch wenn die Gefahr erkannt und ihr entsprechende Priorität in der Organisation eingeräumt wurde, scheitert ein erfolgreiches Krisenmanagement vielfach auch daran, dass die dritte Phase, Ressourcen zur Krisenbewältigung zu mobilisieren, nicht als weitere notwendige Bedingung erfolgreich bewältigt wird.

Der neue Erkenntnisgewinn des RPM-Prozesses liegt in der zweiten und dritten Phase begründet, da die Früherkennung von Krisen bereits theoretisch ausreichend thematisiert ist. Zudem sind drohende Gefahren häufig in Unternehmen bereits bekannt bzw. über einfache Personalbefragungen identifizierbar, wenn die Mitarbeiter ermuntert werden Gefahrenpotenziale zu äußern. Erst ein systematisches Durchlaufen des gesamten RPM-Prozesses verhindert jedoch wirkungsvoll, dass es lediglich bei der Kenntnisnahme von Bedrohungen bleibt und eine solche Früherkennung fälschlicherweise mit einer wirkungsvollen Krisenbewältigung gleichgesetzt wird.

Organisations- und Informationsgestaltung in Krisen 3.3

Organisatorische Gestaltungsziele in Krisen 3.3.1

Auf der organisatorischen Ebene des Krisenmanagement werden die wesentlichen inhaltlichen, prozessualen und strukturellen Entscheidungen der Krisenvorsorge und der Krisenbewältigung getroffen (vgl. Töpfer 1999, S. 38). Organisatorische Regelungen haben allgemein das Ziel, die komplexe Gesamtaufgabe eines Unternehmens in bearbeitbare Einzelteile zu zerlegen, um sie dann wieder zusammenzufügen. Diese Prozesse werden als Differenzierung und Integration umschrieben (vgl. Steinemann, Schreyögg 1990, S. 358).

Im Falle einer Krise muss das Unternehmen ein Problem bewältigen sowie dafür Kapazitäten schaffen. Um diese Kapazitäten bereitstellen zu können, müssen einzelne spezialisierte Teilsysteme in das bestehende System integriert werden. Hierbei muss eventuell eine erneute Differenzierung und Integration an dem neu geschaffenen Lösungssystem stattfinden. Einerseits ist dieses neue Lösungssystem intern zu strukturieren (lokale Organisation), andererseits ist eine Positionierung innerhalb des Gesamtsystems (globale Organisation) notwendig (vgl. Linde 1994, S. 23).

Zur Formulierung der vorrangigen Gestaltungsziele der Organisation des Krisenmanagement zieht Müller (1986, S. 410 f) unter anderem die Krisenmerkmale *Zeitdruck* und *unvollkommene Informationen*[1] heran. Aus dem Zeitdruck und den unvollkommenen Informationen leitet Müller im nächsten Schritt die Gestaltungsziele *Schnelligkeit* des Vorgehens und *Informationsgerechtigkeit* ab. Schnelligkeit bedeutet hierbei, dass die Problemlösung zügig erarbeitet und durchgesetzt wird. Die Informationsgerechtigkeit beinhaltet, dass krisenrelevante Informationen innerhalb des Lösungssystems in ausreichendem Maße vorhanden und verarbeitbar sind (vgl. ebenda, S. 416 ff).

Linde (1994, S. 54) bemerkt hierzu jedoch, dass eine kurze Entscheidungszeit nicht immer ein optimales Ziel sei, da der Zeitraum einer Krise in der Regel nicht angegeben werden könne. Als Ausnahmen nennt er Fälle, in denen Banken oder Lieferanten Fristen für das Andauern der Zahlungsunfähigkeit angeben. Somit könne meistens keine objektive Zeitrestriktion angegeben werden. Jedoch herrsche Zeitdruck, da die Existenzbedrohung von Krisen zu einer individuellen Belastung (Stress) der Mitglieder führe. Krisen würden dabei als Bedrohung gesehen, die es so schnell wie möglich abzuwenden gilt. Zeitdruck wäre demnach, zwar subjektiv vorhanden müsse aber objektiv nicht immer gegeben sein (vgl. Linde 1994, S. 54).

3.3.2 Umsetzung organisatorischer Gestaltungsziele

Um die Schnelligkeit gewährleisten zu können wird die Anwendung des organisatorischen Prinzips der *Zentralisierung* in einer Krisensituation vorgeschlagen (vgl. Linde 1994 S. 21). Alle wichtigen Entscheidungen sollen demnach auf der obersten Unternehmensebene getroffen werden, wobei der Entscheidungsspielraum nachgeordneter Ebenen eingeschränkt oder ganz aufgehoben wird (vgl. Müller 1986, S. 479 f). Durch zentral zu treffende Entscheidungen soll der Prozess der Krisenbewältigung beschleunigt werden (vgl. Weber 1980, S. 190 ff).

---

1) Unter Informationen wird in der Betriebswirtschaftslehre „zweckorientiertes Wissen" verstanden.

Zur Forderung nach Zentralisierung muss jedoch kritisch angemerkt werden, dass die Verwirklichung starker Zentralisierung gleichzeitig eine Rücknahme von Dezentralisierung bedeutet, womit auf eine verstärkte Beteiligung der nachgeordneten Ebenen verzichtet wird. Zwar hat das den Vorteil schnellerer und konsistenterer Entscheidungen, jedoch bringt es die Nachteile mit sich, dass Entscheidungen schwerer durchsetzbar sind und die Qualität der Entscheidungen geringer ist. Gründe dafür können zum Beispiel die mangelnde Berücksichtigung der Interessen der Entscheidungsbetroffenen, die fehlende Nutzung von Entscheidungspotenzialen und unzureichender Realitätsbezug sein (vgl. Remer 1989, S. 144). Unter dem Aspekt der Entscheidungsqualität ist Zentralisierung also nicht die einzige Möglichkeit und die Wahl des organisatorischen Prinzips sollte von der jeweiligen Art der Krise abhängig gemacht werden. So wäre Zentralisierung eher bei Problemen mit geringer Komplexität angebracht, bei denen eine informationelle Verknüpfung und Entscheidungsbeteiligung von geringerer Bedeutung ist (vgl. Quarantelli 1988, S. 381 f). Töpfer weist in diesem Zusammenhang darauf hin, dass je gravierender eine Krise aus der Sicht der Betroffenen und der Öffentlichkeit ist, desto früher sollte die Unternehmensleitung eine aktive Rolle in der Krisenbewältigung einnehmen (vgl. Töpfer 1999, S. 39). Bei der Auswahl und Zusammenstellung des Krisenreaktionsteams sollten daher die konfliktionären Erfordernisse des Krisenmanagement berücksichtigt werden. So sehen einige zentrale Anforderungen Folgendes vor (vgl. nachfolgend Heath 1998, S. 141):

- der Krisenmanager sollte eine möglichst hohe Position und Unternehmenszugehörigkeit darstellen;
- der Krisenmanager sollte in der Lage sein, die Krise zu überschauen und aktiv zu managen;
- die Mitgliedschaft im Krisenreaktionsteam sollte auf der einen Seite eine gewisse Kontinuität aufweisen, um eingespielte Strukturen entstehen zu lassen, auf der anderen Seite jedoch derart flexibel sein, dass mit den unikalen Gegebenheiten einer Krise adäquat umgegangen werden kann;
- ein starker Fokus sollte auf den Weisungs- und Kontrollstrukturen liegen;
- und eine enge Koordination der verschiedenen Ansprechgruppen ist unerlässlich.

Innerhalb dieser Anforderungen besteht allerdings ein Spannungsfeld, da einzelne Punkte nicht notwendigerweise konfliktfrei zu koordinieren sind. Bspw. sagt eine langjährige Unternehmenszugehörigkeit und hohe Position nichts über die Fähigkeiten aus, die konkrete Krise proaktiv und effizient managen zu können. So basiert der Führungsstil einiger Führungspersönlichkeiten mehr auf der Führung und Kontrolle im eigentlichen Sinne als auf der Koordination der vorhandenen Ressourcen. An dieser Stelle sei nochmals auf das Problem der Zentralisierung des Krisenmanagement hingewiesen, bei dem sich der Drang zu schnellen und harten Entscheidungen und der Bedarf nach sowohl spezieller als auch umfassender Information gegenüberstehen und einander häufig ausschließen. Um die Informationsgerechtigkeit umsetzen zu können, wird darauf hingewiesen, dass neben der Schnelligkeit der Beschaffung krisenrelevanter Informationen vor allem für deren qualitative Verarbeitung gesorgt werden muss. Dies geschieht im Sinne einer hohen Problemlösungsqualität durch Teamarbeit (vgl. Weber 1980, S. 82 ff). Zur Steigerung der Schnelligkeit und der Informationsgerechtigkeit schlägt Weber daher vor, die Verkürzung der Informationswege sicher zu stellen, damit das Lösungssystem Zugang zu allen krisenbezogenen Informationen besitzt (vgl. ebenda, S. 83).

3.3.3 Modelle der organisatorischen Gestaltung in Krisen

Zur organisatorischen Gestaltung in Krisenfällen werden in der Literatur insbesondere zwei Modelle vorgeschlagen – der Krisenstab und das Krisenprojektkollegium (vgl. Gabele 1981, S. 153 f):

- Der *Krisenstab* sollte im idealen Fall eine temporäre Einrichtung sein, dessen Mitglieder sich auf wenige Stabsangehörige beschränken (vgl. Adams, Rademacher 1990, S. 316 ff). Das Aufgabengebiet während einer Krise sollte sich mit Entscheidungsvorbereitenden Planungsaufgaben i. e. S. beschäftigen (vgl. Remer 1989, S. 77 ff). In seiner reinen Form zielt die Krisenstabsorganisation lediglich auf die Erhaltung bzw. Erhöhung der Entscheidungsfähigkeit ab und vergrößert somit die Planungskapazitäten des Management; die Willensdurchsetzung jedoch obliegt weiterhin der bestehenden Unternehmenshierarchie. Der Krisenstab kann jedoch auch mit bestimmten Kompetenzen ausgestattet werden, um einen langwierigen Entscheidungsprozess zu vermeiden. Dadurch wird aus dem Krisenstab eine Kriseninstanz und es entsteht, neben der bereits vorhandenen Unternehmenshierarchie, eine zeitlich beschränkte parallele Hierarchie (vgl. Linde 1994, S. 24 f).

- Beim *Krisenprojektkollegium* wird die Aufgabe der Krisenbewältigung als Projekt aufgefasst (vgl. Frese 1980, S. 1960 f) und nicht mehr die Teilung zwischen Arbeitsaufgaben (Zielsetzung und Planung) und Herrschaftsaufgaben betont (vgl. Kosiol 1980, S. 1014), wenngleich diese Teilung auch in diesem Modell stattfindet (vgl. Linde 1994, S. 26). Für die Dauer der Krise wird eine ad hoc Organisation gebildet. Töpfer weist darauf hin, dass Krisenstäbe und Krisenteams auch auf Dauer eingerichtet werden könnten, um im Vorfeld Krisenpotenziale und damit einen möglichen Krisenfall als Gefahr zu erkennen und zu vermeiden (vgl. Töpfer 1999, S. 38). Die Anzahl der Mitglieder sollte möglichst klein sein, wobei eine genaue Zahl nicht vorgegeben ist (vgl. Weber 1980, S. 193). Jeder Bereich bzw. jede Abteilung des Unternehmens, welche einen wesentlichen Beitrag zur Analyse und Lösung der Krise sowie zur Umsetzung der Maßnahmen zur Krisenbewältigung beitragen kann, sollte dabei in dem Krisenteam vertreten sein (vgl. Töpfer 1999, S. 44).

Je nach Ausgestaltung unterliegen bestimmte Zielsetzungs- und Entscheidungsaufgaben entweder dem Kollegium oder der Unternehmensleitung (vgl. Linde 1994, S. 26). Dem restlichen Unternehmenssystem soll das Kollegium übergeordnet sein und somit ein Teil des existierenden Weisungssystems darstellen (vgl. Weber 1980, S. 191). Dadurch erhält das Krisenteam Rückendeckung, Durchsetzungskraft und Schnelligkeit bei der Entscheidung über Maßnahmen und deren Umsetzung. Zudem wird dadurch ein wichtiger, positiver psychologischer Effekt für die Mitglieder des Krisenteams erreicht (vgl. Töpfer 1999, S. 44).

Eine ähnliche Unterteilung nimmt auch Heath (1998, S. 142 ff) vor. Er unterscheidet zwischen dem Incident Command System (ICS) und der Crisis Management Shell Structure (CMSS):

Incident Command System (ICS)

Das ICS wurde entwickelt, die erforderlichen Aktionen und Maßnahmen zu koordinieren, um die Folgen und Auswirkungen einer Krise oder Katastrophe in einem speziellen Bereich oder Umgebung zu steuern. Allerdings wird hierbei nur einseitig die physikalische / finanzielle Seite der Krise beachtet, und dabei die multidimensionalen Facetten einer Krise außer Acht gelassen. Dies hat sodann auch zur Folge, dass die ICS Struktur in komplexeren Krisen schwerer zu implementieren ist.

„Incident Command System – Structure"

(Quelle: Heath 1998, S. 5)

Abbildung 3-2

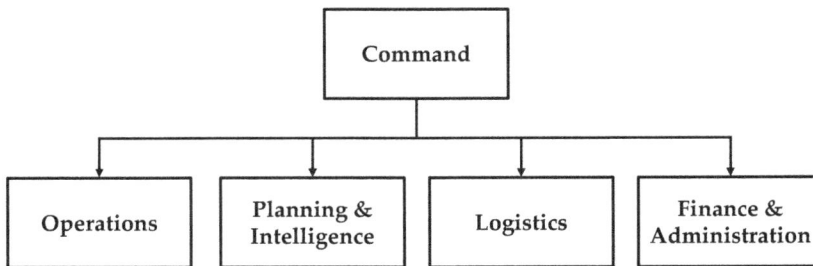

Die zentralen Prinzipien des ICS Ansatzes sind:

- Das System ist einfach und flexibel in Bezug auf die Benutzerzahl.
- Das System kann durch seinen einfachen und logischen Aufbau leicht erweitert werden; dazu benutzt es gemeinsame Terminologie, modularen Aufbau, eine vereinheitlichte Kommandostruktur, integrierte Aktionspläne, unterteilte Aufgabenbereiche, aufgabenbezogene Ressourcenverteilung und integrierte Kommunikation.

▓ Die Struktur richtet sich nach der Größe der Krise. Ausgehend vom „Incident Commander" der zu Anfang alle Autorität in sich vereint, kann sie bei Bedarf in den Bereichen (Operations, Planning/Intelligence, Command, Logistics und Finance/Administration) erweitert werden. Hierbei bleibt die strenge Hierarchie erhalten: die Kommandostruktur läuft vom „Incident Commander" über die Bereichsleiter zu den jeweiligen Mitarbeitern.

Die Vorteile dieses, an militärische Strukturen angelehnten Ansatzes bestehen vor allem in der Flachheit der Strukturen (zweistufig) was eine interaktive Kommunikation und damit schnelle Entscheidungsprozesse unterstützt. Die Unterteilung in die vier Teilbereiche wiederum erlaubt die simultane Bearbeitung verschiedener Krisenaspekte.

Eine der Hauptschwächen der ICS Struktur liegt in der Untergewichtung der Bedeutung der Informationsbeschaffung. Nur als Untereinheit der Planungseinheit angelegt, besteht die Gefahr, das relevante Informationen nicht, oder falsch interpretiert werden, und somit Entscheidungen des „Incident Commander" auf unvollständigen Informationen beruhen. Weiterhin kann dies die Unterrepräsentation der externen Kommunikationsstrukturen zusätzlich erhöhen, was zu Missverständnissen in der Öffentlichkeit oder bei speziellen Interessensgruppen führen kann. Meyers und Honlusha (1986) schlagen vor, bei Kriseneintritt ein Reaktionsteam aus Vorstand und Managern aufzustellen, welches eine flexible Krisenmanagement-Struktur formt. Ein Problem hierbei ist, dass bei jeder neuen Krise ein neues Team gebildet wird, da somit die Rollen- und Aufgabenverteilung bei jeder Krise neu geregelt werden müssen.

Weiterhin wird darauf aufmerksam gemacht, dass bei der Zusammensetzung des Krisenreaktionsteams bestimmte Bereiche der Unternehmensorganisation nicht, oder nicht ausreichend, repräsentiert seien, obwohl diese in die Struktur integriert werden müssten. Hierzu zählen: Mitglieder der Verwaltung, Mitarbeiter der einzelnen Bereiche der Öffentlichkeitsarbeit (Interessensgruppen-, Medien-, Investoren- und Konsumenten-spezifisch), technisches Personal und Marketingexperten. Allerdings kann die Einbeziehung dieser verschiedenen Unternehmensbereiche auch dazu führen, dass Probleme und Konflikte des Tagesgeschäftes das Krisenreaktionsteam daran hindern, effektiv an der Bewältigung der akuten Krise zu arbeiten.

Die Crisis Management Shell Structure (CMSS)

Die obige Beschreibung indiziert folgend aufgeführt eine Anzahl notwendiger Voraussetzungen für eine effektive und umfassende Krisenmanagement-Struktur:

- eine einfache und verständliche Struktur, die zeitnahe und interaktive Informations- und Kommunikationsprozesse unterstützt;
- Aufgabenmanagement/-delegation und gemeinsame Entscheidungsfindung;
- stärkere Konzentration auf Koordinationsfunktion als auf Führungsfunktion;
- ausgereiftes und integriertes Informationsmanagement zur Information interner und externen Partner/Gruppierungen.

Die CMSS verbindet diese Voraussetzungen und erleichtert mittels ihrer hochflexiblen Strukturen dem Krisenbeauftragten das konkrete Management. Ähnlich wie im Falle der ICS kann eine Person alleine alle Funktionen ausfüllen. Dies würde allerdings die Leistungsfähigkeit und Wirksamkeit stark beeinträchtigen. So ist die geringste optimale Anzahl involvierter Personen sieben, falls mindestens eine Person jede der in Abbildung 3-3 beschriebenen Positionen besetzt.

Die „Crisis Management Shell Structure"
(Quelle: nach Heath 1998, S. 6)

Abbildung
3-3

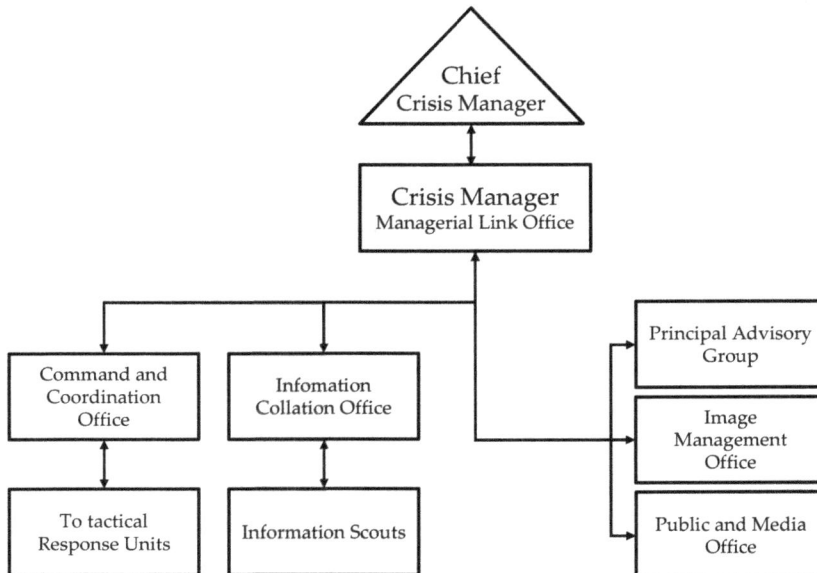

Sollte die Anzahl der Personen die Anzahl der zu besetzenden Positionen übersteigen, ist je Funktion eine Führungsperson zu wählen, welche die jeweilige Funktion in der strategischen Managementgruppe übernimmt und für den Informationsfluss an den Rest der Beteiligten sorgt.

Im Aufbau der CMSS ist eine Grobunterteilung in eine Informationsmanagement- und eine Entscheidungs-/Aktionskomponente erkennbar, welche wiederum in Unterelemente zerlegt ist. Zusammenfassend lässt sich sagen, dass die Struktur der CMSS durch ihre Einfachheit und Klarheit, sowie durch ihre zentrale Entscheidungsfindungsstruktur hilft, während der Krise eine Koordination und Delegation der erforderlichen Schritte zu ermöglichen. Die Struktur weist erweiterte und komplexe Systeme zur Sammlung, Evaluierung und Übermittlung von Informationen auf, wobei eine klare Trennung von internen und externen Kommunikationsbedürfnissen vorgenommen wird. Hierdurch wird die CMSS zur einfachen und effektiven Form des Umgangs mit greifbaren, aber auch weniger greifbaren Krisensituationen.

3.4 Kommunikation in Krisen

3.4.1 Definition und Ziel der Krisenkommunikation

Unter Krisenkommunikation wird die „(...) gezielte Unterrichtung von Adressaten verstanden, nachdem eine Krise eingetreten ist, bestimmte Personengruppen darüber Wissen erlangt haben und das Unternehmen weitere Details der Öffentlichkeit bewusst vermitteln will oder auch nicht will" (Dougherty 1992, S. 56 ff).

Krisenkommunikation und Verhalten in der Krise haben zum Ziel, ein durch die Krise beeinflusstes, verringertes Wohlbefinden von Menschen oder Gruppen wieder zu erhöhen oder die Meinung dieser Person über ihr Wohlbefinden zu verbessern (vgl. Apitz 1987, S. 48 ff). Dabei werden insbesondere Auswirkungen auf Adressaten bzgl. deren Verhalten angestrebt, welches durch die in Kapitel 4.2.3 und 4.2.4 erläuterten Faktoren Einstellung, Involvement und Wahrnehmung geprägt wird (vgl. Töpfer 1999, S. 53).

3.4.2 Grundsätzliche Strategien der Kommunikation in Krisen

Caponigro (1998) unterscheidet zwischen zwei grundsätzlichen Strategien der Kommunikation im Krisenfall. Dabei gibt es die Möglichkeiten einer eher *defensiven* und einer eher *offensiven* Kommunikation (vgl. nachfolgend ebenda, S. 56 ff):

Bei der *defensiven Kommunikationsstrategie* wird die betroffene Öffentlichkeit nur stückweise informiert und im Extremfall findet überhaupt keine

Kommunikation über krisenrelevante Ereignisse statt. Erst nach einer ausreichenden Analyse, oder nachdem bereits andere Informationskanäle Informationen veröffentlicht haben, werden Detailinformationen herausgegeben.

Die *offensive Kommunikationsstrategie* baut auf einem offenen und ehrlichen Umgang mit der betroffenen Öffentlichkeit auf. Informationen werden umfassend und frühzeitig herausgegeben, wodurch dem Entstehen von Gerüchten entgegengewirkt und Unsicherheit sowie Vertrauensverlust bei den Konsumenten und anderen Anspruchsgruppen verhindert wird, welche unerwünschte Folgen der defensiven Kommunikationsstrategie sein können. Der Nachteil bei der offensiven Kommunikation besteht darin, dass Sachverhalte oft noch nicht genügend aufgedeckt und transparent gemacht wurden. Um diesen Nachteil zu verhindern, kann der Schwerpunkt der Kommunikation auf die Bereitschaft, wichtige Sachverhalte lückenlos aufzudecken, gelenkt und bereits eingeleitete Maßnahmen diesbezüglich bekannt gemacht werden (vgl. Töpfer 1999, S. 46).

Vier-Stufen Modell der Krisenkommunikation

3.4.3

Fearn-Banks (2002) hat Folgendes, in Abbildung 3-4 dargestellte, vierstufige Model der Krisenkommunikation entwickelt (vgl. nachfolgend ebenda, S. 15ff):

1. Stufe: *Steigerung der Bekanntheit*

   Informationen über das Produkt und das Unternehmen sollen an die Zielgruppen gelangen und bekannt werden. Somit ist dies eine einseitige Kommunikation.

2. Stufe: *Information der Presse*

   Hier sollen die anvisierten Adressaten über Presseverlautbarungen informiert werden. Auch diese Kommunikation verläuft einseitig, jedoch müssen die Informationen gut aufbereitet sein und einen hohen Wahrheitsgehalt besitzen.

3. Stufe: *Überzeugung*

   Die Öffentlichkeit soll informiert und vom eigenen Standpunkt überzeugt werden. Dabei ist das Unternehmen jedoch nicht bereit seine eigene Sichtweise zu ändern.

4. Stufe: *gegenseitig besser verstehen*

   Durch Medien, wie z.B. Internet, Telefon, öffentlichen Meetings soll eine dialogische Kommunikation aufgebaut werden. Durch exzellente Kommunikationsprogramme auf der Basis wissenschaftlich abgesicherter Kommunikationsmodelle soll gegenseitiges Verständnis zwischen Unternehmen und Öffentlichkeit aufgebaut werden.

Abbildung

3-4

Vier-Stufen-Modell der Krisenkommunikation
(Quelle: Töpfer 1999, S. 47)

Bekanntheit steigern	Presse informieren	Überzeugen	Besser gegenseitig verstehen
Inhalt: Teilweise oder vollständige Information über das Produkt/Unternehmen Ziel: Bekannt werden Kanal: Einseitige Information mit wenig Wissen über Adressaten	Inhalt: Journalistische Informationsaufbereitung mit hohem Wahrheitsgehalt Ziel: Informieren durch Presseverlautbarungen Kanal: Einseitige Information mit ansatzweiser Analyse der Informationsnutzung beim Adressaten	Inhalt: Information und Überzeugung der Öffentlichkeit über den Standpunkt des Unternehmens ohne Bereitschaft zu Veränderung Ziel: Wissenschaftlich basiertes Überzeugungsmodell Kanal: Assymetrische Zwei-Wege-Kommunikation mit Feedback über Umfrageergebnisse	Inhalt: Dialogische Kommunikation als Vermittler zwischen Unternehmen und Öffentlichkeit Ziel: Exzellente Kommunikation auf wissenschaftlich abgesicherter Basis zum besseren gegenseitigen Verständnis Kanal: Assymetrische Zwei-Wege-Kommunikation mit Feedback über Umfrageergebnisse
Stufe 1	**Stufe 2**	**Stufe 3**	**Stufe 4**

Das Ziel besteht laut Töpfer darin, möglichst schnell zur vierten Stufe zu gelangen. Das bedeutet, dass durch Überzeugung und gegenseitiges Verstehen eine Vertrauensbasis zwischen Unternehmen und den Medien geschaffen werden soll (vgl. Töpfer 1999, S. 49). Es soll eine Zwei-Wege-Kommunikation stattfinden, in der das Unternehmen weiß, was die Öffentlichkeit wünscht und braucht und die Öffentlichkeit versteht, was die Anforderungen und Bedürfnisse des Unternehmens sind (vgl. Burkart, Probst 1991, S. 59 ff).

Töpfer (1999, S. 46) empfiehlt Managern ein Medientraining (z.B. mit Medienvertretern als Sparring-Partner) zu absolvieren, damit sie in Krisensituationen bzgl. der Kommunikation richtig, schnell und inhaltlich fundiert agieren können. So sind insbesondere Pressevertreter in der Lage, Fragen so zu stellen, dass jemand aus der normalen Kommunikation heraus diese Frage nicht ohne weiteres beantworten kann und eine „offene Flanke" zeigt (vgl. Woodcock 1998, S. 157 ff). Den Einsatz von professionellen Sprechern lehnt Töpfer (1999, S. 47) jedoch ab, damit Informationen authentisch und glaubwürdig vermittelt werden.

Wird das Ziel einer offenen, vorbehaltlosen, kontinuierlichen, Konsenssuchenden Kommunikation, welche aktiv vom Unternehmen initiiert und praktiziert werden muss, nicht angestrebt und geplant, entsteht ein Informationsvakuum. Aus diesem Informationsdefizit leiten die beteiligten Gruppen dann unter anderem ab, dass das Unternehmen nicht an ihnen interessiert sei oder etwas zu verbergen habe (vgl. Apitz 1987, S. 65). Hinzu kommt, dass Medien insbesondere bei Informationsdefiziten eine starke Rolle als Meinungsführer übernehmen und dadurch die öffentliche Meinung stärker bilden und prägen (vgl. Töpfer 1999, S. 50).

Individuelle Krisenbewältigung

Krisenverhalten bei Managern

Handlungsrahmen und Wahrnehmung in der Krise

Krisensituationen sind gekennzeichnet durch eine eingeschränkte Anzahl von Handlungsalternativen, akutem Handlungszwang und erheblichem Entscheidungsdruck (vgl. Weidl 1996, S. 67). Außerdem besteht Gefahr, dass die Intensität bei schlechtem Management weiter eskaliert und das positive öffentliche Image, welches ein Unternehmen genießt, geschädigt wird (vgl. Töpfer 1999, S. 15). Dadurch ergibt sich folgender besondere Handlungsrahmen (vgl. nachfolgend Weidl 1996, S. 67):

- schnelle Entscheidungen müssen getroffen werden;
- Passivität kann schnell zu unerwünschten Ergebnissen führen;
- es gibt eine begrenzte Anzahl an Optionen;
- unangemessene Reaktionen haben weit reichende Implikationen;
- eine Auseinandersetzung mit Gruppen, welche unterschiedliche Positionen vertreten, ist notwendig;
- der Unternehmenschef wird direkt involviert.

Dieser besondere Rahmen hat Auswirkungen auf die Wahrnehmung eines Subjekts, welche sich in vier Elementen zusammenfassen lässt (vgl. nachfolgend Bolzinger 1982, S. 478):

1. *Plötzlichkeit (Sudden)*

Eine Krise wird als etwas wahrgenommen, das plötzlich und gewaltsam in das Leben des Betroffenen eindringt, selbst dann, wenn eine absehbare Entwicklung zur akuten Krise führte.

2. *Unwiderstehlichkeit (Irrepressible)*

Die Krise macht sich selbst im persönlichsten Privatleben derjenigen bemerkbar, die damit involviert sind. Sie ist immer und überall gegenwärtig und setzt die Beteiligten unter Druck.

3. Unfassbarkeit (Incomprehensible)

Die Krise wird als Zusammentreffen einer merkwürdigen Reihe von Ereignissen wahrgenommen. Auch dann, wenn das Subjekt in der Krise die Logik der Situation, in welcher er sich befindet, vollständig akzeptiert, hält eine gewisse Überraschung an. Der Betroffene ist auf eine seltsame Weise beunruhigt.

4. Künstlichkeit (Artifical)

Für ein Subjekt ist die Krise wie eine Parenthese, die sich plötzlich im gewohnten Rhythmus der Existenz eröffnet. Es ist ein plötzlicher Ausbruch, welcher als objektive Realität wahrgenommen wird, der sich jedoch von der objektiven Realität des Individuums unterscheidet.

In der Regel sind Krisenprozesse weder harmonisch noch konfliktfrei. Oft enden die Bemühungen des Managers um Bedürfnisbefriedigung erfolglos (vgl. Weidl 1996, S. 96). Dies kann unterschiedliche Folgen auf die Psyche und damit das Verhalten einer Führungskraft hervorrufen. Im Folgenden werden Stress und Frustration sowie deren Auswirkungen näher betrachtet.

4.1.2 Auswirkungen von Stress in Krisensituationen

Wenn sich von einer Krise betroffene Individuen in ihren Möglichkeiten die Krise zu bewältigen strapaziert oder überfordert fühlen, kann dies zu Stress führen. Zimbardo umschreibt Stress wie folgt: „Stress ist ein Muster spezifischer und unspezifischer Reaktionen eines Organismus auf Reizereignisse, die sein Gleichgewicht stören, seine Fähigkeit zur Bewältigung strapazieren oder überschreiten. Diese Reizereignisse umfassen eine ganze Bandbreite externer und interner Bedingungen, die allesamt als Stressoren bezeichnet werden. Ein Stressor ist ein Reizereignis, das vom Organismus eine adaptive Reaktion verlangt. Die Stresssituation ist zusammengesetzt aus einer vielfältigen Kombination von Reaktionen auf unterschiedlichen Ebenen, einschließlich psychologischer, verhaltensbezogener, emotionaler und kognitiver Veränderungen" (1992, S. 477 f).

Als mögliche Folgen von Stress unterscheidet Zimbardo vier Ebenen (vgl. nachfolgend ebenda, S. 477):

- *Verhaltensebene*

  Dazu gehören unter anderem ein steigendes Aktivitätsniveau bzw. Unterbrechung oder Hemmung des Verhaltens, stereotype Verhaltensweisen, Vermeidung von Kontakten bis hin zu selbst zerstörerischen Verhalten wie Drogenmissbrauch.

- *Emotionale Ebene*

  Zusammengefasst wird hier u.a. Furcht, Angst, Wut, Abwehrmechanismen des Ich oder Ausgebranntheitsgefühle.

- *Kognitive Ebene*

  Hierunter fallen u.a. Planung, kreatives Denken, kognitive Neubewertung, Einschränkung der Wahrnehmung und Rigidität.

- *Physiologische Ebene*

  Dazu zählen u.a. gestiegene Alarmbereitschaft, Krankheitsanfälligkeit, Erschöpfung, Herzgefäßerkrankungen etc.

Stress kann zu einer Reihe von weiteren Auswirkungen führen. Je nach Ausprägung der Bedrohung und der Situationskontrolle tritt Angst im Erleben auf und kann zu kognitiven Notfallreaktionen des Individuums führen. Dies bedeutet, ein Individuum stellt sein Handlungssystem auf eine schnelle Reaktionsbereitschaft um, und senkt dabei das intellektuelle Niveau ab (vgl. Weidl 1996, S. 101).

Veränderungen in der Struktur der Gruppe sind auch unter Stress in Form von Zeitdruck feststellbar. Führung gewinnt an Bedeutung und Entscheidungen werden zentralisiert. Zudem wird die zur Verfügung stehende Diskussionszeit ungleicher verteilt (vgl. ebenda, S. 102). Dieses als vertikale Strukturierung bezeichnete Phänomen ist ausgeprägter, je stärker der Zeitdruck ist, unabhängig davon, ob in der Gruppe ursprünglich eine gleiche Partizipation vorgesehen war (vgl. Isenberg 1981, S. 119 ff). Insgesamt lässt sich festhalten, dass sich unter zunehmendem Stressgrad eine Tendenz zu autoritär-direktivem Führungsverhalten zeigt (vgl. Weidl 1996, S. 102).

Auswirkungen von Frustration in Krisensituationen 4.1.3

Frustration kann eine weitere Reaktion auf Krisen darstellen. Dabei entsteht diese insbesondere dann, wenn die Führungskraft angestrebte Ziele nicht erreicht. Die Krise stellt dabei das Hindernis dar, welches auf dem Weg zur Erreichung der Ziele steht und außerhalb der Kontrolle der Führungskraft liegt (vgl. ebenda, S. 96). Frustration kann dabei u.a. auch zu positiven Verhaltenskonsequenzen führen. Zum Beispiel, wenn ein leistungsmotivierter Mitarbeiter seine Leistung erhöht, um die Krise zu bewältigen (vgl. Luthans 1995, S. 272). Sie kann aber auch destruktive Formen der Krisenbewältigung annehmen. Luthans nennt in diesem Zusammenhang die folgenden vier Reaktionsformen (vgl. nachfolgend Luthans 1995, S. 271 f):

1. *Erhöhte Aggression*

Aggression ist dabei ein nicht angeborener, sondern erworbener Trieb, der als Reaktion auf Frustrationen entstehen kann und sich gegen das Hindernis der Bedürfnisbefriedigung richtet. Dieses Hindernis, welches direkt angegriffen wird, kann ein physisches Objekt oder eine Person sein. Falls ein direkter Angriff nicht möglich ist, können auch unbeteiligte Objekte bzw. neutrale Personen Ziel der Aggression werden.

2. *Rückzug bzw. Regression*

Wenn bestimmte Ziele nicht erreicht werden können, werden leichter zu erreichende Bedürfnisse dominant. Dies kann insbesondere in Krisen zu resignativen Verhaltenstendenzen führen, wie die Einstellung, dass es zwecklos sei, gegen bestimmte negative Folgen der Krise anzukämpfen.

3. *Fixierung*

Obwohl die Mittel nicht geeignet sind das Ziel zu erreichen, versucht der Mitarbeiter es immer wieder mit den gleichen Mitteln.

4. *Rechtfertigung*

Der Mitarbeiter versucht sich zumindest in der unmittelbaren Umgebung so zu rechtfertigen, dass das ursprüngliche Ziel uminterpretiert wird. Die wahren Gründe werden durch sozial eher akzeptable substituiert.

4.1.4 Veränderung des Führungsverhaltens in Krisensituationen

Führungskräfte setzen bei der Führung verschiedene Strategien ein, um ihre Mitarbeiter zu beeinflussen. Dabei gibt es u.a. folgende Beeinflussungsstrategien (vgl. Murray 1995, S. 1848):

- *Vernunft*
  Beeinflussung durch den Gebrauch von vernünftigen Argumenten bzw. durch logische Informationen mit Überzeugungskraft.

- *Freundlichkeit*
  Aufbau stärkerer Akzeptanz durch freundliches entgegenkommendes Verhalten (Anwendung von „referent power").

- *Koalition*
  Einbeziehung eines Dritten, um den Einfluss auf jemanden zu erhöhen.

- *Aushandeln*
  Angebot einer wertvollen Gegenleistung um das Gewünschte zu erhalten.

- *Bestimmtheit*
  Gebrauch eines kraftvollen fordernden Vorgehens, welches mit starken Emotionen verbunden ist.

- *Bezug auf höhere Autoritäten*
  Hinweis auf Einbeziehung von Dritten mit höherer formaler Autorität.

- *Sanktion*
  Androhung oder Verwirklichung einer konkreten Bestrafung um das gesetzte Ziel zu erreichen.

Murray (1995, S. 1843 ff) setzt Führungsverhalten und psychologische Empfindungen in Bezug mit ernsthaften Krisensituationen und weniger ernsten Krisensituationen. Pfeile die in Abbildung 4-1 nach oben gerichtet sind bedeuten dabei eine Zunahme des entsprechenden Führungsverhaltens und Pfeile die nach unten zeigen eine Abnahme. Die Länge der Pfeile illustriert, wie stark die Intensität der Reaktion ist.

Subjektiv empfundene Krise als Resultat von Rückentwicklung
(Quelle: Murray 1987, S.1775)

Abbildung 4-1

Intensität der empfundenen Krise	Mitarbeiterorientierung	Aufgabenorientierung	Strategien der Beeinflussung						
			Vernunft	Freundlichkeit	Koalitionen	Aushandeln	Bestimmtheit	Höhere Autorität	Sanktionen
Hoch	↓	↑	↓	↓	↓	↑↓	↑	↑	↑
Niedrig / Mäßig	↑	↑	↑	↓	↓↑	↓↑	↑	↑	↑

Wie zu erkennen ist, steigt in einer ernsthaften Krise die Aufgabenorientierung. Dies bedeutet, dass sich das Interesse einzelner Personen auf ein eng definiertes Eigeninteresse konzentriert und die Bereitschaft auf andere einzugehen (Teamorientierung) abnimmt. Gleichzeitig steigt der Wunsch Strukturen zu schaffen, mit denen eine bessere Lösung der kritischen Situation erhofft wird. Im Rahmen der Beeinflussungsstrategien ist die Tendenz zu beobachten, weniger an die Vernunft zu appellieren. Dies vermutlich deshalb, weil es keine Zeit gibt, eigenes Vorgehen lange und kompliziert zu erklären. Zudem ist es nicht mehr so wichtig freundlich zu wirken oder von den anderen akzeptiert zu werden. Aufgrund der starken Beschäftigung mit den eigenen Problemen, nimmt zudem das Erkennen potenzieller Verbündeter ab, mit denen eventuell eine Zusammenarbeit möglich wäre, um das Problem besser zu meistern. Je nach Machtposition der anderen (Mitarbeiter, Kollegen etc.) kann es auch zu einer Intensivierung des Aushandelns kommen. Je mehr den anderen wichtige Kontrollfunktionen, z.B. über benötigte Informationen oder Energien zugeschrieben werden, desto stärker wächst die Bereitschaft zum Aushandeln. Falls die eigene Machtposition jedoch stark ist, werden eher die Strategie der Bestimmtheit, der Sanktion und der Verweis auf höhere Autorität angewendet (vgl. ebenda, S. 1848).

4.2 Krisenverhalten bei Konsumenten

4.2.1 Krisen und Konsumentenforschung

Krisen können dann am besten bewältigt werden, wenn einige der wichtigsten Erkenntnisse der Verhaltensforschung berücksichtigt werden. Obwohl im Marketing verschiedene psychologische und soziale Modelle verwendet werden, um das Verhalten von Konsumenten zu erklären, gibt es speziell zum Verhalten von Konsumenten in Krisensituationen nur wenig marketingspezifische Literatur. Das Thema Individuen in Krisen, wird vorherrschend in der Psychologie behandelt. So beschäftigt sich die Psychologie seit einigen Jahrzehnten intensiv mit Belastungssituationen von Individuen, und ein interdisziplinäres Forschungsfeld mit Anknüpfungen zu anderen Gebieten ist entstanden (vgl. Weidl 1996 S. 26). Auch in den Kommunikationswissenschaften wird das individuelle Verhalten in Krisensituationen im Rahmen der Krisenkommunikation behandelt. Diese Parallele verwundert kaum, da die Kommunikation besonders intensiv auf die psychologische Ebene einer Krise einwirkt, insbesondere dann, wenn sie aus der Sicht der Adressaten besonders gut oder besonders schlecht ist (vgl. Töpfer 1999, S. 50).

4.2.2 Langfristige Veränderungen im individuellen Kontext

Caplan und Felix (1964) definieren Krisen im individuellen Kontext als „(...) eine relativ kurze Periode psychischen Ungleichgewichts in einer Person, die sich bedrohlichen Umständen gegenübersieht, welche für sie ein bedeutsames Problem bilden, dem sie zum gegebenen Zeitpunkt weder entfliehen noch mit ihren üblichen Problemlösungsmöglichkeiten begegnen kann" (vgl. Weidl 1996, S. 28).

Individuelle Krisen können nach Caplan und Felix folgende Auswirkungen haben (vgl. nachfolgend ebenda, S. 28):

Nach dem Eintritt der Krise folgt eine Phase der Schwankung zwischen Hilflosigkeit und Bewältigungsversuchen, sowie Resignation, Hoffnung, Planung, Verzweiflung, Ambivalenz und der Erkenntnis des Unausweichlichen sowie dessen Verdrängung. Dies mündet schließlich in einer langfristigen Veränderung, wobei eine positive oder negative Entwicklung stattfinden kann. Eine weitere Möglichkeit ist, dass das neue Gleichgewicht dem alten ähnelt (vgl. Abbildung 4-2).

Abbildung

4-2

Krisenmodell nach Caplan und Felix

(Quelle: Weidl 1996, S. 29)

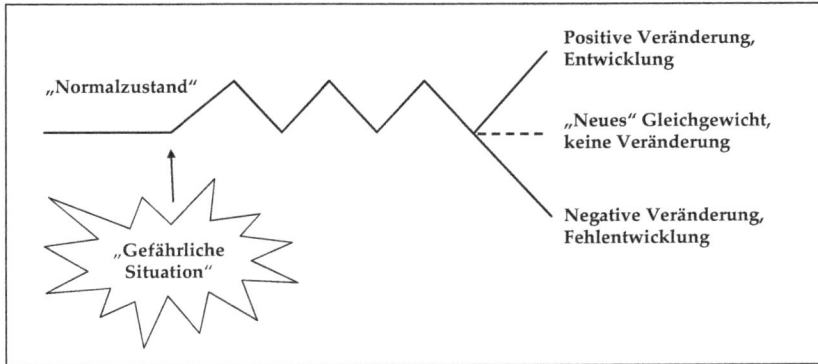

Welche Entwicklung letztlich stattfindet, hängt laut den Autoren von der Situation, der Merkmale der Persönlichkeit, den kulturellen Faktoren und der Interaktion mit bedeutsamen anderen Personen ab. Hinzu kommen noch spezifische Faktoren wie beispielsweise die Art der Gefahr für die Person, die Bewältigungsmöglichkeiten, die Unterstützung durch andere etc.

Effekte von Krisen auf Einstellungen

Einstellungen haben eine zentrale Bedeutung in der Konsumentenforschung, da sie einen signifikanten Einfluss darauf haben, was eine Person bemerken und schätzen wird, woran sie sich erinnert und was sie zum Handeln veranlassen wird. Als eine generalisierte Prädisposition, hat sie Einfluss und Kontrolle auf viele spezifische Verhaltensweisen und zieht eine Veränderung bei verschiedenen spezifischen Handlungen mit sich (vgl. ebenda, S. 31).

Einstellungen werden wie folgt definiert: „Eine Einstellung eines psychologischen Subjekts gegenüber einem psychologischen Objekt ist seine sozial vermittelte Stellungnahme diesem Objekt gegenüber, durch die in systematischer Weise Prozesse im Bereich des Erkennens, Erlebens und Handelns ausgelöst werden können" (ebenda, S. 30). Somit stellen Einstellungen erlernte Urteile über Gegenstände der psychischen und physischen Umwelt dar.

Zimbardo unterscheidet drei Ebenen der Einstellung (vgl. nachfolgend Zimbardo 1992, S. 578):

1. *Kognitive Komponente* (Meinungen)

Diese Komponente umfasst Urteile darüber, was als wahr und was als falsch angesehen wird und welche Zusammenhänge wahrscheinlich sind.

2. *Affektive Komponente* (Gefühle der Anziehung oder Ablehnung)

Diese Ebene beinhaltet positive oder negative Empfindungen gegenüber einem Objekt.

3. *Konative Komponente* (Verhaltensdispositionen)

Dieser Bereich umfasst Prädispositionen oder Absichten für Handlungen.

Insbesondere in einer Krise umfasst die kognitive Komponente die Meinung eines Konsumenten darüber, ob es negative Folgen der Krise geben wird. Die affektive Komponente in der Krise umfasst zum Beispiel die Empfindung eines Konsumenten darüber, ob das Unternehmen angemessen gehandelt hat. Die konative Komponente der Einstellung entscheidet darüber, ob der Konsument in Zukunft noch bei dem Unternehmen kaufen möchte (vgl. Töpfer 1999, S. 58). Dabei hat die Handlung das Ziel, reduziertes Wohlbefinden wieder zu erhöhen (vgl. Apitz 1987, S. 48).

Die Beziehungen zwischen den Komponenten sind nicht nur rekursiv, also einseitig gerichtet, sondern zum Teil interdependent. So beeinflusst beispielsweise die Einstellung die konative Ebene: eine gefühlsmäßige Einschätzung darüber, dass sich das Unternehmen in der Krise falsch verhalten hat, kann zu einem Boykottverhalten führen, in welchem bspw. die Produkte des Unternehmens nicht mehr gekauft werden. Umgekehrt beeinflusst die konative Ebene auch die kognitive Ebene. So entscheidet zum Beispiel die zukünftige Handlungsabsicht darüber, was der Konsument über das Unternehmen denkt (vgl. Töpfer 1999, S. 52).

Die Einstellung und Handlungen werden durch die Wahrnehmung und das Involvement beeinflusst. Wahrnehmung umfasst die Sinnesaufnahme und die Interpretation der aufgenommenen Informationen. Das Involvement bezeichnet das Engagement und die Ich-Beteiligung für eine Sache/Situation (vgl. Kroeber-Riel, Weinberg 1996, S. 360 f). Bezogen auf Krisenkommunikation bedeutet Involvement „(...) die innere Beteiligung und damit das gedankliche und/oder emotionale Engagement der Adressaten, mit dem sie sich der Kommunikation zuwenden und sich mit den kommunizierten Informationen auseinandersetzen" (Töpfer 1999, S. 52). Involvement und Wahrnehmung sind die Grundlagen für Einstellung, Handlungsbereitschaft und konkretes Verhalten (vgl. ebenda, S. 52). In Abbildung 4-3 sind die aufgeführten Phänomene im Zusammenhang dargestellt:

Abbildung

4-3

Erweitertes Drei-Komponenten-Modell

(Quelle: Töpfer 1999, S.51)

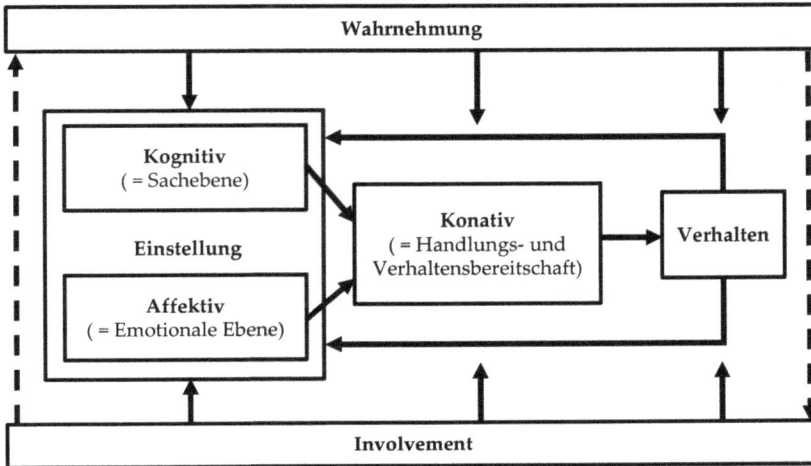

Effekte von Krisen auf Involvement und Wahrnehmung

Das Involvement lässt sich einerseits unterscheiden in persönliches Involvement, das durch die Wertvorstellungen einer Person bestimmt wird, sowie andererseits in Situations-Involvement, das durch kommunizierte und wahrgenommene Sachverhalte erst entsteht. Die Berücksichtigung des Involvement ist sehr wichtig, da es das Interesse und Engagement, welches eine Person einer Sache oder Situation entgegenbringt, bestimmt. Damit entscheidet es wiederum darüber, ob dieses Objekt überhaupt wahrgenommen wird. Hohes Involvement führt zu einer intensiven Wahrnehmung. Umgekehrt kann über eine wahrgenommene Situation ein bestehendes Involvement verstärkt werden (vgl. Töpfer 1999, S. 52).

Übertragen auf die Situation einer plötzlichen Krise bedeutet dies Folgendes. Wenn eine plötzliche Krise lebenswichtige Werte wie Sicherheit oder wichtige gesellschaftliche Werte wie Schutz der Umwelt beeinträchtigt, führt vorhandenes hohes Involvement zu einer starken Wahrnehmung und Wirkung in der Öffentlichkeit. Das Krisenmanagement und die Krisenkommunikation müssen dies berücksichtigen.

Problematisch für ein Unternehmen können dabei Wahrnehmungsverzerrungen sein. Das bedeutet, dass die Situation nicht voll erfasst oder durch einen Wahrnehmungsfilter aufgenommen wird. Beide Fälle bestimmen das Verhalten und die Reaktion von Personen in einer Krisensituation maßgeblich. Deshalb ist es wichtig bei der Krisenkommunikation derartige Verzerrungen frühzeitig zu erkennen und in angemessener Weise zu reagieren. Insbesondere, wenn Individuen bereits über Erfahrungen verfügen, kann dies dazu führen, dass ein inneres Bild abgerufen wird, was dazu führt, dass eine wiederholte Krise schwerer einzudämmen ist. In diesem Fall muss das Unternehmen gegen zwei Probleme ankämpfen. Zum einen gegen den Störfall selbst, und zum anderen gegen die Erinnerung an frühere Störfälle bei den vorgeprägten Betroffenen. Aus diesem Grund müssen Maßnahmen zur Krisenbewältigung diesen Sachverhalt stets berücksichtigen (vgl. ebenda, S. 53).

4.2.5 Krisen und Angst

In einer Krise erweisen sich bisher mögliche und gültige Handlungsstrategien, Bewältigungsmuster und Abwehrmaßnahmen als zunehmend unzulänglich. Deshalb muss eine Krise auch unter dem Blickwinkel von Bedrohung, Ausnahmesituation, Hilflosigkeit, Unsicherheit und Angst betrachtet werden (vgl. Weidl 1996, S. 33). Angst als eine Form emotionaler Reaktion ist im Allgemeinen nicht von der damit verbundenen Bewältigung oder den Bewältigungsversuchen zu trennen (vgl. Birbaumer, Schmidt 1999, S. 648). Qualität und Intensität der Emotion wird stark von dem Ausgang und den damit verbundenen Bewältigungsversuchen beeinflusst (vgl. Weidl 1996, S. 33).

Ängste können zu verstärktem Informationsbedürfnis oder zur Lethargie führen (vgl. Apitz 1987, S. 20). Besonders in Krisen haben die beteiligten Interessensgruppen einen hohen Bedarf an Informationen. Damit sie verstehen, worum es überhaupt geht, muss dieser Bedarf gedeckt werden, da es besonders in der Krise eine große Gefahr darstellt, dass das bisher aufgebaute Verständnis- und Vertrauenspotenzial durch mangelhafte Informationsarbeit nachhaltig gestört wird. Bei der Krisenkommunikation ist es dabei zudem von hoher Bedeutung, dass die Akzeptanz oder Ablehnung von Unternehmensbotschaften regelmäßig analysiert wird, denn jede Ablehnung blockiert die Akzeptanz für weitere Informationen (vgl. ebenda, S. 51).

Bewältigung von Krisen in Krisen

Kapitel 5

Besonderheiten von Mehrfachkrisen

Einführung von multiplen Krisen

Trotz steigender (subjektiv empfundener) Sicherheit bzgl. Technologie, Wirtschaft und Politik ist die Kriseanfälligkeit von einzelnen Wirtschaftseinheiten als sehr hoch einzustufen. Das inhärente Risiko der interdependenten Wirtschafts-, Handels- und politischen Systeme für den Erfolg bzw. mitunter sogar den Fortbestand einzelner Unternehmen muss in Zukunft stärker und proaktiv von der Unternehmensführung gemanagt werden. Zudem fordern die Globalisierung und der erhöhte Wettbewerbsdruck, dass die Bewältigung von Problemen und Gefahren bzgl. Intensität und Ressourceneinsatz einen größeren Stellenwert in der unternehmerischen Ausübung der allgemeinen Managementfunktion einnimmt. Künftig wird es nicht mehr ausreichen eine oder aufeinander folgende Krisen sukzessiv erfolgreich zu überwinden – vielmehr müssen gleichzeitig in immer kürzeren Abständen Krisen in Krisen gemeistert werden. Fürst et al. definieren multiple Krisen als „(...) das zeitgleiche Einwirken mehrerer Krisen. Multiple Krisen zeichnen sich dabei durch auftretende Wechselwirkungen zwischen Krisenereignissen und den Einwirkungsobjekten aus, auch wenn diese in ihrer Entstehung völlig unabhängig voneinander sind" (2004, S. 1).[1]

Dabei intensivieren bestehende Interdependenzen bzw. Verstärkungseffekte zwischen einzelnen Krisen die Einwirkung von multiplen Krisen auf ein betroffenes Unternehmen und deren Beherrschbarkeit durch das Management. Die Ereignisse des 11. Septembers 2001 in der exemplarischen Fallstudie vorliegenden Werkes (vgl. Kapitel 6 bis 10) verdeutlichten zudem, welche Dynamik und welcher Schaden durch eine solche Mehrfachkrise erzeugt werden kann. Deshalb wird es für Unternehmen künftig unabdingbar sein, dieser besonderen Herausforderung gezielt zu begegnen und ein adäquates Krisenmanagement zu entwickeln. In den folgenden Abschnitten erläutern wir die konstitutive Besonderheit der Interaktionseffekte von Krisen in Krisen und offerieren unsere Antwort auf das effiziente Bewältigen von Mehrfachkrisen, indem wir das Konzept des 3D-Krisenmanagement vorstellen.

---

1) Es sei an dieser Stelle erwähnt, dass wir die Begriffe multiple Krise, Mehrfachkrise und Krise in der Krise synonym verwenden.

Interaktionseffekte zwischen Krisen

Als erwünschte Synergien, bspw. bei der Planung von Unternehmenskoope-
rationen, ist es weitläufig bekannt, dass das Ganze mehr sein kann als die
Summe seiner Einzelteile oder das Ganze ohne die Verbindung der Einzelteile gar nicht zustande kommen könnte (vgl. Nieschlag, Dichtl, Hörschgen
1997, S. 140). In dieser (erwünschten) Richtung wird ein solcher Zusammenhang gerne argumentativ zur Entscheidungslegitimation herangezogen,
während der gleiche Sachverhalt bzgl. negativer Wirkungen bei Krisen kaum
wahrgenommen wird. Auch hier gilt, dass der Schaden von mehreren Krisen
weitaus höher sein kann, als dessen isolierte Addition. Der Grund liegt in
dem Auftreten von Interaktionseffekten zwischen gleichzeitig einwirkenden
Krisen. Abbildung 5-1 kann entnommen werden, dass in einer multiplen
Krise grundsätzlich Interaktionseffekte entstehen. Diese Wechselwirkungen
zwischen Krisen sind entweder direkt oder indirekt und bi- bzw. monodirek-
tional. Grundsätzlich können diese sowohl aus positiven oder aus negativen
Wechselwirkungen bestehen (vgl. Fürst et al. 2004, S. 1).

Abbildung
5-1

Interaktionseffekte von multiplen Krisen
(Quelle: Fürst et al. 2004, S. 1)

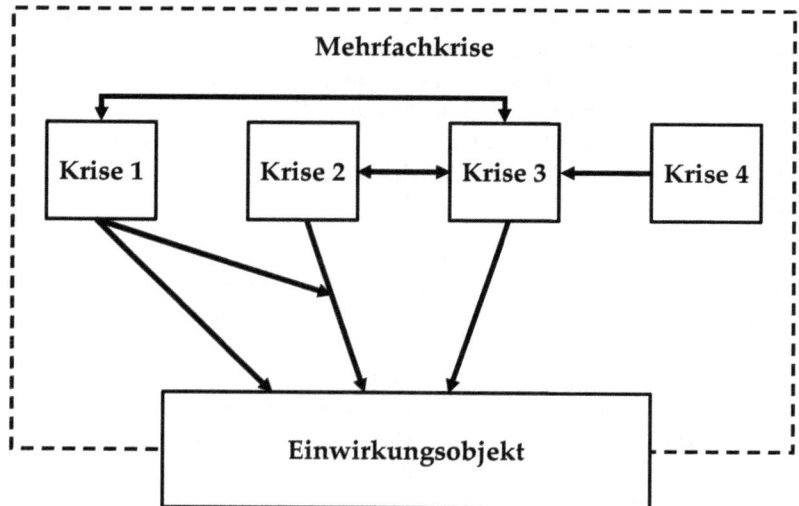

Das 3D-Krisenmanagement

Grundlegendes Konzept

▨ Unter einem 3D-Krisenmanagement (3D-KM) verstehen wir das gleichzeitige identifizieren, evaluieren und bewältigen multipler Krisen in einem dynamisch iterativen Prozess mit dem Ziel Ressourcen zur Krisenbewältigung effizient einzusetzen und dabei Interaktionseffekte zwischen Krisen systematisch in die Krisenbewältigung zu integrieren und effektive Gegenmaßnahmen zu den drei Krisendimensionen Ursachen, Wirkungen sowie Interaktionseffekten zwischen einzelnen Krisen zu planen, durchzuführen und zu kontrollieren.

▨ Zur effizienten Bewältigung einer multiplen Krise sollte somit jede einzelne Krise aus den in Abbildung 5-2 illustrierten drei unterschiedlichen Perspektiven (Dimensionen) betrachtet bzw. effektiv gemanagt werden. Neben den Ursachen und den Wirkungen sind die vorgestellten Interaktioneffekte wirkungsvolle Ansatzpunkte einer zielgerichteten und erfolgreichen Bewältigung von Krisen in Krisen. Auch wenn es bspw. grundsätzlich keine Patentrezepte zur Vermeidung von Krisen gibt (vgl. Apitz 1987, S. 96), ist das Konzept des 3D-Krisenmanagement ein wirkungsvolles Instrument zur gezielten Eindämmung von Mehrfachkrisen.

3D-Krisenbewältigung von multiplen Krisen

(Quelle: Eigene Darstellung)

Abbildung
5-2

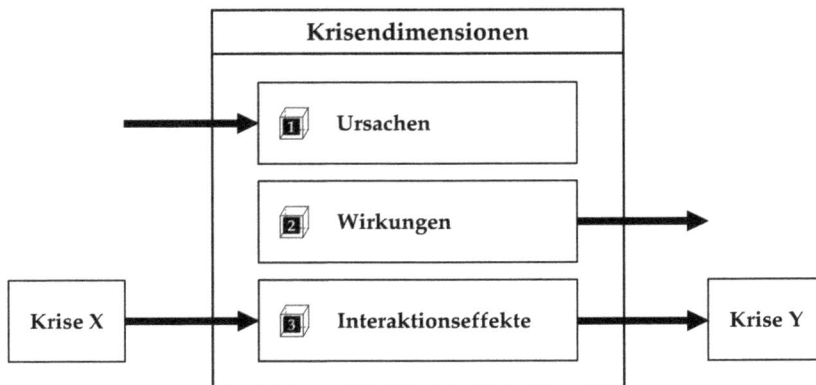

▨ Krisen-Ursachen

Häufig wird der Fokus der Krisenbewältigung lediglich auf die Symptome bzw. wahrgenommen Konsequenzen für die Unternehmung gelegt, während die Auslöser bzw. Determinanten von Krisen nicht oder unzureichend im Krisenmanagement Berücksichtigung finden. Eine nachhaltige

Krisenbewältigung kann jedoch häufig nicht ohne eine wirkungsvolle Ursachenbekämpfung gewährleistet werden.

▪ Krisen-Wirkungen

Obwohl Krisen mitunter viele Auswirkungen aufweisen, stehen die direkten Kriseneinwirkungen auf die eigene Unternehmung bzw. Organisation auch beim 3D-Krisenmanagement im Vordergrund der Krisenbewältigung. Diese Krisendimension steht vornehmlich im Interesse des konventionellen Krisenmanagement und ist daher bereits in der verfügbaren Literatur gut entwickelt und aufbereitet (vgl. Bergauer 2001, S. 283 ff).

▪ Krisen-Interaktionseffekte

In Kapitel 5.1.2 wurden die Wechselwirkungen von Krisen in Krisen bereits vorgestellt. Wiederholt sei an dieser Stelle, dass der Schaden von mehreren gleichzeitig auf ein Objekt einwirkenden Krisen weitaus stärker sein kann, als die isolierte Addition der einzelnen Krisenschäden.

| Abbildung 5-3 |

Interaktionseffekte einer multiplen Krise
(Quelle: Eigene Darstellung)

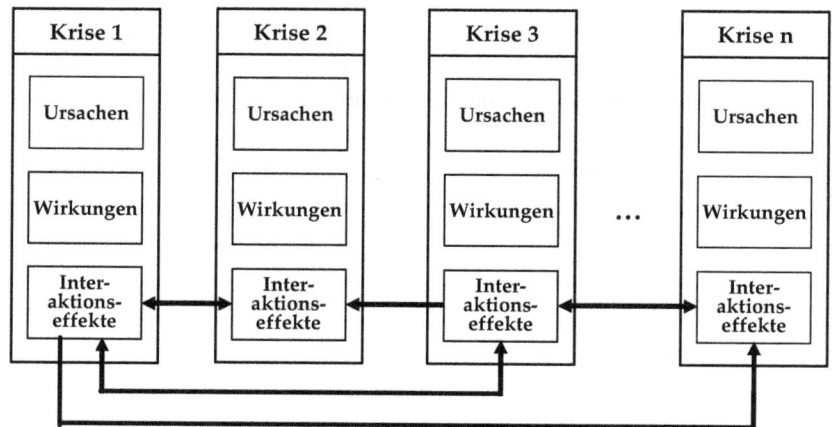

Wie Abbildung 5-3 illustriert, können Interaktionseffekte nicht nur wechselseitig zwischen Krisen auftreten, vgl. Interaktionseffekt von Krise 1 auf Krise 3, sondern auch einseitig, wie von Krise 3 auf Krise 2 illustriert. Das von Fürst (2004) untersuchte Problem, dass eine Krise auch Auswirkungen auf den Preiswettbewerb hat (da Preissenkungen zu stark als Krisenbewältigungsinstrument eingesetzt werden) bzw. einen verlustreicheren (im Vergleich zur auslösenden Krise) zerstörerischen Preiskrieg auslösen kann, illustriert zudem, dass auch neue Krisen in einer Mehrfachkrise entstehen und dabei dessen Komplexität im Zeitablauf erhöhen können, falls diese nicht rechtzeitig sachgerecht und systematisch gemanagt wird.

Da bspw. aufgrund der Fixierung (vgl. Kapitel 4.1.3) eines Symptombewusst-seins der wahrgenommenen Krisenwirkungen oder aufgrund des enormen Zeitdrucks während einer Krisenbewältigung inhärent die Gefahr besteht, einer der drei Krisendimensionen zu vernachlässigen, ist das Konzept der 3D-Krisenbewältigung eine ergiebige Methodik zur Vermeidung der Nicht-beachtung von Wechselwirkungen zwischen Krisen bei der Analyse und Bewältigung und erweitert somit wirkungsvoll das Instrumentarium des kon-ventionellen Krisenmanagement.

Prozess und Phasen

Aus prozessorientierter Perspektive (vgl. Kapitel 3.2) lassen sich die drei Phasen der Identifikation, der Evaluation und der Bewältigung von Mehrfach-krisen innerhalb des 3D-Krisenmanagement abgrenzen, welche im Folgen-den näher erläutert werden:

Phasen des 3D-Krisenmanagement
(Quelle: Eigene Darstellung)

Abbildung
5-4

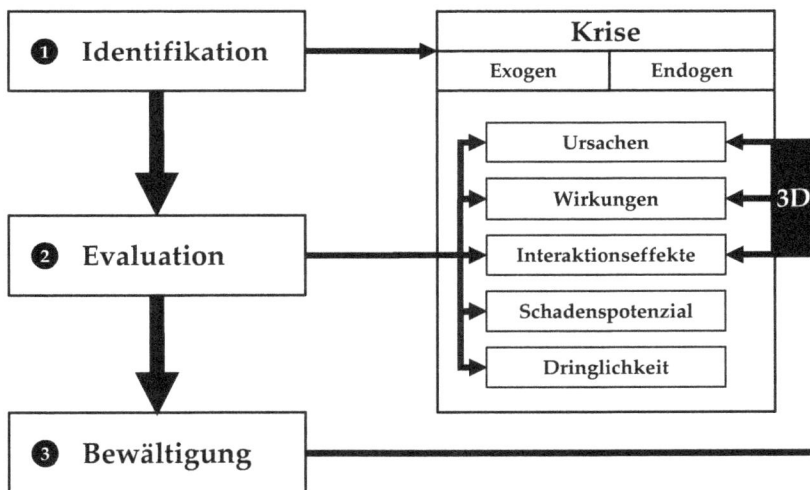

1. Identifikation von (potenziellen) Krisen

Innerhalb der einführenden theoretischen Grundlagen des Krisenmanage-ment wurden bereits in Kapitel 3.2.1 die Frühaufklärung und Früherkennung von Krisen thematisiert. An dieser Stelle sei lediglich erwähnt, dass auf-grund einer proaktiven Ausschau nach (potenziellen) Krisen nicht nur ein immenser Schaden für die Unternehmung begrenzt werden kann. Der Erfolgs-faktor Zeit (vgl. Droege & Comp 2003, S. 80 f) bzw. die für eine evtl. Bewäl-tigung zur Verfügung stehende Zeit kann zudem verlängert werden. Obwohl vielfach bereits eine hohe Kenntnis bzgl. potenziellen oder bereits akuten Gefahren in der Organisation vorhanden ist, erreichen diese Informationen aus psychologischen, strukturellen und interessenspolitischen Hemmnissen (vgl. Kapitel 3.2.2) häufig nicht das verantwortliche Management. Deshalb ist es vielfach bereits ergiebig, die Suche sowohl nach endogenen als auch nach exogenen Krisen mittels einfacher Interviews o.ä. in der eigenen Organisation zu beginnen, bevor die Nachforschungen auf das weitere Umfeld ausgeweitet werden.

2. Evaluation identifizierter Krisen

Die systematische und detaillierte Analyse identifizierter Krisen ist ein wichtiger Bestandteil bzw. eine Vorraussetzung des erfolgreichen 3D-Krisenmanagement. In dieser Phase werden Krisen sowohl separat anhand ihrer Ursachen und Wirkungen, als auch in ihrer Interdependenz mit anderen Krisen beurteilt. Zudem werden das Schadenspotenzial sowie die Dringlichkeit der Unternehmensreaktion evaluiert. Lediglich auf Basis einer solch differenzierten Analyse lassen sich komplexere dynamische Systeme multipler Krisen effizient durch eine Unternehmung steuern und bewältigen. Die Untersuchung der Krisen nach folgenden Kriterien stellt somit die Ansatzpunkte einer zielgerichteten bzw. effizienten 3D-Krisenbewältigung dar:

- Krisen-Ursachen und deren Managementelastizität

  Diese Analyse widmet sich ausschließlich den Auslösern bzw. Determinanten einer Krise selbst (vgl. Kapitel 2.2). Unabhängig von der durch eine Unternehmung selbst wahrgenommen Symptome werden diese soweit als möglich zurückverfolgt. Scheint der Krisenherd identifiziert wird auch dieser auf Bestimmungsfaktoren hin untersucht. Auf diese Weise kann neben den Krisenursachen durch die Modellierung von Ursache-Wirkungs-Zusammenhängen mitunter eine längere Reaktionskette abgebildet werden, welche ein tieferes Verständnis des funktionalen Verlaufs einer Krise generiert. Danach werden wirkungsvolle Ansatzpunkte zur Minimierung bzw. Neutralisation des Kriseneffektes bestimmt, bevor deren Managementelastizität geschätzt wird. Dies ist von Nöten, da die Identifikation von Effekttreibern lediglich als notwendige Bedingung einer Gegenmaßnahme angesehen werden kann. Ist ein solch wirkungsvoller Ansatzpunkt bspw. nicht durch ein Unternehmen beeinflussbar, kann ggf. ein durch das Management beeinflussbarer anderer Hebel lokalisiert werden, auch wenn dessen Wirkungsgrad auf den Krisenherd geringer ist.

- Krisen-Wirkungen und deren Managementelastizität

  Diese Betrachtungsweise widmet sich vorrangig den Krisenwirkungen (vgl. bspw. Kapitel 4.1 und 4.2), welche die Unternehmung direkt betreffen. Da eine Krise an unterschiedlichen Stellen in der Unternehmung zu unterschiedlichen Zeitpunkten in unterschiedlicher Intensität einwirken können, ist es analog zu der bereits im vorigen Abschnitt skizzierten

Verfahrensweise möglich, sozusagen endogen bzw. im Wirkungsfeld der eigenen Unternehmung Reaktionsketten im Sinne eines Kriseneinwirkungssystems abzubilden. Anhand dieser ist es wiederum möglich bzgl. der Kriterien des funktionalen Zusammenhangs und der Beeinflussbarkeit effiziente Ansatzpunkte für Gegenmaßnahmen zu identifizieren.

- Krisen-Interaktionseffekte und deren Managementelastizität

Wechselwirkungen bzgl. negativer Wirkungen von mehreren Krisen werden vielfach kaum wahrgenommen, obwohl der Schaden von multiplen Krisen weitaus höher sein kann, als die Addition der isolierten Krisenschäden (vgl. Kapitel 5.1.2). Somit kann es im Extremfall aufgrund eines einseitigen starken Interaktioneffektes der Krise A auf Krise B optimaler sein, ein begrenztes Budget vollständig der Bewältigung der Krise A zu widmen, anstatt dieses aufgrund einer isoliert betrachtet ähnlichen Schadensbedrohung gleich auf beide Krisen zu verteilen. Neben der Identifikation, der Bestimmung des Ausmaßes und der Richtung von Interaktionseffekten stehen zum anderen deren Managementelastizität bzw. die Überprüfung der Handhabbarkeit durch Gegenmaßnahmen im Fokus dieser Analyse.

- Krisen-Schadenspotenzial und Dringlichkeit

Aufgrund der vorangegangen Analysen wird das Schadenspotenzial abgeschätzt und quantifiziert. Die temporäre Dimension von Krisen findet dabei in zweifacher Hinsicht Berücksichtigung. Zum einen wird die Dringlichkeit aus der eigenen Unternehmenssicht evaluiert, während zudem die Dauer im Sinne eines Lebenszyklus bzw. Krisenverlaufs (vgl. Kapitel 2.3) abgeschätzt wird. Bspw. kann aus der Ursachenanalyse hervorgehen, dass eine Hauptdeterminante der Krise in wenigen Wochen obsolet wird und diese somit lediglich noch von kurzer Dauer ist. Die Dauer einer Krise geht wiederum in die Ermittlung des Schadenspotenzials ein, in welcher neben den direkten Auswirkungen einer Krise auch deren Interaktionseffekte zu anderen Krisen quantifiziert werden.

- Gruppierung von homogen Krisendimensionen

Zur effizienteren Bewältigung können Krisen in Gruppen zusammengefasst werden. Dabei stehen neben der wirkungsvollen Bewältigung der Ursachen, Wirkungen und Interaktionseffekte zudem das Schadenspotenzial und die Dringlichkeit als Gruppierungskriterien im Vordergrund. Zudem können auch solche Krisen zusammengefasst werden, welche mittels gleicher oder ähnlicher Maßnahmen wirkungsvoll bewältigt werden können.

Abbildung

5-5

Matrix zur Gruppierung von Krisen in Krisen
(Quelle: Eigene Darstellung)

	Krise 1	Krise 2	Krise 3	...	Krise n
Ursachen	U_1	U_2	U_3	...	U_2
Wirkungen	W_1	W_2	W_1	...	W_n
Interaktions-effekte	K_2, K_3	K_1	K_1	...	K_{12}
Schadens-potenzial	1 Mio. €	8 Mio. €	9 Mio. €	...	0,3 Mio. €
Dringlichkeit	Sofort	3 Monate	Sofort	...	6 Monate

Dies bedeutet, dass bzgl. der Wirkungen, Interaktionseffekte und der Dringlichkeit die in Abbildung 5-5 dargelegte Krise 1 und Krise 3 eine Gruppe bilden. Dagegen weisen die Krise 2 und Krise 3 als Gemeinsamkeit ein vergleichsweise hohes Schadenspotenzial und den Interaktionseffekt mit der Krise 1 auf. Neben den Ursachen, Wirkungen, Interaktionseffekten, Schadenspotenzialen und der Dringlichkeit können sachlogisch weitere unternehmensspezifische Kriterien zur Gruppierung herangezogen werden.

3. Bewältigung evaluierter Krisen und deren Interaktionseffekte

Nachdem Krisen sowohl bzgl. ihrer Ursache, als auch ihrer Wirkungen und Interaktionseffekten evaluiert und bewertet wurden, werden diese geeigneten Verantwortungsträgern zum Management übertragen. Dabei kann im Sinne der 3D-Krisenbewältigung ein und dieselbe Krise in drei wirkungsvollen Ansatzpunkten des 3D-Krisenmanagement bis zu drei unterschiedlichen Krisenmanagern übertragen werden. Bspw. kann ein Manager damit beauftragt werden die Anfälligkeit bzw. Betroffenheit der Unternehmung von den direkten negativen Auswirkungen der Krise zu minimieren bzw. effektive Gegenmaßnahmen zur Neutralisierung der Krisenfolgen für die Unternehmung durchzuführen. Ein zweiter Krisenmanager könnte managementelastische Krisenursachen gezielt bekämpfen um deren temporäre Dauer sowie deren Wirkungsintensität auf die Unternehmung zu bekämpfen bzw. zu minimieren, während ein dritter Krisenmanager speziell die Interaktionseffekte dieser Krise mit anderen zu bewältigenden Krisen der Unternehmung steuert, um diese entweder in erwünschter Richtung für die Unternehmung nutzbar zu machen oder deren verstärkende Wirkung innerhalb der Kriseninteraktionen zu neutralisieren oder zumindest durch gezieltes Entkoppeln die Wirkung eines verstärkenden Multiplikatoreffektes innerhalb des Unternehmens zu unterbinden.

Ressourcenallokation auf unterschiedliche Krisentypen

(Quelle: Eigene Darstellung)

Abbildung

5-6

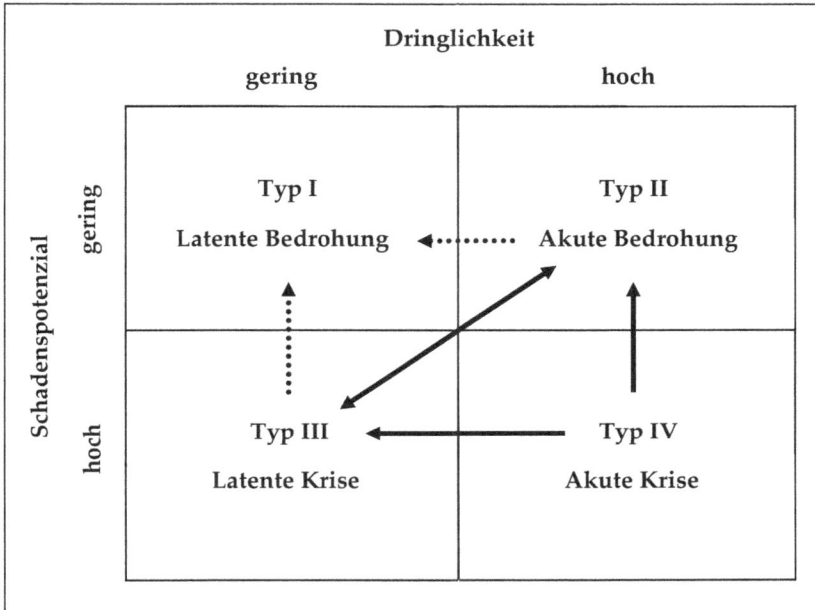

In dieser Phase können alle bekannten Erkenntnisse der herkömmlichen Krisenmanagementtheorie gewinnbringend umgesetzt werden (vgl. Kapitel 2 bis 4). Dabei stellen das in der vorigen Phase quantifizierte Schadenspotenzial und die temporäre Bedrängnis einer Krise einen geeigneten Verteilungsindikator knapper Ressourcen für das Krisenmanagement dar. Es empfiehlt sich mobilisierte Ressourcen zur Krisenbewältigung laut der in Abbildung 5-6 mit Pfeilen dargestellten Reihenfolge bzw. deren entsprechenden Gewichtung zu allokieren.

Während die Verteilungsreihenfolge bzw. -intensität des Typ I (latente Bedrohung) und Typ IV (akute Krise) eindeutig definiert sind, implizieren spezifische unternehmerische Präferenzen bzw. konkrete Situationen, ob nach dem Typ IV zuerst der Typ III (latente Krise) oder der Typ II (akute Bedrohung) in der Ressourcenverteilung folgen. Bei großen international agierenden Konzernen empfiehlt es sich, der Evaluation jeder Krise einen Indexwert oder andere quantitative Kennzahlen zur Steuerung komplexer multipler Krisensysteme bzw. als Ressourcenverteilungsschlüssel zuzuordnen.

Es sei an dieser Stelle erwähnt, dass die in Abbildung 5-6 dargestellte Matrix sowohl in der Schadenspotenzial- als auch in der Dringlichkeitsbewertung die Interdependenzen zu anderen Krisen stets berücksichtigt und bewertet. Herkömmlich werden Interaktionseffekte einer multiplen Krise nicht explizit analysiert bzw. separat ins Kalkül von Managemententscheidungen einbezogen. Somit würde die Zuordnung einzelner Krisen außerhalb des 3D-Krisenmanagement teilweise anders ausfallen, da bspw. eine Krise mit geringem isolierten Schadenspotenzial erst durch einen starken Interaktionseffekt auf eine oder mehrere andere Krisen der betroffenen Unternehmung einen beträchtlichen Schaden zufügen kann.

Abbildung 5-7

Die dreidimensionale Krisenbewältigung des 3D-Krisenmanagement
(Quelle: Eigene Darstellung)

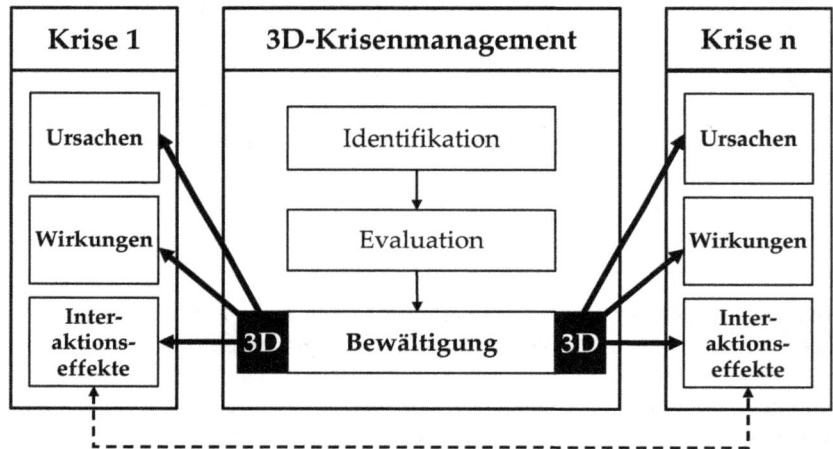

Die drei Ansatzpunkte bzw. Krisendimensionen (Ursache, Wirkung, Interaktionseffekt) des 3D-Krisenmanagement von Mehrfachkrisen sind abschließend zusammenfassend in Abbildung 5-7 illustriert.

5.2.3 Organisatorische Gestaltungsempfehlungen

Obwohl die organisatorische Gestaltung zwingend von Art und Umfang der Mehrfachkrisen bestimmt wird (vgl. Kapitel 3.3), werden folgend Anregungen zur Aufgabenteilung und Personalbesetzung sowie Handlungsempfehlungen zur organisatorischen Gestaltung aufgeführt:

Damit, bspw. aus akuter Betroffenheit der Wirkungen, keine der drei Schritte der 3D-Krisenbewältigung vernachlässigt bzw. vergessen werden (vgl. Kapitel 5.2), empfiehlt es sich grundsätzlich die Identifikation, Evaluation und das Bewältigen einer Krise unterschiedlichen Personen zuzuordnen. Ein weiterer Grund dieser Arbeitsteilung liegt in den folgend skizzierten spezifischen Anforderungsprofilen der Mitarbeiter:

- Krisen-Wächter

  Für die Identifikation von Krisen sind bspw. zur Aktivierung des Wissenskapitals bzgl. Krisenpotenziale innerhalb der Unternehmung oder anderen Stakeholdern kommunikative Fähigkeiten wichtig. Ebenso kann bei der Suche nach bisher unentdeckten Krisen zudem bspw. auch Intuition und Kreativität äußerst hilfreich sein.

- Krisen-Evaluator

  Zur systematischen Untersuchung von Krisen sind bspw. besondere analytische Fähigkeiten vonnöten. Die Akademisierungsquote wird hierbei zwingend hoch ausfallen, da neben der Identifikation von Ursache-Wirkungs-Zusammenhängen zusätzlich der Einsatz statistischer Kenntnisse (bspw. multivariater Verfahren) ergiebig ist.

- Krisen-Manager

  Obwohl bei der Krisenbewältigung im herkömmlichen Sinne letztlich auch analytische Fähigkeiten wichtig sind (bspw. müssen Gegenmaßnahmen selbst wiederum bewertet werden) sind für die wirkungsvolle Bewältigung von Krisen auch Führungsqualitäten und Durchsetzungsvermögen von besonderer Bedeutung.

Eine gemeinsame Einteilung von Krisengruppen durch den Krisen-Evaluator und der Krisen-Manager gewährleistet nicht nur eine adäquate Gruppierung, sondern sorgt auch für den nötigen Informationsfluss sowie einen effizienten Ressourceneinsatz bei den Maßnahmendurchführungen innerhalb des 3D-Krisenmanagement. Obwohl die vorgestellte Aufgabenteilung nicht in jedem Fall möglich bzw. angemessen sein wird, empfiehlt es sich dennoch, dass zumindest für jeden der vorgestellten 3D-Krisendimensionen (vgl. Kapitel 5.2) – möglichst nicht in Personalunion – ein Verantwortlicher bestimmt wird, der für die ordentliche und fristgerechte Bearbeitung dieser Krisendimension mit in die Verantwortung gezogen wird. Zudem können mit den Vorteilen einer solchen Aufgabenteilung wiederum neue Problemfelder entstehen, welche mittels einer geeigneten Koordination unterbunden werden müssen. Die Errichtung temporärer Krisenstäbe (vgl. Kapitel 3.3.3) nach Maßgabe der ermittelten Krisengruppen scheint bspw. hierfür sowie für den nötigen Informationsfluss Gewinn versprechend. Hierbei sollte jedoch berücksichtigt werden, dass aufgrund der mehrfachen Bewertung von Krisen diese somit in mehreren Krisengruppen unter unterschiedlichen Perspektiven gemanagt werden können.

5.3 Implikationen

5.3.1 Zusammenfassung

Da vieles dafür spricht, dass künftig verstärkt zeitgleich mehrere Krisen auf ein Unternehmen einwirken werden (vgl. Fürst et al. 2004), muss das Management eine neue Qualität des Krisenmanagement erwerben, um die sich dabei entwickelnden Interaktionseffekte zwischen Krisen bei der Bewältigung zu berücksichtigen. Dabei sollten aus Sicht des betroffenen Unternehmens negative Wechselwirkungen reduziert sowie positive Interaktionseffekte zielgerichtet für eigene Ziele vorteilhaft genutzt werden. Da die Theorie zum herkömmlichen Krisenmanagement Mehrfachkrisen sowie die erfolgsrelevanten Wechselwirkungen zwischen Krisen nicht explizit berücksichtigt, wurde in diesem Kapitel das Konzept des 3D-Krisenmanagement vorgestellt. Dieses fordert für die Ursachen und die Wirkungen jeder einzelnen Krise sowie gesondert für deren Interaktionseffekte mit anderen Krisen jeweils geeignete Gegenmaßnahmen zur effizienten Bewältigung von multiplen Krisen durchzuführen. Hierfür sind aus prozessorientierter Sicht drei Phasen abzugrenzen: 1. die Identifikation von Krisen; 2. die Evaluation von Krisen; 3. die Bewältigung von Krisen. In der zweiten Phase werden Krisen dabei neben den oben genannten drei Ansatzpunkten bzw. Krisendimensionen für gezielte Gegenmaßnahmen zudem in Bezug auf ihr Schadenspotenzial und die Dringlichkeit der Bewältigung beurteilt. Bei zahlreichen Krisen können diese (bzw. deren einzelne Attribute) zudem Effizienz fördernd vor der Durchführung von Bewältigungsmaßnahmen gruppiert werden. Da für die optimale Ausübung der Aufgaben aller drei genannten Phasen unterschiedliche Fähigkeiten und Fertigkeiten von Personen vorteilhaft sind, empfiehlt es sich bei Bedarf und entsprechender Ressourcenausstattung ferner einen Krisen-Wächter, Krisen-Evaluator sowie Krisen-Manager für jede Phase des 3D-Krisenmanagement zu besetzen.

5.3.2 Künftiger Forschungsbedarf

Die theoretische Einführung des 3D-Krisenmanagement bietet neben dem praktischen Nutzen eine Vielzahl an neuen Forschungsopportunitäten. Dabei sind die Interaktionseffekte von multiplen Krisen von besonderer Bedeutung. Sowohl die spezifische Erforschung von einseitigen als auch wechselseitigen Interaktionseffekten von Krisen scheint viel versprechend für die Ableitung neuer effizienter Instrumentarien und Maßnahmen zur Krisenbewältigung zu sein. Dabei sollten Wechselwirkungen speziell nach funktionalen und prozessoralen Gesichtspunkten untersucht werden, um in einer multiplen Krise wirkungsvolle Ansatzpunkte einer effizienten Bewältigung zu identifizieren. Zudem kann erst ein empirischer Vergleich zwischen einer konventionellen Krisenbewältigung und der systematischen Umsetzung des 3D-Krisenmanagement die Effizienzsteigerung der Bewältigung (bzw. deren Bedingungen) einer multiplen Krise wissenschaftlich verifizieren. Im Speziellen bietet die organisatorische Einführung bzw. Umsetzung des 3D-Krisenmanagement in eine bestehende Unternehmensorganisation zahlreiche Facetten für künftige Forschung. Bspw. ist von besonderer Relevanz, wie gewährleistet werden kann, dass das 3D-Krisenmanagement nicht als Insel-Lösung neben der Linie einer Organisation geführt wird, sondern vielmehr sukzessiv zu großen Teilen in diese übergeht und somit die Krisenkompetenz strukturell und anhand der Führungskultur einer Unternehmung nachhaltig prägt, in welcher die Krisenbewältigung marktbedingt künftig eine größere Relevanz innerhalb der normalen Management- und Führungsfunktion erhält.

Teil II

Praktisches Krisenmanagement am Fallbeispiel

Der 11. September 2001 und seine Rahmenbedingungen

Die Zeit vor dem 11.9.2001

Nach den theoretischen Grundlagen des Krisenmanagement beschreibt das nun folgende Kapitel die Lage vor den Anschlägen des 11. Septembers 2001. Die Luftfahrtbranche sah sich im abschwächenden Wirtschaftsumfeld einem steigenden Wettbewerbsdruck ausgesetzt. Hinzu kamen Strukturprobleme der Branche, Überkapazitäten, der Preiskampf im transatlantischen Flugverkehr sowie die geringe Konzentration der europäischen Airlines.

Insgesamt verlangsamte sich ebenfalls das Wachstum des weltweiten Verkehrsaufkommens in den zurückliegenden Jahren, und obwohl dieses Wachstum noch positiv ausfiel, wiesen die Erträge gleichzeitig einen dramatischen Rückgang auf (vgl. Abbildung 6-1).

Entwicklung des internationalen Luftverkehrs und der Erträge
(Quelle: Deutsche Lufthansa AG; Hätty, Hollmeier 2003, S. 52)

Abbildung

6-1

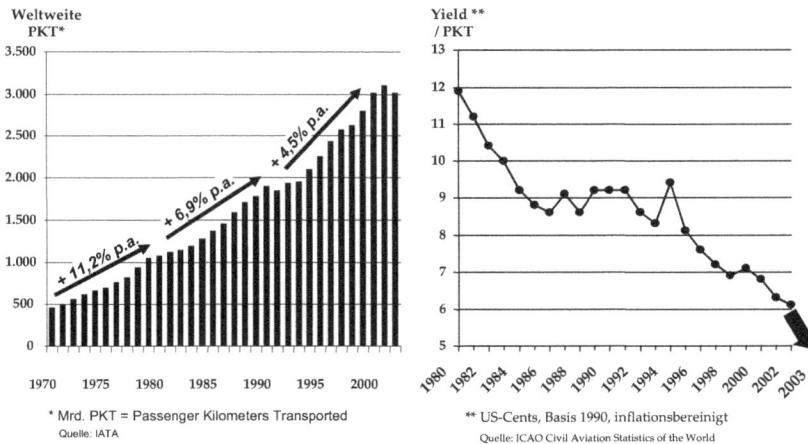

Weltweite PKT*

+ 11,2% p.a. + 6,9% p.a. + 4,5% p.a.

* Mrd. PKT = Passenger Kilometers Transported
Quelle: IATA

Yield ** / PKT

** US-Cents, Basis 1990, inflationsbereinigt
Quelle: ICAO Civil Aviation Statistics of the World

Diese angespannte Situation wurde durch den stark zunehmenden Druck der vermehrt im innereuropäischen Flugverkehr auftretenden „Low-Cost-Anbieter", wie z.B. Ryanair, EasyJet oder Go, zusätzlich verschärft. Auf die Rolle dieser Low-Cost-Anbieter und ihren Einfluss auf die europäischen Airlines wird in Kapitel 6.1.5 näher eingegangen.

Im Anschluss an die deskriptive Situationsanalyse vor den Anschlägen wird im folgenden Kapitel der 11. September 2001 beschrieben. Somit erhält der Leser in Kapitel 6.1 und Kapitel 6.2 einen Überblick der Anschläge und dessen Rahmenbedingungen.

6.1.1 Die globale Wirtschaftslage

Bereits vor den dramatischen Ereignissen des 11. September 2001 erlebten alle großen Regionen der Welt eine Abschwächung der Wirtschaft (vgl. Hätty, Hollmeier 2003, S. 52). So drückte die unerwartet deutliche Abkühlung der Weltwirtschaft schon im Verlauf des Jahres 2001 merklich auf das Konsum- und Geschäftsklima in Deutschland und wichtigen Partnerländern (vgl. Finke 2002, www). Ursache dieser Entwicklung war zunächst der Anstieg der Erdölpreise im Zeitraum 1999/2000, der eine Inflation auslöste, auf welche die Zentralbanken mit steigenden Zinssätzen reagierten. Hinzu kam das zeitgleiche Platzen der Internet-Illusionen („dot.com-Bubble") und der damit verbundene dramatische Einbruch der Aktienkurse an den internationalen Börsen.

In der nachfolgenden Zeit war ein gewichtiger Faktor der Rückgang des internationalen Handels, der im Jahr 2000 real um 13 Prozent zugenommen hatte und im Jahr 2001 lediglich noch unter 2 Prozent Wachstum aufzeigte (vgl. o.V. 2001 b, S. 6). Zudem wiesen konjunkturelle Indikatoren, wie das Verbrauchervertrauen, bereits im Sommer 2001 auf eine Verlangsamung der weltweiten Konjunktur hin. Dieses Vertrauensbarometer für private Verbraucher und die verarbeitende Industrie in Europa sank bereits seit Jahresbeginn stetig ab und deutete damit schon vor den Anschlägen auf einen wirtschaftlichen Downturn hin. Besonders an dieser aufkommenden Rezession war, dass sich zum ersten Mal, wie in Abbildung 6-2 grafisch illustriert, in der jüngeren Vergangenheit wieder alle drei großen Wirtschaften – USA, Europa und Japan – gleichzeitig in einer konjunkturellen Krise befanden (vgl. Zimmermann 2002, S. 48).

Jährliches Bruttosozialproduktwachstum in USA, Deutschland und Japan

(Quelle: Deutsche Lufthansa AG)

Abbildung

6-2

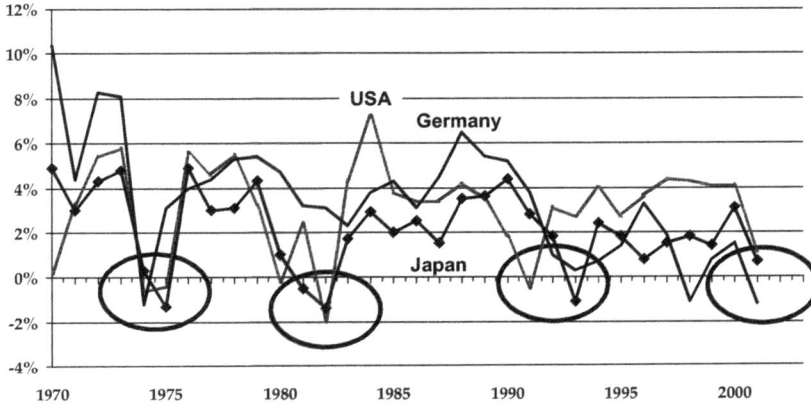

Source: DRI-Wefa

Aufgrund der Globalisierung der Finanzmärkte und der Internationalisierung der Unternehmen verbreiteten sich diese Schockwellen sehr zügig. Entsprechend konnte sich trotz solider Basisdaten auch die EU dieser Abwärtsbewegung nicht entziehen. Insbesondere die steigenden Ölpreise, verstärkt durch die Schwäche des Euros, sowie der plötzliche Anstieg der Lebensmittelpreise in Europa, reduzierten das real verfügbare Einkommen und den privaten Konsum in der EU. Das Wachstum des BIP kam im zweiten Quartal des Jahres 2001 praktisch zum Stillstand (vgl. o.V. 2001 b, S. 6).

Die Auswirkungen der Wirtschaftsflaute auf die Beschäftigung waren bereits in der zweiten Jahreshälfte 2000 in einigen Mitgliedstaaten der Europäischen Union zu spüren, wobei verschiedene Wirtschaftszweige in unterschiedlichem Maße betroffen waren. Der Rückgang der Arbeitslosigkeit kam im Frühjahr 2001 zum Stillstand, seitdem steigt die Arbeitslosenquote wieder kontinuierlich an (vgl. ebenda, S. 6).

Besonderheiten und Schwierigkeiten der Luftfahrtbranche   6.1.2

Der Umstand, dass die Transportnachfrage sehr stark mit dem wirtschaftlichen Wachstum korreliert (vgl. Hätty, Hollmeier 2003, S. 54), belastet in rezessiven Zeiten zusätzlich die Luftfahrtbranche. Dieser Zusammenhang ist für vorhergegangene Krisen in Abbildung 6-3 illustriert.

Abbildung 6-3

Korrelation zwischen Transportnachfrage und wirtschaftlichem Wachstum
(Quelle: in Anlehnung an Hätty, Hollmeier 2003, S. 54)

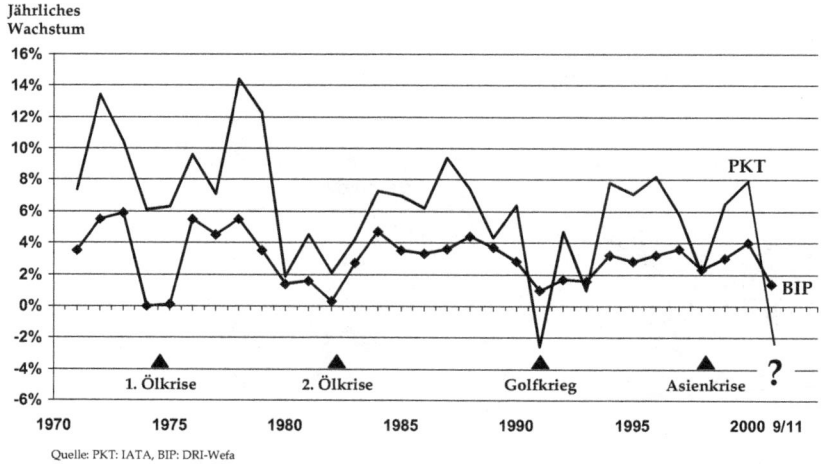

Quelle: PKT: IATA, BIP: DRI-Wefa

Somit lässt sich mit den Ausführungen zur globalen Wirtschaftslage im vorigen Kapitel 6.1.1 festhalten, dass sich die Flugbranche aufgrund der starken Korrelation der Flugnachfrage mit der Konjunktion bereits vor dem 11. September 2001 in einer schwierigen Situation vorfand, da auch in der Luftfahrtindustrie der wirtschaftliche Rückgang massiv spürbar war.

Abbildung 6-4

Die Wertschöpfungskette der Airline-Industrie
(Quelle: Deutsche Lufthansa AG)

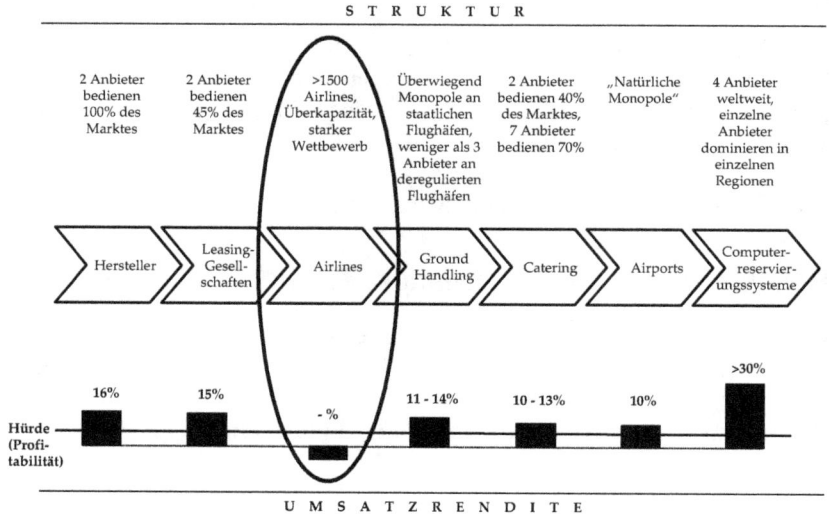

Eine nähere Betrachtung der in Abbildung 6-4 dargestellten Wertschöpfungskette der Flugbranche identifiziert die besondere Situation der Fluggesellschaften. Alle anderen Unternehmen der Wertschöpfungskette weisen nicht nur eine deutlich geringere Wettbewerbsintensität, sondern zudem mindesten zweistellige Umsatzrenditen auf, welche die Hürde zur Profitabilität deutlich übersteigen. Lediglich die Airlines finden sich mit mehr als 1.500 Fluggesellschaften in einem stark fragmentierten Markt wieder, welcher sich nicht zuletzt aufgrund von starken Überkapazitäten in einem starken Wettbewerb befindet.

Abbildung 6-5 verdeutlicht anhand des Modells der fünf Wettbewerbskräfte von Porter, welche Entwicklungen neben dieser allgemeinen Wirtschaftsflaute insbesondere die Fluggesellschaften belasteten.

Transformation der Wettbewerbskräfte nach Porter (1987) auf die Luftfahrtbranche
(Quelle: Sattelberger 2005 a)

Abbildung
6-5

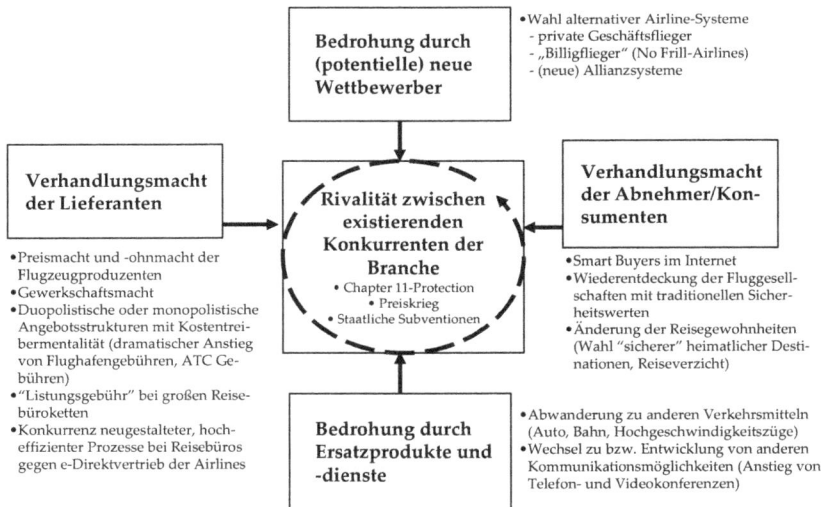

Allen Wettbewerbskräften ist letztlich gemein, dass sie entweder massiven Druck auf die Kosten, oder auf die am Absatzmarkt erzielbaren Preise ausüben. Exemplarisch sei die Bedrohung durch die neue Konkurrenz der Low-Cost-Anbieter zu nennen, welche aufgrund ihrer Neuartigkeit und steigenden Relevanz in Kapitel 6.1.5 ausführlicher eingeführt werden. Der zunehmende Kosten- und Preiswettbewerb innerhalb der Luftfahrtbranche, welcher auch auf die etablierten Fluggesellschaften massiv einwirkte, trug insgesamt bereits vor den Anschlägen des 11. September 2001 zu einem harten Wettbewerb in der Luftfahrtbranche bei. So plante bspw. die Deutsche Lufthansa AG bereits vor den Anschlägen, aufgrund der anhaltenden Konjunkturschwäche und des erhöhten Kostendrucks, das Angebot zum Winterflugplan zu reduzieren und die Kurzstreckenflotte um zwölf Flugzeuge zu verringern (vgl. Deutsche Lufthansa AG 2001 c, www).

Während sich in anderen Branchen in vergleichbaren Marktsituationen Unternehmenszusammenschlüsse durchaus als erfolgreiche Strategie erwiesen, sind diese in der Luftfahrtbranche besonders schwer durchführbar. Abbildung 6-6 zeigt eine große Anzahl misslungener Unternehmenszusammenschlüsse, welche erkennen lässt, das insbesondere in der Luftfahrtindustrie diese Form der Kooperation nicht notwendigerweise vorteilhaft zu sein scheint. Gründe hierfür liegen u.a. in der spezifischen Geschichte dieser Branche, in welcher trotz der Deregulierung immer noch Wettbewerbsverzerrungen aufgrund nationaler Interessen und Besonderheiten auftreten.

Abbildung 6-6

Unternehmenszusammenschlüsse in der Luftfahrtindustrie
(Quelle: Sattelberger 2005 b)

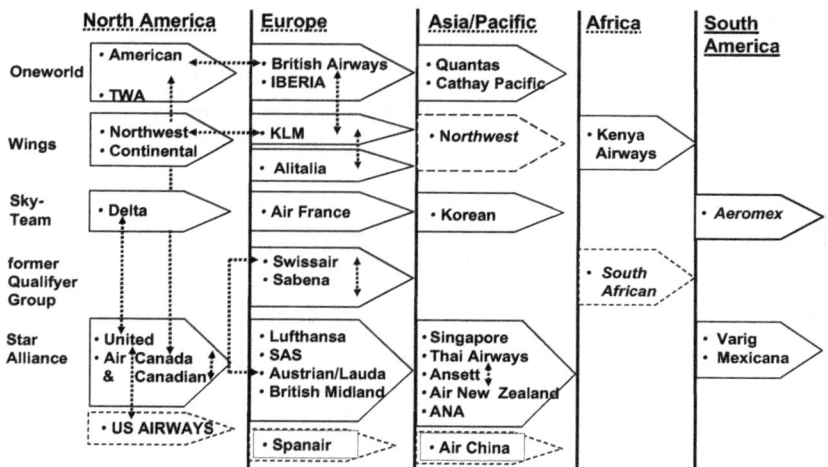

In der Praxis hat sich seit Ende der 80'er verstärkt die Form der Kooperation zwischen Carriern mittels globaler Allianzen durchgesetzt (vgl. Wiezorek 1998, S. 310 f). Dabei sollen vor allem dadurch Synergien realisiert werden, dass größere Airlines geografisch unterschiedliche Märkte – vorzugsweise auf verschiedenen Kontinenten – bearbeiten. Dabei wird unter einer gemeinsamen Allianzmarke operiert, worunter bspw. Flüge der unterschiedlichen Allianzmitglieder mit einheitlichem Code geführt werden. Ein weiteres Ziel des Verbundes ist es, die Produktion und den Vertrieb so zu organisieren, dass die Wertschöpfungskette für alle Partner möglichst produktiv wird (vgl. Abbildung 6-7). So könnten bspw. alle Allianzpartner von der Forschung und Entwicklung einer Airline profitierten und durch Vereinheitlichung und Standardisierung zudem weitere Kosten einsparen (vgl. o.V. 2002 h, www). Neben gemeinsamen Verkaufsbüros oder Arbeiten am Boden bzw. am Flughafen werden z.B. häufig auch Frequent-Flier-Programme kombiniert.

Synergien von Allianzen
(Quelle: Sattelberger 2005 b)

Abbildung
6-7

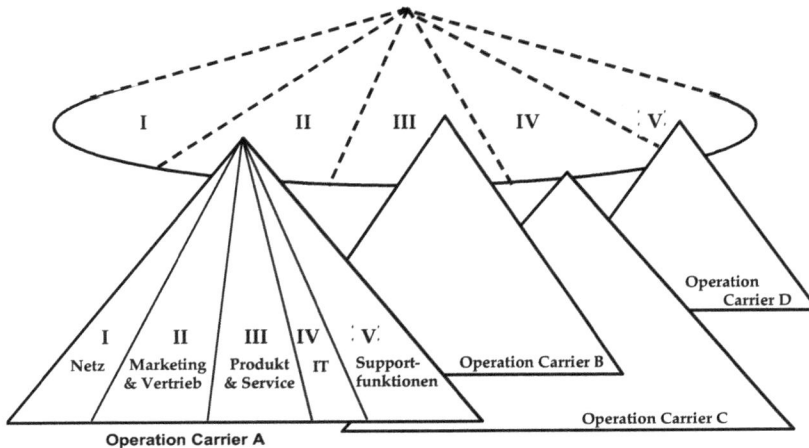

Im Jahr 2000 gab es vier relevante globale Allianzen in der Flugbranche, welche in folgender Abbildung 6-8 aufgeführt sind:

Die größten globalen Allianzen der Flugbranche im Jahr 2000
(Quelle: in Anlehnung an Doganis 2001, S. 70)

Abbildung
6-8

- **Star Alliance**
  (Marktanteil: 21,3 Prozent; Bruttoertrag: 70 Mrd. US-$)
  United Airlines, Lufthansa, SAS, Air Canada, Thai Airways, Varig, Air New Zealand, Ansett, All Nippon, Singapore Airways, Mexicana, Austrian, British Midland.

- **Oneworld**
  (Marktanteil: 16,4 Prozent; Bruttoertrag: 50 Mrd. US-$)
  American, British Airways, Qantas, Cathay Pacific, Iberia, Finnair, Lan Chile, Aer Lingus.

- **Wings**
  (Marktanteil: 9,8 Prozent; Bruttoertrag: 25 Mrd. US-$)
  Northwest, KLM, Continental.

- **Delta/Air France**
  (Marktanteil: 9,7 Prozent; Bruttoertrag: 23 Mrd. US-$)
  Delta, Air France, Aeromexico.

Dabei ist die *Star Alliance* unter der Leitung von United Airlines und Lufthansa mit einem Marktanteil von 21 Prozent der größte Netzverbund, gefolgt von der *Oneworld* Allianz unter der Federführung von American und British Airways mit einem Marktanteil von 16 Prozent. Alle vier in Abbildung 6-8 aufgeführten Allianzen repräsentieren zusammen mit 57,2 Prozent mehr als die Hälfte des Weltmarktanteiles an Passagierkilometern (vgl. Doganis 2001, S. 70). In folgenden Abschnitten wird die Luftfahrtbranche in den USA und Europa differenziert betrachtet. Über die Hälfte der weltweit verkauften Luftverkehrsleistungen transportiert Passagiere entweder innerhalb Nordamerika und Europa oder zwischen diesen Regionen (vgl. Berg, Schmitt 2001, S. 284).

Eine weitere Besonderheit der Flugbranche liegt in der Kostenstruktur und dem intensivierten Preiswettbewerb. Die Dienstleistung der Personenbeförderung ist in ihrer Kernfunktionalität homogen und lässt sich nicht lagern (nach dem Start eines Flugzeuges ist ein unbesetzter Sitzplatz unverkäuflich). Insgesamt sind die Kapitalkosten in der Flugbranche als äußerst hoch einzuschätzen. Bspw. ist der Kauf von Flugzeugen kapitalintensiv und zudem erfordern die langen Bestellzeiten eine valide künftige Nachfrage- und Kapazitätsprognose, damit Flugzeuge zum Zeitpunkt der Lieferung (häufig erst zwei Jahre nach Bestellung) auch wertschöpfend genutzt werden. Aus der mangelnden Lagerfähigkeit der Personenbeförderung folgt ein sehr hoher Fixkostenanteil an den Gesamtkosten, während ein zusätzlicher Passagier lediglich marginale variable Kosten in Form von zusätzlichem Treibstoffverbrauch (Gewichtserhöhung), Passagiergebühren oder der Bordverpflegung verursacht. Die Kapazitätsauslastung wird deshalb zu einer wichtigen Gewinndeterminante. Aus diesen Gründen erhöhen viele Fluggesellschaften ihre Deckungsbeiträge, indem sie Ihre Ticketpreise mit näher rückendem Abflugdatum günstiger verkaufen (Yield-Management). Der intensivierte Preiswettbewerb der Flugbranche folgt zudem bspw. aus der Preistransparenz (Reisebüros und Internetpreisvergleiche) oder der Heterogenität von Fluggesellschaften (z.B. unterschiedliche Größen-, Preis-, Routen- und Geschäftsstrukturen) weshalb Preiskriege in dieser Branche häufiger als in vielen anderen Industrien zu beobachten sind (vgl. Fürst 2004, S. 153 ff).

6.1.3   Die Luftfahrtindustrie in den USA

Bereits einige Monate vor dem 11. September 2001 gab es eine Anhörung des „Transportation Committee" des US-Repräsentantenhauses bezüglich einer großen Bedrohung der Luftfahrt. Dabei stand allerdings nicht die Bedrohung durch Terroristen, sondern die bedrohliche Zunahme von Verspätungen im inneramerikanischen Flugverkehr (ein Viertel aller Flüge war um 20 Minuten oder mehr verspätet) im Vordergrund. Einige Mitglieder des Kongresses forderten, diese Verspätungen abzubauen, um mehr Passagiere noch schneller an ihr Ziel bringen zu können (vgl. Easterbrook 2001, S. 163 f).

Um zu verstehen, wie diese Entwicklungen die Anschläge des 11. Septembers 2001 mit ermöglichten, ist es wichtig, die Hintergründe der amerikanischen Luftfahrtindustrie zu erläutern. Vor den Anschlägen des 11. Septembers 2001 war jede Anstrengung der amerikanischen Luftfahrtindustrie auf die Maximierung der geflogenen Passagier-Kilometer und der Minimierung der Kosten ausgerichtet. Diese Entwicklung startete mit der Deregulierung der Luftfahrtbranche Ende der 1970'er[1] und führte zu steigendem Druck auf die Fluglinien, immer mehr Passagiere und Gepäck, in immer kürzerer Zeit und zu immer geringeren Kosten zu transportieren. Hierbei wurde zwar die Flugsicherheit – die Entwicklung sicherer Flugzeuge, ihrer Wartung und Pflege – berücksichtigt, was sich in sinkenden Unfall- und Opferzahlen pro geflogenen Kilometer niederschlug. Allerdings wurde die Sicherheit im und um das Flugzeug vernachlässigt, da es nicht mit dem Ziel günstigster Flüge korrespondierte.

Deshalb wurde immer davor gewarnt, dass besonders die amerikanische Luftfahrtindustrie hinsichtlich terroristischer Anschläge verwundbar wäre. Bei Untersuchungen stellte sich wiederholt heraus, wie einfach es Versuchspersonen gelang, Waffen an Bord von Flugzeugen zu schmuggeln, oder in sicherheitsrelevante Bereiche ohne die erforderlichen Autorisationen einzudringen. Fluglinien und Flughafenbehörden waren somit gewarnt, unternahmen allerdings wenig, um diese Missstände zu beseitigen, da zusätzliche Sicherheit immer mit höheren Kosten, häufigeren Verspätungen oder anderen Unannehmlichkeiten für die Passagiere verbunden ist. In diesem Umfeld der Deregulierung verdoppelte sich wie erwünscht die Anzahl der Flugreisen in den Jahren zwischen 1980 und 2000. Allein die amerikanischen Airlines verbuchten im Jahr 2000 mehr als 628 Millionen Flugreisen, während die Sicherheitsprobleme weiterhin bestehen blieben (vgl. ebenda, S. 163 f).

Allerdings entwickelten sich zusehends die auf dem amerikanischen Markt entstandenen Überkapazitäten zu einem Problem. Da der Ladefaktor vielfach als Indikator für Überkapazitäten herangezogen worden ist, wurden diese von den meisten Airlines zu spät wahrgenommen. Trotz des Rückgangs der durchschnittlichen täglichen Flugzeugnutzung in den USA zwischen 1997 und 2000 um fast fünf Prozent stieg der Ladefaktor der Branche zwischen 1993 und dem Jahr 2000 um nahezu zehn Prozent auf ein Rekordhoch von über 72 Prozent im Jahr 2000. Obwohl die Betriebserträge von 9,4 Milliarden US-$ im Jahr 1998 auf 7,1 Milliarden im Jahr 2000 fielen, begannen die Ladefaktoren erst im Februar 2001 zu sinken. Erst zu diesem Zeitpunkt war man sich in den Führungsetagen der Fluggesellschaften des Ernstes der Situation bewusst geworden und hatte erste Kapazitäten gestrichen. Aus diesem

---

1) Anzuführen sind hier insbesondere der Airline Deregulation Act von 1978 und der Air Transportation Act von 1979. Ab 1983 unterlagen die amerikanischen Airlines auf Inlandsflügen keinen Kapazitätsbeschränkungen und keinen Preiskontrollen mehr (vgl. o.V. 1998, S. 5).

Grund wird der Ladefaktor inzwischen nicht mehr alleine als verlässlicher Indikator für Überkapazitäten herangezogen (vgl. o.V. 2002 a, www).

Des Weiteren gab sich, der Meinung einiger Branchenkenner zufolge, die Airline-Branche der falschen Vorstellung hin, eine Zunahme des Flugverkehrs basiere automatisch auf einer bislang unerfüllten Nachfrage. Stattdessen müssen die Airline-Manager einsehen, dass das Wachstum nicht selten auf Kosten der Rentabilität erreicht wird. So haben vollere Flugzeuge nicht unbedingt auch eine erhöhte Rentabilität zur Folge. Beispielsweise erreichten die Betriebserträge 1998 ihren Höhepunkt – zu einer Zeit, als die Ladefaktoren fast zwei Prozentpunkte unter den Werten des Jahres 2000 lagen. Zudem wird das Internet als zweischneidiges Schwert für die Branche angesehen: zum einen werden Vertriebskosten gesenkt, zum anderen tragen Reise-Seiten wie Hotwire, Orbitz oder Priceline.com[2] nach Meinung vieler Analysten dazu bei, die Preisstabilität zu unterminieren (vgl. ebenda, www).

Nicht zu unterschätzen sind auch die astronomisch gestiegenen Personalkosten durch die z.B. deutlich zweistelligen Zuwächse der Pilotengehälter. Ein neuer Rahmenvertrag, gemeinsam mit den Verhandlungsführern der „Air Line Pilots Association" (ALPA) und Delta Airlines vereinbart, machte die Delta-Piloten zu den Flugzeugführern mit dem höchstem Gehalt der gesamten Airline-Industrie. Mit dem Vertrag, der bis zum Mai 2005 gültig sein soll, wird das Delta-Cockpit mit einer Lohnerhöhung zwischen 24 und 34 Prozent künftig rund ein Prozent mehr verdienen als die Flugzeugführer der United Airlines. Dieser Carrier aus Chicago hatte seinen Piloten nach zähen Verhandlungen bereits im Jahr 2000 eine Lohnerhöhung von 30 Prozent zugestanden. Damit setzte United Airlines auch die Benchmark für die Forderungen, welche die Vereinigung Cockpit bei ihren Tarifverhandlungen später an die Deutsche Lufthansa stellte (vgl. o.V. 2001 c, www).

Der Zeitpunkt für die Tarifauseinandersetzungen bei Delta Airlines hätte indes nicht ungünstiger sein können: Wie auch United Airlines, US Airways und North-West Airlines hatte die Airline aus Atlanta – erstmals nach sechs Jahren – für das erste Quartal 2001 einen Verlust ausweisen müssen. Während Delta Airlines im gleichen Zeitraum des Vorjahres noch einen Gewinn von 172 Millionen US-$ einflog, lag die Airline mit einem Verlust von 122 Millionen US-$ in den ersten drei Monaten 2001 sogar deutlich über den Verlusterwartungen der Analysten. Grund für die negative Geschäftsentwicklung, die sich im März und April 2001 auch in einem Tiefststand der Aktie von 37,5 US-$ niedergeschlagen hat, waren die hohen Kerosinpreise und die hüstelnde US-Wirtschaft, welche die Zahl der Geschäftsreisenden vor allem in der hohe Margen versprechenden Premium-Class zunehmend schrumpfen ließ. Die Folge: Bereits im ersten Quartal 2001 ging der Umsatz entgegen

---

2) www.hotwire.com; www.orbitz.com; www.priceline.com

den Erwartungen um rund 250 Millionen US-$ zurück, weitere 100 Millionen US-$ büsste Delta Airlines aufgrund reduzierter Flüge ein.

Mit der Piloten-Einigung erhoffte Delta Airlines, das Vertrauen der Passagiere wiederzugewinnen, da allein die Streikdrohungen aus dem Cockpit bereits zu Buchungsrückgängen geführt hatten. Dementsprechend hatte das Delta Airline-Management bereits für das zweite Quartal 2001 eine Umsatzeinbuße in Höhe von knapp 350 Millionen US-$ einkalkuliert (vgl. ebenda, www).

Die Luftfahrtindustrie in Europa

In den Jahren vor 1989 war die Welt für die europäische Luftverkehrsbranche noch in Ordnung, da die Umsätze und die Gewinne jährlich stiegen.

In der Zeit von 1990 bis 1993 wurde die Branche jedoch von ihrer bis dato schwersten Krise getroffen. Die Krise wurde ausgelöst durch den zu Beginn des Jahres 1990 steigenden Ölpreis und den gleichzeitigen ökonomischen Abschwung in vielen Ländern. Diese Krise wurde zu einer starken Bedrohung für viele Airlines, als am 2. August 1990 der Irak Kuwait überfiel und damit den Golfkrieg initiierte. Dies löste eine Reihe von Insolvenzen aus, zu welchen unter anderem auch die Air Europe in Großbritannien und die TEA in Belgien gehörten. In dieser Zeit (bis 1995) wurden die teilweise staatlichen Fluggesellschaften mit insgesamt über 10 Mrd. US-$ Staatshilfen unterstützt (vgl. Doganis 2001, S. 1).

Die nahezu vollständige Deregulierung seit dem 1.1.1993 erforderte von den europäischen Airlines eine Anpassung ihrer Strukturen und Strategien, um dem wachsenden Kosten- und Wettbewerbsdruck innerhalb der Branche standzuhalten. Dieser Wettbewerb nahm durch eine steigende Komplexität und Heterogenität sowie zunehmend kürzeren Produktlebenszyklen weiter zu (vgl. Piepelow 1997, S. 62 f).

In den Jahren nach 1994 begannen die Kostenreduktionsmaßnahmen zu wirken und viele Airlines kehrten in die Gewinnzone zurück. Trotz dieser Verbesserung der wirtschaftlichen Lage stieg der Verschuldungsgrad vieler Airlines kontinuierlich. Dies lag unter anderem daran, dass sie ihre Verluste der vergangenen Jahre oftmals über Kredite finanziert hatten und nun die in den guten Jahren der späten 1980'er bestellten Flugzeuge ausgeliefert wurden und bezahlt werden mussten. In den kommenden drei Jahren stiegen die Gewinne weiter (vgl. Abbildung 6-9), bis 1998 die Asien-Krise auch die europäische Luftverkehrsbranche belastete. Viele erreichten zwar 1998 noch bessere Ergebnisse als im Vorjahr, manche bekamen aber schon die Auswirkungen der Krise und ihres hohen Verschuldungsstandes zu spüren (vgl. Doganis 2001, S. 2 f).

Abbildung

6-9

ICAO Ergebnisse der Fluggesellschaften weltweit 1980-1998 in US-$
(Quelle: Doganis 2001, S. 3)

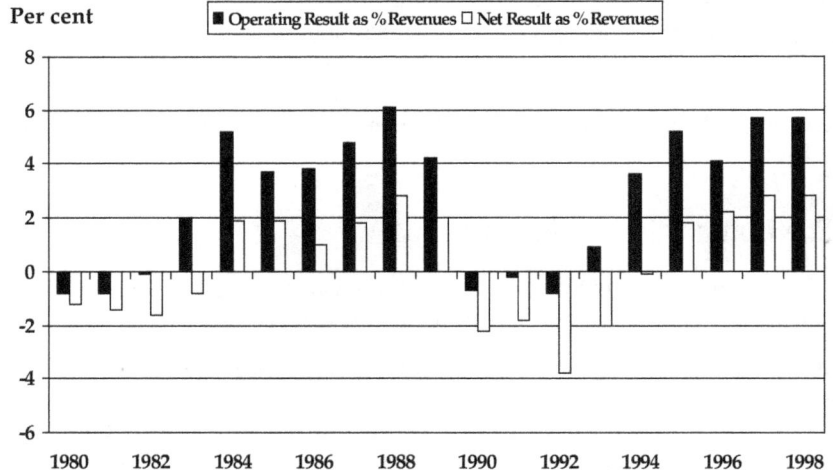

Per cent

■ Operating Result as % Revenues □ Net Result as % Revenues

Diese Entwicklung verstärkte sich in dem Jahr 1999, in welchem viele Vorstandsvorsitzende Gewinnwarnungen aussprachen. Dies lag vor allem daran, dass die Luftverkehrsbranche in Europa unter chronischer Unterkapitalisierung und übermäßiger Zersplitterung litt. Sie war hoch verschuldet und verzeichnete einen permanenten Mangel an Betriebskapital (cash flow). Die bereits spürbare Verlangsamung des wirtschaftlichen Wachstums verursachte ihr zudem weiterhin ernsthafte Probleme. Hinzu kamen ein erneuter deutlicher Anstieg der Kerosinpreise im Jahr 2000 und Kosten, welche den Fluggesellschaften durch eingeleitete Restrukturierungsmaßnahmen entstanden (vgl. o.V. 2001 a, S. 3). Diese Faktoren trugen dazu bei, dass die Branche insgesamt bereits vor dem 11. September 2001 einem verstärkten Druck ausgesetzt war, der einige Fluglinien – vornehmlich solche, welche sich in einem Prozess der Gesundschrumpfung befanden – sogar in ernsthafte Gefahr einer drohenden Insolvenz führte (vgl. Abbildung 6-10).

Positionierung der europäischen Airlines
(Quelle: Sattelberger 2005 a)

Abbildung
6-10

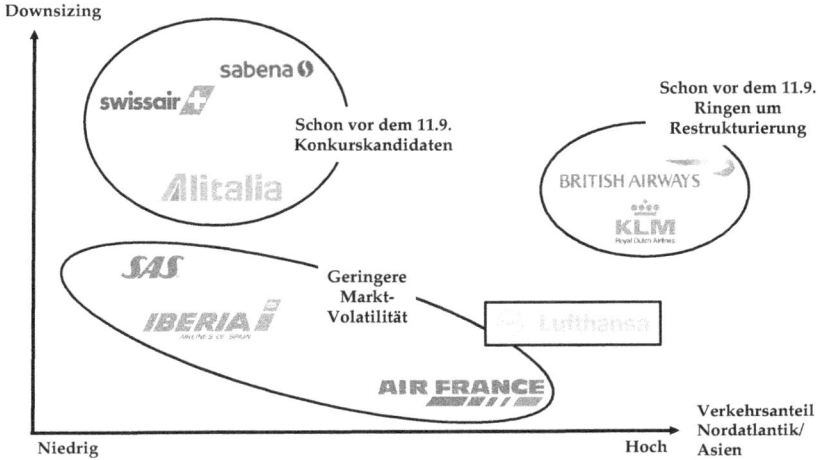

Die Rolle der Low-Cost-Anbieter

6.1.5

Die Rolle der Low-Cost-Anbieter wird im Folgenden besonders hervorgehoben (wobei der Umfang nicht deren Bedeutung wiederspiegelt), da diese speziell für die europäische Luftfahrtbranche eine relativ neuartige Bedrohung darstellt, über welche im Allgemeinen lediglich ein geringes Informationsniveau vorliegt. Dies hat zur Folge, dass deren Relevanz häufig unzureichend bzw. polarisierend eingeschätzt wird. Während deren Einfluss auf etablierte Fluggesellschaften mit Hub-Spoke-Struktur häufig überschätzt wird, verkennen andere wiederum, dass es den Low-Cost-Anbietern in den letzten Jahren gelang höhere Passagierzahlen zu erreichen. Sie beeinflussten verstärkend die Preiswahrnehmung der Konsumenten und erhöhten den Wettbewerbsdruck auf die etablierten Fluggesellschaften stark, indem sie Routen, welche hohe Margen für die großen Fluggesellschaften versprachen, mit Dumping-Angeboten erodierten.

Hierbei stellen Low-Cost-Anbieter auch eine Bedrohung für Charter-Gesellschaften dar, da diese mit Ihren Komplettangeboten vorwiegend preissensible Kunden ansprechen. Insgesamt schafften sie es zudem, durch die niedrigen Preise auf stagnierenden Märkten neue Konsumenten zum Fliegen zu bewegen und stimulierten somit ein höheres Passagieraufkommen, welches allen Fluglinien zugute kam.

Mit diesen niedrigen Preisen erreichten sie vor allem Privatpersonen, da diese ihre Kaufentscheidung in besonders hohem Maße vom Preis abhängig machen (bis zu 44 Prozent der Kaufentscheidung wird laut einer Lufthansa-

Studie von dem Preis beeinflusst). Im Vergleich dazu geht dieser Einfluss bei den Business-Kunden auf 30 Prozent zurück (vgl. Abbildung 6-17).

Das Modell des Low-Cost-Anbieters wurde von Southwest Airlines in den USA geprägt. Southwest Airlines wurde 1967 in Texas gegründet, durfte aber aufgrund gerichtlicher Auseinandersetzungen zuerst seinen Flugbetrieb nicht aufnehmen. Als sie in den Markt eintraten, reagierten die etablierten Airlines in diesem regionalen Markt mit einer Preisoffensive. In einem kämpferischen Schlagabtausch von wiederholten Preisreduktionen, unterbot Southwest schlussendlich seine Konkurrenten mit konkurrenzlos niedrigen Preisen (z.B. 13 US-$ für die Strecke Dallas-Houston) und entschied damit den Preiskrieg zu seinen Gunsten (vgl. Doganis 2001, S. 128).

Möglich waren diese niedrigen Preise allerdings nur, indem auf der Kostenseite uneingeschränkt gespart wurde. So entwickelte Southwest Airlines das Prinzip „Niedrigste Preise – Keine Extras". Dies bedeutete, dass die Kunden auf die gewohnten Mahlzeiten, kostenlose Getränke, Sitzplatzreservierung und Anschlussflüge zugunsten der niedrigen Preise verzichten mussten. Gleichzeitig versuchte Southwest Airlines ein Image von „Fliegen macht Spaß" aufzubauen, wie es später auch Raynair in seiner Werbung aufgriff (vgl. Flottau et. al. 2002, www).

Mit dieser Low-Cost Strategie gelang es Southwest Airlines, eine größere Nachfrage zu generieren, als sie selbst durch Ausbau ihrer Kapazitäten auffangen konnten. Zwar kamen auch einige der Kunden von den etablierten Wettbewerbern, aber insgesamt gesehen, war der größte Teil der Kunden neu hinzugekommen. Da auch die Konkurrenz auf die niedrigen Preise mit Preisreduktionen reagierte, führte dies wiederum allgemein zu einer steigenden Nachfrage nach Flügen, was zu insgesamt steigenden Auslastungen führte und damit größtenteils zu höheren Gewinnmargen.

Somit war Southwest Airline gut gerüstet, als im Jahr 1978 die Deregulierung des amerikanischen Marktes begann. Aber anstelle eines rapiden und aggressiven Wachstums, plante Southwest Airlines seine Expansion vorsichtig und mit einer klaren Strategie: sie vermieden, in direkte Konkurrenz zu den großen Airlines zu treten, indem sie kleinere, lokale Flughäfen und ältere Terminals verwendeten. Dies war auch unter dem Gesichtspunkt der Kostenreduktion vorteilhaft, da gerade diese kleineren Flughäfen bereit waren, die Gebühren zu kürzen, um ihrerseits von den boomenden Fluggastzahlen der Low-Cost-Anbieter zu profitieren. Somit trugen diese wiederum dazu bei, die Preise von Southwest Airlines niedrig zu halten (vgl. Done 2002, S. 20; Flottau et. al. 2002, www).

Ein weiterer Ansatzpunkt, um die Kosten zu reduzieren, war der Einsatz einer einheitlichen Flugzeugflotte. Dadurch konnten bei der Instandhaltung und der Betreuung der Flugzeuge Einsparungen realisiert werden (vgl. Doganis 2001, S. 129 ff). Die Verwendung eines einzelnen Flugzeugtyps gewährleistet zudem eine möglichst geringe Aufenthalts- und Turnaround-zeit der Flugzeuge am Boden, was zu einer verbesserten Ausnutzung und damit höheren Margen führt. Außerdem ist es nicht nötig, die Crew für verschiedene Flugzeugtypen zu trainieren. Im Vergleich zu konventionellen Carriern können im gleichen Flugzeugtyp zudem mittels einem größerem Sitzplatzangebot mehr Passagiere befördert werden, da auf Service induzierten Raumbedarf (z.B. Küche, Garderobe) verzichtet wird. Mit diesen Maßnahmen gelang es Southwest Airlines, deutlich geringere durchschnittliche Kosten als ihre Konkurrenten aufzuweisen, welche sie als Billigangebote an ihre Kunden weitergeben konnten (vgl. Abbildung 6-11).

Vergleich von Boeing 737-300 Nutzungskosten verschiedener US Airlines

(Quelle: Doganis 2001, S. 131)

Abbildung
6-11

Airline	1 Costs* Per seat Mile (US cents)	2 Cost index**	3 Average sector (miles)	4 Daily utilisation (hours)	5 Seats per aircraft
Delta	5.54	100	708	9.80	126
United	5.20	94	668	10.32	128
US Airways	5.04	91	698	10.00	126
Continental	4.28	77	1007	10.55	129
America West	3.91	71	701	11.85	131
Southwest	3.10	56	461	11.31	137

Notes

* Direct operating costs only, i.e. fuel and labour cost of flying, all
  maintenance costs, aircraft depreciation and rentals.
** Delta= 100.
Source: Compiled by author using *Airline Monitor* (1999).

Neben diesen Kostenreduktionsmaßnahmen sparte Southwest Airlines durch ein eigenes Ticketsystem und die erstmalige Einführung des Online-Verkaufs auch bei der Distribution ihrer Tickets. Hiermit gelang es Southwest einen hohen Anteil von Direktverkäufen zu erlangen. Weitere Kosten sparte das später eingeführte ticketlose Reisen ein, bei welchem wiederum Southwest seinen Konkurrenten zuvorkam. All diese Maßnahmen werden in dem in Abbildung 6-12 dargelegten so genannten „Southwest Airlines low-cost, no-frill" Modell zusammengefasst (vgl. ebenda, S. 129 ff).

Das „Southwest Airlines low-cost, no-frill" Modell
(Quelle: Doganis 2001, S. 134)

Product features	
Fares	Low, Simple, unrestricted,
	Point-to-point, No interlining
Distribution	Travel agents *and* direct sales
	Ticketless
In-flight	Single-class, high-density
	No seat assignment
	No meals, snacks and light beverages only
Frequency	High
Punctuality	Very good

Operating features	
Aircraft	Single type (Boeing 737), four variants
	High utilisation (over 1 hours/day)
Sectors	Short to average below 800 km (500 miles)
Airports	Secondary or uncongested
	15-20 minute turnrounds
Growth	Target 10 per cent per annum
	Maximum 15 per cent
Staff	Competitive wages
	Profit-sharing since 1973
	High productivity

Nachdem Southwest Airlines dieses Modell erfolgreich in den USA etabliert hatte, versuchten verschiedene andere Airlines dieses zu kopieren. Manche, wie z.B. People Express, verzichteten ähnlich wie Southwest Airlines auf den angesprochenen Bordservice, andere, wie Muse Air und Florida Express, boten ihn wiederum an. Viele der neuen Anbieter traten allerdings nur mit mäßigem Erfolg auf dem Markt auf, und nur wenige überlebten die ersten vier bis fünf Jahre. Aber auch die großen Airlines reagierten auf diese neue Herausforderung und gründeten oftmals Tochtergesellschaften, die das Konzept des Low-Cost-Anbieters übernahmen. So waren neben Southwest zu Beginn des Jahres 2000 ungefähr zwei Dutzend Low-Cost-Anbieter auf dem amerikanischen Markt tätig, darunter auch Fluggesellschaften wie Delta Express (eine Tochter von Delta Airlines) und MetroJet (eine Tochter von US Airways) (vgl. ebenda, S. 133 ff).

In Europa übernahm die irische Fluggesellschaft Ryanair[3] als erste das erfolgsversprechende Konzept. 1985 startete sie durch einen täglichen Flug mit einem fünfzehnsitzigen Turbopropeller-Flugzeug des Typs Bandeirante

---

3) www.ryanair.com

zwischen Waterford im Südosten Irlands und London Gatwick den Betrieb. Die niedrigen Flugpreise sollten auch hier ermöglichen, dass Flugreisen in Irland und Großbritannien für alle erschwinglich sind. Zwar gelang es Ryanair den stagnierenden Markt wieder zu beleben und mit den niedrigen Preisen neue Kunden zu gewinnen, bzw. mit steigenden Passagierzahlen zu wachsen, allerdings hatte sie die Kosten nicht stark genug im Fokus. So beschäftigte Ryanair im Jahr 1989 bereits 350 Mitarbeiter, verfügte über 14 Flugzeuge (vier verschiedene Typen) und beförderte 600.000 Fluggäste pro Jahr, musste jedoch bereits nach vier Jahren bereits Verluste in Höhe von £20 Millionen verzeichnen (vgl. o.V. 2003 a, www).

Daher verstärkte Ryanair 1991 unter neuer Leitung seine Bemühungen, zusätzlich Kosten zu reduzieren: sie schränkte den Service weiter ein, verlegten die Londoner Basis von Luton nach Stansted, reduzierten den Streckenplan und stellten auf eine einheitliche Flugzeugflotte um. Damit gelang es Ryanair trotz des Golfkrieges zum ersten Mal schwarze Zahlen zu erzielen (vgl. ebenda, www). In den folgenden Jahren verstand es Ryanair stetig steigende Passagierzahlen und Umsätze zu generieren und dabei die Gewinne jedes Jahr zu übertreffen. So erreichten sie alleine in der Berichtsperiode 1997-1998 einen Gewinnzuwachs von 51 Prozent auf 53 Mio. US-$. Diese Erfolgsstory schreibend, ging Ryanair 1997 erfolgreich an die Dubliner und New Yorker Börse (vgl. Doganis 2001, S. 135 f).

Bald schon folgten andere diesem erfolgreichen Modell. So gründete British Airways im May 1998 ihre eigene Billigflug-Tochter „Go" und auch KLM startete im Jahr 2000 mit „Buzz". Einer der stärksten Konkurrenten von Ryanair, Easyjet[4], startete allerdings bereits 1995 mit zwei Routen von seinem Heimatflughafen Luton aus nach Glasgow und Edinburgh. Mit ihren Preiskonzepten „Low Cost" und „Lowest Cost" attackieren sie nun vor allem Charter-Gesellschaften und den Economy-Bereich der anderen Fluggesellschaften. Aber auch Business-Flieger zählen zu den Kunden der Low-Cost-Anbieter.

Obwohl der Wachstumstrend in den USA und Europa von 1993 bis 2001 bzgl. des zeitlichen Verlaufes korrespondierte, weisen beide Entwicklungen bzgl. des absoluten Marktanteilniveaus deutliche Unterschiede auf. So lag der Anteil von Low-Cost-Flügen auf innereuropäischen und internationalen Routen 1999 bei nur ungefähr 3 Prozent, während dieser im Gegensatz dazu innerhalb der USA ca. 15 Prozent betrug (vgl. ebenda, S. 137). Folgende Abbildung 6-13 illustriert den Abstand beider geografischen Märkte grafisch, welcher die letzten sieben bis acht Jahre relativ konstant bei 8,5 Prozent lag.

---

4)   www.easyjet.com

Abbildung
6-13

Entwicklungen des Low-Cost-Segments in Europa im Vergleich zu den USA
(Quelle: Deutsche Lufthansa AG)

Kapazitätsanteil der Low Cost Carrier zwischen 1993 und 2001 in verschiedenen Märkten

Sitze am Gesamtaufkommen
in Prozent

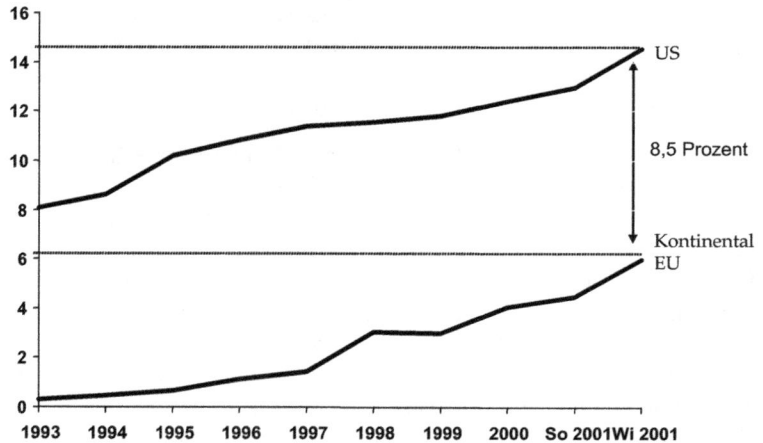

Trotz des relativ geringen Marktanteiles in Europa gibt es bereits Erwartungen, dass der Marktanteil der Low-Cost-Carrier bis 2010 sogar auf 25 Prozent steigen könnte (vgl. o.V. 2003 g). Unabhängig davon, ob solche Spekulationen jemals Wirklichkeit werden, deuten belegbare Zahlen bereits eine steigende Bedeutung des Low-Cost-Segments in Europa an, auch wenn diese auf weiten Feldern der Marktabdeckung nicht mit dem umfassenden Netz einer Hub-Spoke-Airline bzw. der Netzabdeckung einer globalen Allianz konkurrieren können. Da die Anzahl der angeflogenen Airports, die Frequenzen und die Flugzeugflotten in den vergangen Jahren jedoch bereits deutlich anstiegen, wird das Low-Cost-Segment als Betätigungsfeld oder zumindest als Konkurrenzumfeld in Zukunft wohl ein nicht mehr zu unterschätzender Markt werden.

6.1.6 Die Deutsche Lufthansa AG

Bereits vor den Attentaten des 11. Septembers 2001 startete die Deutsche Lufthansa ein prophylaktisches Restrukturierungsprogramm, um die Wettbewerbsfähigkeit und damit den wirtschaftlichen Erfolg der Airline zu sichern. Es war Teil einer ganzen Reihe von Maßnahmen zur Wettbewerbs- und Serviceverbesserung, welche die Deutsche Lufthansa AG in den vorherigen Jahren implementiert hatte (vgl. Abbildung 6-14).

Wettbewerbs- und Servicemaßnahmen der Deutsche Lufthansa AG
(Quelle: Sattelberger 2005 a)

Abbildung

6-14

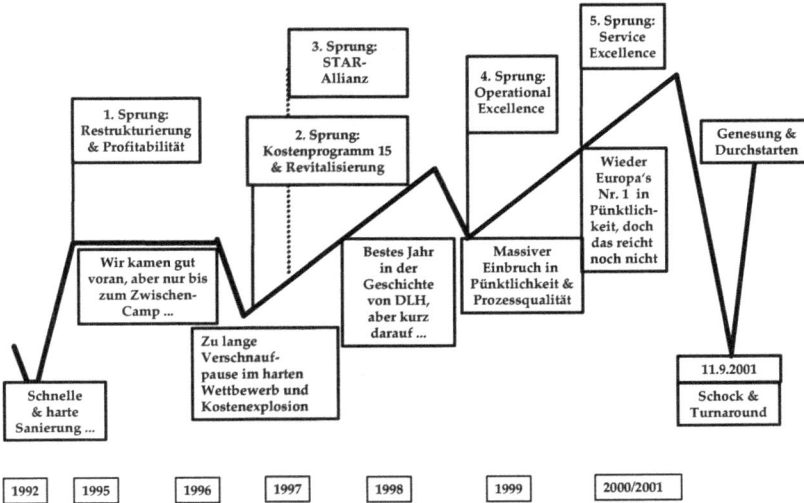

Das vom Vorstand im Frühjahr verordnete Programm unter dem Arbeitstitel „D-Check[5] – Maintaining Leadership" sollte das Unternehmen in guten Zeiten auf den Prüfstand stellen. Prozesse und Strukturen werden dabei anhand der Kriterien Qualität, Zeit und Kosten überprüft und optimiert um damit die Effizienz zu steigern. Das Gesamtziel wurde mit rund 1 Mrd. zusätzlichem Cashflow definiert, welches nach drei Jahren Projektlaufzeit erreicht und ab 2004 voll wirksam sein soll. Das direkt von den Zentralressorts des Lufthansa Konzern-Vorstandes gesteuerte Projekt umfasste alle Bereiche des Konzerns: neben den Geschäftsfeldern Passage, Logistik, Technik, Catering und IT-Services sind auch die Service- und Finanzgesellschaften eingebunden.

In jedem dieser Geschäftsfelder erarbeiten „D-Check"-Teams gemeinsam mit Kollegen der einzelnen Bereiche die Konzeption der Projekte und sorgen für die Umsetzung; die Fortschritte werden kontinuierlich von einem Konzern-Team überwacht und direkt dem Vorstandsvorsitzenden berichtet.

Ein Beispiel für eine solche Verbesserung im Geschäftsfeld Passage – auf das nahezu zwei Drittel des Gesamtziels entfallen – ist das Projekt „Fleet Assigner" zur Anpassung der Kapazitätsplanung an die aktuelle Nachfrage.

---

5) Flugzeuge unterliegen einem ausgeklügelten System zur regelmäßigen Kontrolle und Instandhaltung. Dabei ist der „D-Check" das zeitaufwendigste Ereignis, er steht zum Beispiel beim Jumbo Jet nach 28 Millionen Flugkilometern oder 33.000 Flugstunden an – auch wenn das Flugzeug bis dahin ohne Beanstandungen unterwegs war. Beim „D-Check" wird das Flugzeug buchstäblich in seine Einzelteile zerlegt, jedes Bauteil akribisch untersucht und – wo nötig – erneuert. Dies kann bis zu vier Wochen und bis zu 50.000 Arbeitsstunden beanspruchen (vgl. Schmidt 2000, S. 107 ff)

Das neue Computersystem „Fleet Assigner" erleichtert die Planung, da es nicht nur die Kosten-/Erlösrechnung, sondern auch die Rotation der Flugzeuge, Pünktlichkeitsreserven und Wartungsereignisse berücksichtigt: Damit gewinnt die Passage Flexibilität, die Auslastung der Kapazitäten wird verbessert und der Einsatz der Flugzeuge optimiert.

Zudem wurde jeder einzelne Mitarbeiter durch die „D-Check"-Ideen-Initiative aufgefordert, Potenziale zur Effizienzsteigerung im Konzern aufzuspüren und Verbesserungsvorschläge einzubringen. Über 1.500 zusätzliche Ideen sind dadurch beigetragen worden (vgl. Deutsche Lufthansa AG 2001 a, S. 32 ff).

Die Deutsche Lufthansa AG setzt, wie viele andere Airlines, auf die Strategie kooperative Beziehungen im Rahmen einer globalen Allianz und mit Partnerschaften zu anderen Airlines zu unterhalten. Die Mitgliedschaft der Star Alliance ist somit ein integraler Bestandteil der Lufthansa-Strategie selbst. Dieses Vorgehen der partnerschaftlichen Kooperation wurde Zusammenschlüssen unter einer Marke vorgezogen, da sich wie bereits in Kapitel 6.1.2 dargelegt in der Vergangenheit letzteres als besonders schwer durchführbar erwiesen hat. In diesem Sinne ist die Deutsche Lufthansa AG neben ihren Star Alliance-Partnern eine Reihe weiterer Partnerschaften eingegangen. Diese Partnerschaften sind in Abbildung 6-15 exemplarisch für Europa illustriert.

Abbildung 6-15

Star Alliance-Mitglieder und Partner der Deutsche Lufthansa AG in Europa (Quelle: Deutsche Lufthansa AG)

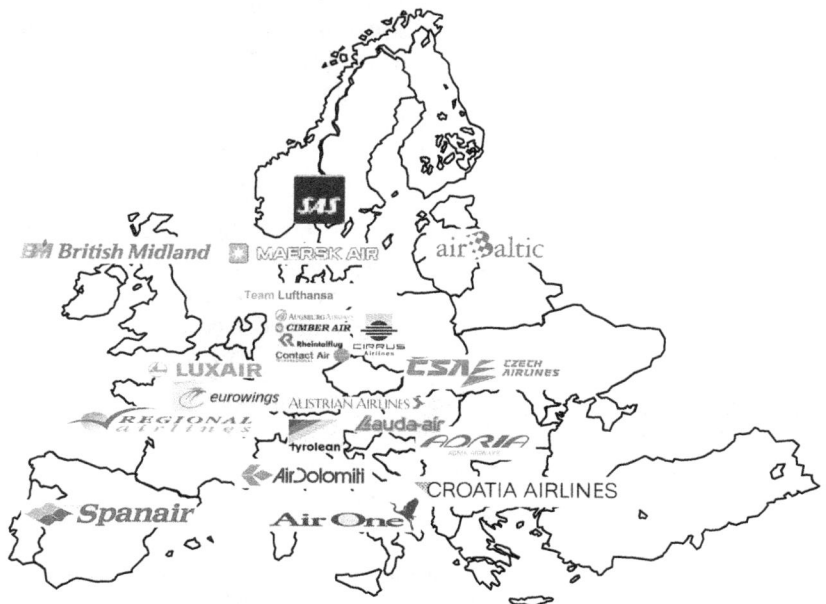

Mit den Kostenvorteilen eines stringent umgesetzten Low-Cost-Modells sind im Vergleich zu etablierten Anbietern Kostenvorteile von bis zu 60 Prozent zu realisieren. Der in Abbildung 6-16 detailliert aufgeführte komparative Stückkostenvorteil von etablierten Low-Cost-Anbietern im Vergleich zur Deutschen Lufthansa AG ist zur genaueren Transparenz zusätzlich nach einzelnen Kostenarten zur Identifikation von Kostentreibern bzw. Einsparungspotenzialen differenziert.

Stückkostenvergleich von etabliertem und Billig-Anbieter
(Quelle: Deutsche Lufthansa AG)

Abbildung
6-16

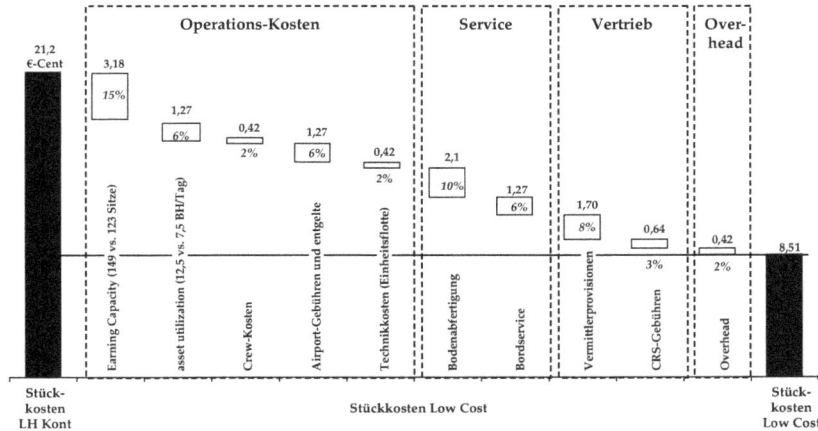

Quelle: easyJet

Aufgrund ihrer Kostenvorteile versuchen Low-Cost-Anbieter diesen komparativen Wettbewerbsvorteil mittels günstiger Preise in das Marktangebot zu transferieren. Mit diesen niedrigen Preisen erreichten sie vor allem Privatpersonen, da diese laut einer Lufthansa Studie ihre Kaufentscheidung mit 44 Prozent deutlich stärker vom Preis abhängig machen, als Business-Kunden mit 30 Prozent. Diesen Geschäftsreisenden sind insbesondere gute Verbindungen und ein engmaschiger Flugplan mit 35 Prozent am wichtigsten (vgl. Abbildung 6-17).

Abbildung

6-17

Preis / Flugplan Einfluss auf die Kaufentscheidung bei Privat- und Business-Kunden (Quelle: Deutsche Lufthansa AG)

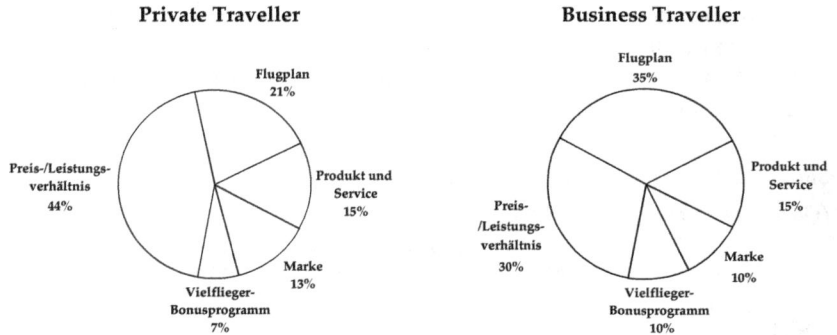

Private Traveller

Flugplan
21%

Preis-/Leistungs-
verhältnis
44%

Produkt und
Service
15%

Marke
13%

Vielflieger-
Bonusprogramm
7%

Business Traveller

Flugplan
35%

Preis-
/Leistungs-
verhältnis
30%

Produkt und
Service
15%

Marke
10%

Vielflieger-
Bonusprogramm
10%

Abbildung 6-18 stellt im komparativen Vergleich zur Deutschen Lufthansa AG Geschäftsmodelle dar, welche den Markt mit günstigen Preisen bearbeiten. Dabei werden bspw. durch den Vergleich von Ryanair und EasyJet auch Unterschiede in den Geschäftsmodellen unter den Low-Cost-Anbieter verdeutlicht. Während Ryanair im Sinne Porters eine klassische Kostenführerschaft anstrebt, und dabei mit Point-to-Point Verbindungen von kleineren Flughäfen vorwiegend Privatreisende anvisiert, versucht EasyJet mit ihren Flugverbindungen von großen etablierten Flughäfen zusätzlich Geschäftsreisende anzusprechen. Dabei können trotz sehr günstiger Preise wiederum die Tiefstpreise von Ryanair nicht erreicht werden.

Das Geschäftsmodell der Charter-Gesellschaften ist faktisch am stärksten durch die Low-Cost-Anbieter gefährdet. Diese hatten bisher den Preisvorteil gegenüber den etablierten Airlines. Da den Urlaubsreisenden nun eine günstigere Alternative zur Verfügung steht, spricht vieles dafür, dass Charter-Gesellschaften am stärksten durch den steigenden Marktanteil der Low-Cost-Anbieter geschädigt werden. Obwohl die Deutsche Lufthansa AG aufgrund der kostenintensiven Hub-Spoke-Struktur im Kostenwettbewerb mit den Low-Cost-Anbieter letztlich nicht konkurrenzfähig ist und von deren steigender Relevanz hart getroffen wird, können Billigfluglinien wiederum für einen Teil des Produktportfolios (Langstrecke) der Deutschen Lufthansa AG und ihrer umfassenden globalen Netzabdeckung keine Bedrohung darstellen.

Unterschiede in den Konzepten der Anbieter

(Quelle: Deutsche Lufthansa AG)

Abbildung

6-18

	Lufthansa	**Thomas Cook**	**easyJet**	**Ryanair**
	Economy	**Charter**	**Low Frill**	**Lowest Frill**
Target Group	Business- and Leisure-Travellers	Vacation Travellers	Business- and Leisure-Travellers	Primary Leisure-Travellers
Network Management	Hub & Spoke/ Point-to-Point	Hub/ Point-to-Point	Point-to-Point	Point-to-Point
Airports	Major Airports	Major Airports	Major Airports	Secondary Airports
Pricing Position	Moderate-Low	Low	Low	Aggressive/ Cheap
Cost Position	Hub&Spoke-Carrier	Low	Low	Cost Leadership

Source: Passage Strategy Forum II

Wie Abbildung 6-19 zu entnehmen ist, sind die Low-Cost-Anbieter vorwiegend im lokalen Verkehr bei direkten Flügen von zwei dezentralen Städten eine Bedrohung für die Deutsche Lufthansa AG.

Angriffsbereich der Low-Cost-Anbieter

(Quelle: Deutsche Lufthansa AG)

Abbildung

6-19

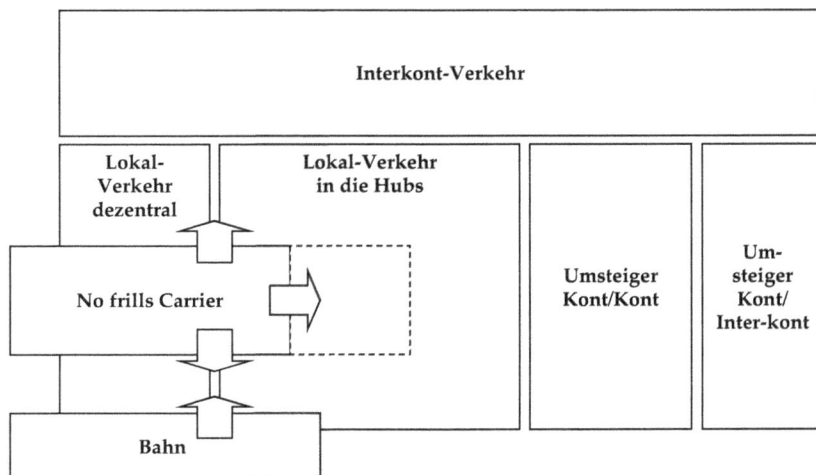

Zudem stellen diese einen Angriff auf die lokalen Zubringerflüge in einen Hub wie z.B. von Köln nach Frankfurt am Main dar. Sowohl kontinentale als auch interkontinentale Verkehrsverbindungen sind jedoch nicht von Low-Cost-Anbieter gefährdet, auch wenn manche öffentliche Berichterstattung dieses im Zuge der wachsenden Marktanteile der Billigfluglinien suggeriert.

Abschließend lässt sich festhalten, dass die Deutsche Lufthansa AG in der größten globalen Allianz strategisch mit der Star Alliance gut aufgestellt ist und aufgrund ihres Geschäftsmodells nicht in dem Maße von der Bedrohung neuer Low-Cost-Konkurrenten betroffen ist, wie manch andere Airline.

Während die Deutsche Lufthansa AG im außereuropäischen Luftverkehr mitunter geringe Marktanteile bzw. eine untergeordnete Wettbewerbsposition vorhält, ist sie in Europa neben Air France und British Airways die bedeutendste Fluggesellschaft und im Heimatmarkt Bundesrepublik Deutschland bis dato alleiniger Marktführer.

6.2 Der 11. September 2001 – Tag des Terrors

6.2.1 Die Chronologie der Terror-Anschläge

Mit Flug Nr. 11 der American Airlines begann die schreckliche Anschlagserie:

8.45 Uhr Ortszeit: Die Boeing 767, die eigentlich von Boston auf den Weg nach Los Angeles war, fliegt in den nördlichen, 411 Meter hohen Turm des World Trade Centers in New York. An Bord der Maschine befanden sich 81 Passagiere, neun Flugbegleiter und zwei Piloten.

9.03 Uhr: Flug Nr. 175 der United Airlines fliegt in den südlichen Tower des World Trade Center. An Bord des Fluges, der ebenfalls von Boston nach Los Angeles unterwegs war, befanden sich 56 Passagiere und neun Crew-Mitglieder.

9.17 Uhr: Die Behörden reagieren: die „Federal Aviation Administration (FAA)" schließt alle New Yorker City-Airports.

9.21 Uhr: Nun werden auch alle Tunnel und Brücken in und um New York geschlossen (auf Anordnung der Port Autority of New York and New Jersey).

9.40 Uhr: Die FAA stoppt jegliche Flugbewegung an US-Flughäfen. Dies ist das erst Mal in der amerikanischen Geschichte, dass der Flugverkehr im gesamten Land zum Erliegen kommt.

9.43 Uhr: Flug Nr. 77 der American Airlines, gestartet vom Washingtoner Dulles Airport mit Ziel San Francisco, stürzt mit 64 Menschen an Bord in das Pentagon in Arlington bei Washington.

10.05 Uhr: Der Südturm des World Trade Center stürzt ein.

10.10 Uhr: Die Boeing 757, Flug Nr. 93 der United Airlines, mit 45 Menschen an Bord, befand sich auf dem Weg von Newark bei New York nach San Francisco, als sie um 10.10 Uhr südöstlich von Pittsburgh im Bundesstaat Pennsylvania abstürzt. Fernsehberichten zufolge hätte diese Maschine Camp David, den Urlaubssitz der amerikanischen Präsidenten, oder das Weiße Haus treffen sollen. Vermutlich haben Passagiere an Bord der United-Maschine durch ihr Eingreifen eine noch schrecklichere Tragödie verhindert. Dies geht aus Anrufen hervor, die Fluggäste per Handy kurz vor ihrem Tod führten.

10.13 Uhr: Das Gebäude der Vereinten Nationen, mit insgesamt mehr als 11.000 Leuten, wird evakuiert.

10.24 Uhr: Alle in der Luft befindlichen Transatlantik-Flüge sind nach Angaben der FAA nach Kanada umgeleitet worden.

10.28 Uhr: Auch der Nordturm des World Trade Centers sackt in sich zusammen.

Manhattan nach den Anschlägen[6]

(Quelle: o.V. 2003 b, www)

Abbildung 6-20

---

6) Die Grafik – herausgegeben von den New Yorker Behörden – zeigt schematisch, welche Teile von Manhattan wie stark beschädigt sind: je dunkler, desto schwerer.

10.45 Uhr: Alle öffentlichen Gebäude in Washington sind evakuiert.

10.57 Uhr: Auch in New York sind nun alle öffentlichen Gebäude geschlossen.

11.02 Uhr: Der New Yorker Bürgermeister Rudolph Giuliani fordert die Bevölkerung auf Zuhause zu bleiben und ordnet die Räumung des Süden Manhattans an.

12.30 Uhr: Die FAA bestätigt, dass sich noch weitere 50 Flugzeuge in der Luft befinden ohne Probleme zu melden.

13.04 Uhr: US-Präsident Bush erklärt im US-Bundesstaat Louisiana, die Streitkräfte seien weltweit in „höchste Alarmbereitschaft" versetzt worden und kündigt an, die Verantwortlichen „zu jagen und zu bestrafen".

13.27 Uhr: In Washington wird der Notstand ausgerufen.

14.30 Uhr: Die FAA erklärt, dass kommerzielle Flüge frühestens Mittwoch, den 12.11.2001, wieder aufgenommen werden (vgl. Fürst 2004, S. 163; o.V. 2001 d, www).

6.2.2 Die Zielobjekte der Anschläge

Vorliegendes Buch schließt sich nicht dem publizistischen Trend an, Spekulationen bzgl. Drahtzieher und Hintermänner sowie politischer Ziele der Terror-Attentate zu verbreiten. Da die Anschläge vom 11. September 2001 jedoch als Auslöser bzw. Krisen induzierendes dramatisches Ereignis die folgend erläuterten Krisenbewältigungsmaßnahmen in der Luftfahrtbranche bedingen, ist ein Portrait der Zielobjekte zwingend notwendig. Dies ermöglicht dem Leser zugleich ein tieferes Verständnis zu erlangen, wie ein solch lokales und temporär limitiertes Ereignis weltweite und nachhaltige Auswirkungen nach sich ziehen konnte. Von den vier entführten Flugzeugen, wurde je eines gezielt in einen der zwei Türme des World Trade Centers (New York) und eine Passagiermaschine in das Pentagon (Washington D.C.) geflogen, während ein Flugzeug mit unbekanntem Ziel in Pennsylvania abstürzt, nachdem voraussichtlich Passagiere versucht haben, die Terroristen zu überwältigen. Die dominante Stellung der Angriffe auf das World Trade Center innerhalb der Terror-Attentate vom 11.9.2001, nicht zuletzt aufgrund der verheerenden Schadensbilanz, wird in der Schwerpunktbildung der folgenden Beschreibungen der Zielobjekte reflektiert.

Das World Trade Center (WTC)

Insgesamt bestand das 1973 eingeweihte (vgl. Daufenbach 2002, S. 225) World Trade Center aus sieben Gebäuden, welche von 1966 bis 1972 erbaut wurden. Die technischen Daten können der Abbildung 6-21 entnommen werden. Im Zentrum standen die beiden Tower umsäumt von vier mehrstöckigen Gebäuden und dem 22 Stock hohen Vista Hotel. Die einzelnen Gebäude waren durch Brücken und Tunnel miteinander verbunden. Außerdem boten die Gebäude Platz für ca. 50.000 Arbeitsplätze. 90.000 Menschen besuchten täglich den Komplex des World Trade Centers, in welchem Läden, Bars, Cafes, Banken und mehr als 60 Restaurants zu finden waren.

Die komparative Besonderheiten des WTC liegen darin, dass diese neben dem Empire State Building und der Freiheitsstatue ein Wahrzeichen von New York sind. Zudem prägten die zwei Tower als höchste Gebäude die Skyline von New York und wurden als Silhouette millionenfach reproduziert (vgl. Daufenbach 2002, S. 224 f).

Technische Daten und Tower des World Trade Center

(Quelle: o.V. 2003 h, www)

Abbildung
6-21

- Standort: New York City, U.S.A.
- Höhe: 417 & 415 Meter
- Stockwerke über der Erde: 110
- Baustart: 1966; Bauende: 1972
- Gesamtfläche (7 Gebäude): 1.114.800 Quadratmeter
- Bürofläche (7 Gebäude): 900.000 Quadratmeter
- Aufzüge: 97 Stk. für Personen, 6 Stk. für den Transport
- Architekten: Emery Roth & Sons, Minoru Yamasaki & Associates

Nach Fertigstellung der beiden Tower waren diese die höchsten Gebäude der Welt. Sie lösten das Empire State Building nach 40 Jahren Dominanz ab. Bereits 1974 musste diese besondere Auszeichnung jedoch an den Sears Tower in Chicago wieder abgegeben werden. Das Aussichtsdeck auf dem Dach des World Trade Centers, welches mit dem Lift in weniger als einer Minute zu erreichen war, blieb jedoch das höchste Außen-Aussichtsdeck der Welt (vgl. o.V. 2003 h, www).

Die besondere Attraktivität als Zielobjekt für einen terroristischen Anschlag liegt zum einen in der Symbolträchtigkeit des WTC. Dieses fungierte als Symbol der amerikanischen Wirtschaftsmacht, welches zudem den Übergang vom Industrie- in das Informationszeitalter verkörperte. Allgemeine Daten wie z.B. 900.000 Quadratmeter Bürofläche, welche zudem stark von

Banken genutzt waren und insgesamt ca. 50.000 Arbeitsplätze beherbergten, stützten diese Assoziation. Der inhärente Anspruch das Zentrum des Welthandels darzustellen, welcher unmissverständlich durch die Namensgebung dokumentiert wurde, unterstreicht zudem diese Symbolfunktion. Neben der Symbolträchtigkeit wird die Attraktivität des WTC als Zielobjekt terroristischer Aktivitäten dadurch erhöht, dass dieses täglich von ca. 90.000 Menschen frequentiert wird und somit die Effektivität bzw. Effizienz möglicher Anschläge als sehr hoch zu bewerten ist. Diese skizzierte Attraktivität wird durch die Tatsache belegt, dass bereits 1993 das WTC Ziel eines Anschlages islamischer Fundamentalisten war, bei welchem mittels der Explosion einer Autobombe in der Tiefgarage des WTC sechs Tote und hoher Sachschaden verursacht wurde (vgl. Jenkins 2001, S. 5).

Das Pentagon

Das Pentagon ist das Hauptquartier des amerikanischen Verteidigungsministeriums. Als eines der weltweit größten Bürogebäude ist es bspw. zweimal so groß wie das Merchandise Mart in Chicago und verglichen mit dem Empire State Building in New York weist das Pentagon eine dreimal so große Nutzfläche auf. Das Pentagon wurde am 15. Januar 1943, bereits 16 Monate nach dem ersten Spatenstich, eingeweiht. Der Bau des Gebäudes begann exakt auf den Tag 60 Jahre vor den Anschlägen des 11. Septembers 2001. Das Pentagon ist mit seinen ungefähr 23.000 Mitarbeitern selbst eine Art kleine virtuelle Stadt. Obwohl es in den frühen Jahren des 2. Weltkrieges entstand, ist es bis heute eines der effizientesten Bürogebäude der Welt. Bspw. ist es möglich von jeglichen zwei Standorten im Gebäude innerhalb von sieben Gehminuten zueinander zu gelangen, obwohl sich die Gänge des Pentagons über mehr als 28 km erstrecken (vgl. o.V. 2003 i, www).

<table>
<tr><td>Abbildung
6-22</td><td>*Das Pentagon – Zentrum des amerikanischen Verteidigungsministeriums*
(Quelle: o.V. 2003 i, www)</td></tr>
</table>

Die besondere Attraktivität als Zielobjekt für einen terroristischen Anschlag liegt vornehmlich in der symbolischen Funktion als Zentrum der Verteidigung der Militärmacht USA. Ein erfolgreicher Angriff dieses Gebäudes symbolisiert die militärische Verwundbarkeit der Weltmacht USA, während zusätzlich die Stärke des Angreifers wirkungsvoll demonstriert wird.

Pennsylvania

Der ebenfalls simultan entführte United Airlines Flug Nr. 93 stürzte in Somerset County, Pennsylvania, im Südosten von Pittsburgh ab (vgl. o.V. 2001 d, www). Im Rahmen der Spekulationen um das mögliche Zielobjekt dieser Maschine, werden sowohl das Weiße Haus und die Airforce One, als auch das Kapitol genannt. Bspw. gab das FBI am Mittwoch, den 12. September 2001 um 15:58 Uhr Ortszeit bekannt, dass sie Beweise dafür haben, dass auch das Weiße Haus und die Airforce One mögliche Ziele der Attacken waren. Später wurde das jedoch widerrufen und Verwaltungspersonal dafür verantwortlich gemacht, Sicherheitsinformationen missverstanden zu haben (vgl. o.V. 2003 j, www). Der CNN-Korrespondent John King berichtet, das in Pennsylvania abgestürzte Flugzeug hätte auf drei mögliche Ziele gerichtet sein können: Camp David, das Weiße Haus oder das Kapitol (vgl. o.V. 2003 k, www). Allen dieser möglichen Zielobjekte ist gemein, dass sie eine große politische Bedeutung besitzen und somit auch eine Symbolfunktion bzgl. der Politik bzw. politischen Weltmacht der Vereinigten Staaten von Amerika darstellen.

Die unbestrittene psychologische Symbolkraft der ersten zwei Zielobjekte ist sicherlich sowohl für die Auswahl auf der einen Seite als auch für die Auswirkungen und Folgen auf der anderen Seite von nicht zu unterschätzender Bedeutung. Während das WTC ein Symbol der amerikanischen Wirtschaftsmacht gewesen ist, welches zudem den Übergang vom Industrie- in das Informationszeitalter verkörpert hat, ist das Pentagon ein Symbol der Militärmacht Amerikas.

Der 11.9.2001 vs. vorherigen Anschlägen | 6.2.3

Die Terror-Anschläge des 11. September 2001 unterschieden sich in vielerlei Hinsicht von bisherigen Anschlägen. Diese werden folgend strukturiert nach den einzigartigen Charakteristiken der Anschläge, den Auswirkungen und der Schadensbilanz, sowie der internationalen Relevanz kurz erläutert:

Einzigartige Charakteristika der Anschläge

Die völlig neuartige Strategie der Terroristen, Flugzeuge als „lebendige" Waffen einzusetzen, ist eine der wichtigsten komparativen Eigenschaften. Amerikanische Flugzeuge schienen bisher relativ sicher, da seit 14 Jahren keine gelungene Entführung sowie seit 13 Jahren vor dem 11. September 2001 keine Flugzeug-Bomben Amerikaner bedrohten. Deshalb wiegten diese sich in einem Gefühl der Sicherheit (vgl. Easterbrook 2001, S. 166). Der Missbrauch von entführten Verkehrsflugzeugen als Waffen terroristischer Angriffe ist zudem ein zentraler Grund der unten aufgeführten internationalen Betroffenheit und Relevanz der auf amerikanischem Boden durchgeführten Terror-Attentate vom 11.9.2001.

Die logistische Komplexität und Präzision, welche sich u.a. in der Simultanität aller Entführungen widerspiegelt, ist eine weitere Besonderheit dieser Anschläge. Die Flugzeuge mussten notwendigerweise gleichzeitig entführt werden, da den Amerikanern sonst Zeit verblieben wäre, entsprechend (Flugzeuge zum Landen zwingen oder zerstören) zu reagieren (vgl. Jenkins 2001, S. 4).

Obwohl der Terror-Angriff teilweise auch als völlig unerwartete Provokation mit dem Angriff auf Pearl Harbor verglichen wurde, ist dieser auch hierzu komparativ einzigartig. Im Gegensatz zum Angriff auf Pearl Harbor löst der Terrorangriff bei den Amerikanern das Gefühl aus, von vielen Seiten gleichzeitig bedroht zu sein (vgl. Bracken 2002, S. 162 f).

Auswirkungen und Schadensbilanz

Die Auswirkungen der Attentate werden im folgenden Verlauf ausführlich dargelegt. An dieser Stelle werden lediglich einzelne Aspekte herausgegriffen. Am 11. September 2001 kam zum ersten Mal in der amerikanischen Geschichte der Flugverkehr im gesamten Land durch eine Vollsperrung des US-Luftraumes für die zivile Luftfahrt zum Erliegen. Nur Militärmaschinen waren am Himmel über den USA zu sehen, welche bereit waren weitere Anschläge, im Notfall auch durch Abschuss von Passagiermaschinen, zu verhindern. Quantitativ lässt sich die Schadensbilanz bspw. durch die Höhe der Gesamtforderungen gegenüber Rückversicherern illustrieren, welche 20-80 Mrd. US-$ betrugen (vgl. o.V. 2001 b, S. 8).

Der 11. September 2001 war eine neue Dimension des Terrors, welche alles bisher da gewesene in den Schatten stellte. Es hatte bereits früher Terroranschläge auf US-Bürger und Einrichtungen gegeben, doch in der Regel weit von der Heimat entfernt und nicht von diesem Ausmaß: 1983 auf eine Kaserne im Libanon und 1996 in Saudi-Arabien, 1985 auf ein Kreuzfahrtschiff im Mittelmeer, 1988 auf einen Jumbojet über Lockerbie (Großbritannien) und 1998 auf zwei amerikanische Botschaften in Ostafrika. Insgesamt gab es vor dem 11.9.2001 bereits mehr als 10.000 Ereignisse von internationalem Terrorismus seit 1968. Bei 14 Stk. kosteten die Anschläge mehr als 100 Menschen das Leben (vgl. Jenkins 2001, S. 5). Seit 1968 wurden weltweit insgesamt ca. 1.000 Amerikaner von Terroristen getötet (vgl. Hoffmann 2001, S. 42). Die Anschläge des 11. Septembers 2001 kosteten insgesamt 3.016 Menschen und verglichen zu sämtlichen Anschlägen der vorherigen dreißig Jahre mehr als zweieinhalb so vielen Amerikanern das Leben. Unter den Opfern befanden sich außerdem Bürger aus zweiundsechzig Ländern, darunter 250 Inder, 200 Pakistaner, 100 Briten, 55 Australier und 23 Japaner (vgl. Talbott, Cahnda 2001, S. VII ff).

Am 11. September 2001 traf der Terrorismus zudem seine Opfer nicht nur auf amerikanischem Boden, sondern wie bereits skizziert auch an Orten, die als symbolische Zentren des Wohlstandes, der Sicherheit und der Kraft der Nation galten. Der wirkungsvolle Angriff des WTC und des Pentagons auf eigenem Boden vermag mitunter den Glauben an die Unverwundbarkeit der Weltmacht Amerika im Allgemeinen sowie der Wirtschafts- und Militärmacht der USA im Speziellen stark zu beeinträchtigen.

Internationale Relevanz

Eine weitere Besonderheit liegt in der weltweiten Betroffenheit und Relevanz dieser Terror-Attentate. Obwohl die Anschläge vom 11.9.2001 sowohl regional als auch temporär stark und eindeutig eingeschränkt waren, breitete sich die Angst von der neuen Art des Terrorismus auf der ganzen Welt aus. Die Tatsache, dass die Anschläge vom 11.9.2001 nicht lediglich eine amerikanische Angelegenheit darstellen, ist bspw. durch folgende internationale politische Aktivitäten dokumentiert:

- Ausrufung des Artikels 5 (Bündnisfall) zum ersten Mal in der Geschichte der NATO;
- weltweite (außer dem Irak) Verdammung der Anschläge; UN-Resolutionen zu den Anschlägen (Nr. 1368 vom 12. September 2001 und Nr. 1368 vom 28. September 2001): Verdammung und Recht auf Selbstverteidigung (vgl. Mahajan 2002, S. 20 ff).

Wie bereits erläutert liegt eine Erklärung dieser internationalen Relevanz darin begründet, dass zum ersten Mal entführte Flugzeuge mit Passagieren an Bord als „lebendige Waffen" eingesetzt wurden und somit neben den Amerikanern auch der Rest der Welt von dieser neuartigen und kriegsähnlichen Bedrohung terroristischer Aktivitäten betroffen ist. Der Soziologe Wolfgang Sofsky verbindet mit den Anschlägen vom 11.9.2001 bspw. „(...) den historischen Übergang vom Terrorismus zum neuen Terrorkrieg" (Thamm 2002, S. 3).

Auswirkungen des 11.9.2001 in den ersten Tagen

Allgemeine Veränderungen

In Folge der Anschläge des 11. Septembers 2001 reagierten die internationalen Finanzmärkte mit teilweise dramatischen Kurseinbrüchen. So gaben die Kurse an den europäischen Aktienbörsen am Tag der Anschläge zeitweise um rund zehn Prozent nach. Bei der unweit des durch die Anschläge zerstörten World Trade Centers gelegenen New Yorker Börse und der Computerbörse Nasdaq wurde die Eröffnung der Aktienmärkte zunächst verschoben – später jedoch vollständig abgesagt. Auch die Börse in Japan musste deutliche Verluste hinnehmen. Der Nikkei-Index sank trotz kräftiger Finanzhilfen der japanischen Staatsbank um 519 Punkte auf ein 17-Jahres-Tief von 9.773 Zählern. Die Börse in Japan hatte den Handel wegen der Anschläge mit halbstündiger Verspätung eröffnet.

Ebenso brach der DAX in der Spitze um gut zehn Prozent auf 4.230 Punkte ein, dem niedrigsten Niveau seit Oktober 1998. Zu den größten Verlierern unter den Einzelwerten gehörte der weltgrößte Rückversicherer Münchener Rück. Der Titel brach ein, nachdem bekannt geworden war, dass die Münchner auch Teile des World Trade Centers versichert hatten. Mit Verlusten von über zehn Prozent zeigten sich allerdings auch die Finanzwerte der Commerzbank, der HypoVereinsbank und der Deutschen Bank äußerst elastisch. Auch die Aktien der Touristiktitel Preussag und Deutsche Lufthansa brachen ein (vgl. o.V. 2003 c, www). An den bis zum 17. September 2001 geschlossenen amerikanischen Börsen kam es nach Wiedereröffnung ebenfalls zu dramatischen Kursstürzen; der Dow Jones verlor alleine an diesem Tag 700 Punkte und innerhalb von nur fünf Tagen 1299 Punkte (vgl. o.V. 2003 d, www). Im Gegenzug erfolgte eine Bewegung der Kapitalströme in Richtung der traditionellen Fluchtwerte: so kauften die Marktteilnehmer vermehrt festverzinsliche Wertpapiere, was zu einem Anstieg führte. Auch der Goldpreis stieg aufgrund einer erhöhten Nachfrage nach dem Edelmetall. Aufgrund der Unsicherheiten über die Reaktionen in den ölreichen Gebieten im nahen Osten tendierte auch der seit Mitte August 2001 relativ stabile Ölpreis in Folge der Anschläge deutlich in die Höhe (er stieg von 27 US-\$ auf mehr als 29 US-\$ pro Barrel) (vgl. o.V. 2001 t, www).

Auch im Alltagsleben führten die Ereignisse des 11. Septembers 2001 zu Veränderungen. Obwohl Bundesinnenminister Otto Schily (SPD) am Abend der Anschläge in Berlin sagte: „Es gibt keine Erkenntnisse, welche die Sorge rechtfertigt, dass Deutschland im Kreis der Anschläge einbezogen wird", verstärkte die Bundeswehr den Schutz ihrer Einrichtungen. Außerdem wurden in ganz Deutschland die Sicherheitsvorkehrungen auf den Flughäfen, sowie für Einrichtungen der USA und Israels deutlich verschärft.

Die Situation baute auch eine neue Bedrohungskulisse auf. Als Vorsichtsmaßnahme oder aufgrund konkreter Bedrohungen wurden weltweit Gebäude geräumt. Beispielsweise ging eine Bombendrohung am Abend des 11. Septembers 2001 gegen die Frankfurter Börse ein, woraufhin diese geräumt wurde. Auch Gebäude, welche ein erhöhtes Gefahrenpotenzial aufwiesen, wurden zusätzlich geschützt. Der Kraftwerksbetreiber RWE erhöhte z.B. nach den Terroranschlägen in den USA den Objektschutz für seine Atommeiler (vgl. o.V. 2003 e, www). Für zusätzliche Verunsicherungen sorgten die Befürchtungen unmittelbar bevorstehender militärischer Gegenschläge der USA.

7.2 Die Folgen für die Luftfahrtbranche

Die Anschläge des 11. Septembers 2001 trafen die Luftverkehrsbranche besonders hart. Von den Terroranschlägen direkt betroffen waren die US-Fluggesellschaften American Airlines und United Airlines, da ihre Maschinen von den Entführern bei den Anschlägen als Waffen gegen das World Trade Center und das Pentagon eingesetzt wurden. Durch die Sperrung des amerikanischen Luftraumes und dem damit verbundenem Ausfall von bis zu 4.500 Flügen täglich, mussten die Airlines Verluste von einer bis zwei Milliarden US-$ hinnehmen (vgl. Goodrich 2002, S. 3). Auch die Deutsche Flugsicherung ordnete auf Anweisung der Bundesregierung einen vorläufigen Stopp aller Flüge von Deutschland mit dem Ziel USA an.

Nach der Wiederaufnahme der Flüge lagen die Buchungszahlen in den USA allerdings im Vergleich zu Tagen vor den Anschlägen um bis zu 50 Prozent zurück. Der internationale Luftfahrt-Verband IATA schätzte, dass die direkten Umsatzrückgänge und Zusatzausgaben die Branche weltweit rund zehn Milliarden US-$ kosten würden. Die täglichen Verluste für die gesamte Flugindustrie bezifferte Continental Airlines-Vorstand Gordon Bethune auf 300 Millionen US-$.

Als direkte Konsequenz der Anschläge kündigten die viertgrößte US-Fluggesellschaft Northwest Airlines und die Nummer zwei in den USA, United Airlines, die Streichung jedes fünften ihrer geplanten Flüge an. Außerdem ließen fast alle amerikanischen Fluggesellschaften verlauten, sie werden die Zahl ihrer Mitarbeiter überprüfen und gegebenenfalls an die sich verändernden Bedingungen anpassen müssen. Bereits einen Tag nach den Anschlägen hatte mit der seit längerem angeschlagenen Midway Airlines eine erste regional operierende US-Fluggesellschaft den Betrieb eingestellt und 1.700 Mitarbeiter entlassen (vgl. o.V. 2003 f, www).

Die dramatische Situation lässt sich gut an dem Beispiel Continental Airlines illustrieren: diese bezifferte die täglichen Verluste des Unternehmens als Folge der Terror-Anschläge auf 30 Millionen US-$ und schloss einen Konkurs bis Ende Oktober nicht aus. Als Folge der rückläufigen Nachfrage und der Kosten für die dramatisch gestiegenen Sicherheitsanforderungen kündigte die Fluggesellschaft die Entlassung von 12.000 Mitarbeitern sowie eine Kürzung ihres Flugplans um rund 20 Prozent an.

Auf die Frage, ob Continental Gläubigerschutz beantragen werde, sagte Vorstand Bethune: „Bei den prognostizierten aktuellen Verlusten und dem erwarteten Umsatzverlust von 50 Prozent, wäre es weise von uns, das Unternehmen irgendwann gegen Ende Oktober zu restrukturieren, bevor es wirklich zum Stillstand kommt"[1] (ebenda, www).

Die Deutsche Lufthansa AG

Bereits die viertägige Sperrung des amerikanischen Luftraums brachte für die Deutsche Lufthansa sowohl operational als auch wirtschaftlich beträchtliche Belastungen. Unmittelbar betroffen waren zunächst die 23 Lufthansa Jets mit ca. 5.000 Passagieren an Bord, welche sich auf direktem Weg nach oder von Nordamerika befanden (vgl. Abbildung 7-1; Hätty, Hollmeier 2003, S. 53). 13 von ihnen konnten noch nach Deutschland zurückkehren, die übrigen mussten auf Ausweichflughäfen landen. Das letzte dieser Flugzeuge konnte erst am 17. September Kanada verlassen. Insgesamt musste die Deutsche Lufthansa in diesen Tagen 223 Flüge streichen. 56.000 Fluggäste konnten nicht wie gebucht reisen. Viele andere waren so verunsichert, dass sie ihre geplanten Flüge gar nicht erst antraten: Die Zahl der Passagiere, welche nicht zu ihrem gebuchten Flug erschienen, lag zeitweise 50 Prozent über den Werten normaler Flugtage. Die Erlösausfälle und die Zusatzkosten für die Betreuung der gestrandeten Passagiere summieren sich auf 46 Mio. Euro, hinzukommen 10 Mio. Euro Belastung der Lufthansa Cargo. Durch die Sperrung des Luftraums konnten drei Frachtflugzeuge der Cargo Airline die USA oder Kanada nicht verlassen.

---

1) Continental war vor den Attentaten eine von zwei US-Fluggesellschaften, für die Experten noch einen Gewinn für das Jahr 2001 prognostiziert hatten.

Abbildung

7-1

Umgeleitete Flüge der Lufthansa nach dem 11. September 2001
(Quelle: Deutsche Lufthansa AG)

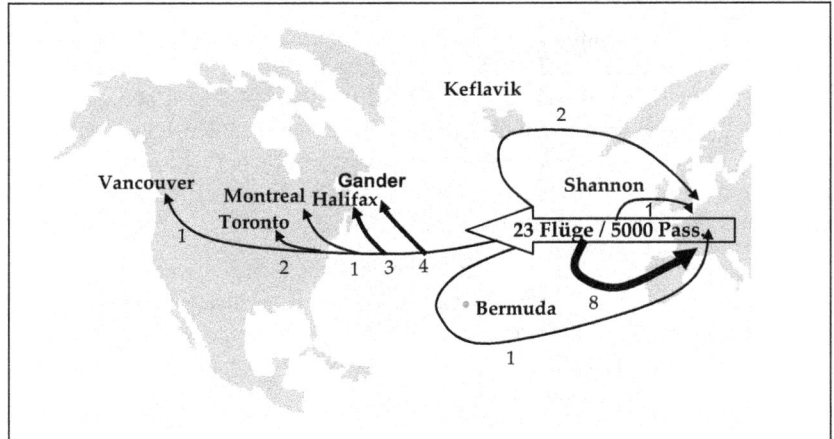

Ein Embargo hatte zudem die Annahme von Luftfracht von und nach Nordamerika verboten, welches erst am 15. September aufgehoben wurde. Ausfälle in Höhe von 14 Mio. Euro hat auch LSG Sky Chefs vom 11. bis 15. September erlitten. Die Sperrung des Luftraums bedeutete für den führenden Airline Caterer in seinem Hauptmarkt Nordamerika – LSG generiert dort mehr als 40 Prozent ihres Umsatzes – einen totalen Erlösausfall (vgl. Deutsche Lufthansa AG 2001 a, S. 28 f).

Neben den direkten Kosten, entstanden auch Aufwendungen durch Rücknahmen bestehender Verträge. So wurden beispielsweise sofort nach den Anschlägen weltweit alle laufenden Werbemaßnahmen, in Zusammenarbeit mit den Lufthansa-Medienagenturen und Dienstleistern, storniert. Nur vereinzelt konnte die Veröffentlichung von Anzeigen nicht mehr rechtzeitig verhindert werden (vgl. Deutsche Lufthansa AG 2001 b, www).

Der Rückgang des Sitzladefaktors der Lufthansa Passage, des Nutzladefaktors der Lufthansa Cargo sowie der Gesamt-Nutzladefaktor des Lufthansa-Konzerns für den Oktober 2001 im Vergleich zum Vorjahr sind in folgender Abbildung 7-2 aufgeführt.

Veränderung der Auslastung Oktober 2001 gegenüber Vorjahr
(Quelle: Deutsche Lufthansa AG, Monatsbericht 9/2001)

Abbildung

7-2

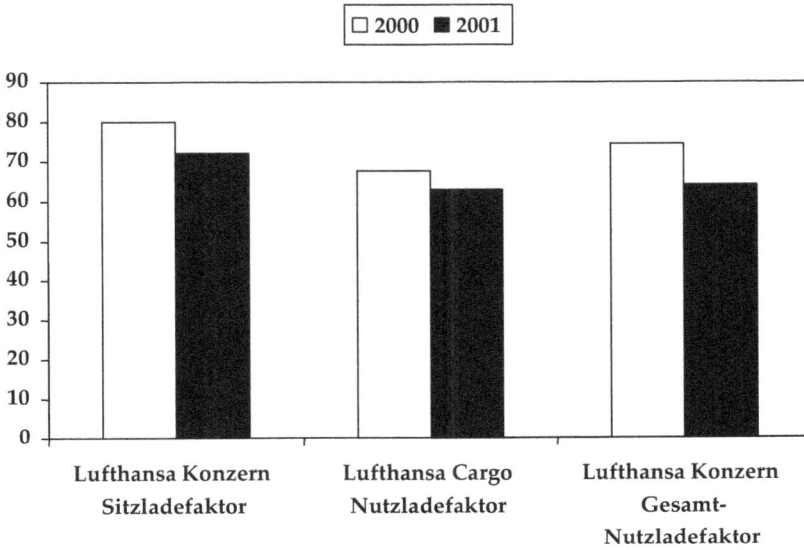

| □ 2000 | ■ 2001 |

Lufthansa Konzern
Sitzladefaktor

Lufthansa Cargo
Nutzladefaktor

Lufthansa Konzern
Gesamt-
Nutzladefaktor

Auswirkungen des 11.9.2001 im ersten Quartal

Im Folgenden werden die Auswirkungen der Anschläge des 11. Septembers 2001 auf die allgemeine wirtschaftliche Lage, die Situation der Luftfahrtbranche und die Einstellungen der Amerikaner dargestellt. Insbesondere wird hierbei auf die Deutsche Lufthansa AG und ihre Modelle zur Krisenbewältigung eingegangen.

Allgemeine Veränderungen

Die globale wirtschaftliche Lage

Die Ereignisse vom 11. September und die nachfolgenden politischen Entwicklungen verstärken die Unsicherheit weiter, welche für Märkte, Unternehmen und Verbraucher bereits zuvor spürbar waren. Der unmittelbare Schaden für die Infrastruktur in den USA ist angesichts der Größe der Volkswirtschaft begrenzt. Die Verluste an Menschenleben waren jedoch enorm, und zusammen mit den jetzt angelaufenen militärischen Operationen schafft dies – nicht nur in den USA, sondern weltweit – ein Gefühl der Unsicherheit. Risikobereitschaft und Vertrauen haben allgemein abgenommen (vgl. Hoge, Rose 2001, S. XXII). So sank auch das Konsumentenvertrauen: kurz nach den Anschlägen antworteten 40 Prozent auf eine CNN-Umfrage, dass sie ihre Ausgaben einschränken wollen, 42 Prozent planten eine Reduzierung ihrer Flugreisen in Folge der Anschläge (vgl. Baily 2001, S. 267). Die meisten Beobachter sehen in ihren Voraussagen für die USA zwei bis drei Quartale des wirtschaftlichen Rückgangs voraus, beginnend mit dem dritten Quartal des Jahres 2001. Ähnliches wird für die Wirtschaft in Japan erwartet, welche bereits unter Deflations- und Strukturproblemen zu leiden hat und nun vor einer längeren Stagnationsperiode zu stehen scheint (vgl. o.V. 2001 b, S. 7).

Die EU-Wirtschaft ist weitgehend frei von größeren externen Ungleichgewichten, Strukturreformen haben sie widerstandsfähiger gemacht. Dennoch erwarteten Beobachter für das Jahr 2001 ein Wachstum von 1,5 Prozent (vgl. hierzu Abbildung 8-1); ein zeitweiliger Rückgang des BIP konnte zudem nicht ausgeschlossen werden.

Abbildung

8-1

Reales Bruttoinlandsprodukt in ausgewählten Regionen der Weltwirtschaft
(Quelle: Deutsches Institut für Wirtschaftsforschung 2001)

Veränderungen gegenüber dem Vorjahr in %			
	2000	2001	2002
Industrieländer insgesamt darunter:	3,4	0,9	1,4
USA	4,1	0,9	1,7
Japan	1,5	-0,6	-0,3
Euroraum	3,4	1,5	1,8
Übriges Westeuropa	3,1	1,4	2,1
Schwellenländer darunter:			
Mittel- und Osteuropa	5,7	3,7	3,0
Ostasien[1]	7,3	1,5	3,5
Lateinamerika[2]	4,0	0,8	2,0
Insgesamt[3]	3,9	1,0	1,6
Nachrichtlich: Welthandel real	12,5	1,0	3,5

[1] Gewichteter Durchschnitt aus: Südkorea, Taiwan, Indonesien, Thailand, Malaysia, Hongkong, Singapur, Philippinen. Gewichtet mit dem Bruttoinlandsprodukt von 2000 in US-Dollar.

[2] Gewichteter Durchschnitt aus: Brasilien, Mexiko, Argentinien, Kolumbien, Venezuela, Chile. Gewichtet mit dem Bruttoinlandsprodukt von 2000 in US-Dollar.

[3] Summe der aufgeführten Ländergruppen. Gewichtet mit dem Bruttoinlandsprodukt von 2000 in US-Dollar.

Die Widerstandsfähigkeit der EU-Wirtschaft zeigt sich im Niveau des Unternehmens- und Verbrauchervertrauens, das zwar spürbar zurückgegangen ist, aber immer noch über den in früheren Rezessionsphasen verzeichneten Werten liegt (vgl. o.V. 2001 b, S. 7).

Besonders hart trafen die nach dem 11. September 2001 auftretenden Verwerfungen neben der Luftfahrtbranche den Finanzsektor, die Versicherungs- und die Touristikbranche. So haben die Finanzmärkte erhebliche, wenn auch zeitlich begrenzte, Störungen erlebt, welche die Risikobereitschaft dämpft, die Liquidität potenziell verringert und eine höhere Risikostreuung bewirkt. Als Reaktion auf die Ereignisse haben Zentralbanken weltweit die Zinsen gesenkt, sowohl die Federal Reserve der USA als auch die EZB um je einen halben Prozentpunkt. Anschließend kam in den USA am 1. Oktober eine weitere Senkung auf das niedrigste Niveau seit 1962. Dennoch gibt es neue Sorgen um die Erlöse, und niedrigere Aktienkurse können sich nachhaltig auf das Konsumverhalten auswirken (vgl. o.V. 2001 b, S. 8).

Die gestiegene Unsicherheit hält die privaten Haushalte von geplanten Käufen ab und führt bei Unternehmen zu verhaltenen Dispositionen sowie einem Zurückstellen von Investitionen. Fraglich ist nun, ob diese Effekte überwiegend transitorisch sind, und sich die Verbrauchs- und Investitionsgewohnheiten mit der Zeit wieder alten Mustern annähern (vgl. Droege & Comp. 2003, S. 5).

Es zeigten sich zudem weltweite Auswirkungen auf den Sektor Versicherungen und Rückversicherungen. Schätzungen der Gesamthöhe der Forderungen schwanken zwischen 20 und 80 Mrd. US-$ (vgl. o.V. 2001 b, S. 8; o.V. 2002 r, www). Nach Schätzungen der „Macroeconomic Advisor" wurden alleine 13 Mrd. US-$ an privaten und öffentlichen Eigentum zerstört, weitere 24 Mrd. US-$ gingen aufgrund niedrigerer Wirtschaftsaktivitäten verloren (vgl. Baily 2001, S. 270). Während die Forderungen aufgrund der Attentate selbst, wie allgemein erwartet wird, keine größeren Probleme für die finanzielle Situation des betroffenen Sektors haben dürften, ist der Rückgang der Aktienmärkte umso gravierender. Er hatte bereits vor dem 11. September Schwierigkeiten bereitet (Aktien machen rund 30 Prozent der Investitionen der Versicherungsunternehmen aus).

Weiterhin dürften sowohl die Touristikbranche als auch bestimmte Reiseziele Beeinträchtigungen erfahren, allerdings in unterschiedlichem Maße. Reiseveranstalter und Reisebüros, die Urlaubsreisen zu Überseezielen organisieren, welche von den aktuellen Ereignissen betroffen waren, oder die Langstreckenflüge und teurere Hotelzimmer in Hauptstädten vermarkten, waren am stärksten betroffen (vgl. o.V. 2001 b, S. 8). So z.B. das Marriott Financial Center an der West Street in New York, nur einen Steinwurf vom World Trade Center entfernt. Das 500-Zimmer-Hotel wurde nach dem 11. September zeitweilig in eine Auffangstation für das Rote Kreuz umgewandelt. Monate nach den Anschlägen kostet das Zimmer am Wochenende lediglich 129 US-$, anstatt der 190 US-$, welche das Marriott vor dem 11. September in Rechnung stellte. Für Manager John Magnifico fing die Krise allerdings bereits vor dem 11. September an: Im Zuge des sich abzeichnenden Abschwungs blieben die Geschäftsreisenden aus:

„Vor dem 11. September war unsere Auslastung auf ungefähr 75 Prozent gefallen. Heute sind wir bei 65 Prozent, und wir sind damit nicht unzufrieden. (…) wir verzichten im Moment noch auf 60 Mitarbeiter von unserer Belegschaft. Und so geht es vielen Hotels in New York."

Neben den großen Metropolen fehlen die Besucher auch in den traditionellen amerikanischen Urlaubszielen, nachdem der Flugverkehr über Wochen zusammenbrach. Die Amerikaner blieben zuhause, anstatt sich in Las Vegas, Orlando und Honolulu zu vergnügen (vgl. Schwalb 2002, www).

8.1.2 Kurzfristige Auswirkungen auf die Amerikaner

Eine erste Reaktion vieler Amerikaner und Menschen in aller Welt war neben der Betroffenheit und der Trauer der Ruf nach Vergeltung. Besonders gut lässt sich dies an der spontanen Äußerung des Präsidenten der Vereinigten Staaten von Amerika, George W. Bush, festmachen, der kurz nach den Anschlägen sagte: „We will hunt those folks down". Diese Meinung teilten auch viele weitere hohe Repräsentanten der Regierung, insbesondere der Verteidigungsminister Rumsfeld und sein Stellvertreter Wolfowitz. Die so genannten „Falken" forderten ein schnelles und hartes Vorgehen gegen die Verantwortlichen der Anschläge, insbesondere gegen Osama Bin Laden und das al-Kaida-Netzwerk. Auch weltweit wurde diese schnelle und harte Reaktion Amerikas erwartet, aber besonders in Europa befürchteten Kritiker Konsequenzen und unüberschaubare Folgen durch ein vorschnelles Handeln.

Im Gegensatz zu allen Erwartungen handelte die Bush Administration in den Wochen und Monaten nach den Anschlägen aber bedacht und vorsichtig: das Vorgehen wurde gründlich mit den Verbündeten und vielen anderen Staaten und Organisationen abgestimmt, und es wurde Wert auf einen breiten Konsens – auch mit der arabischen Welt – gelegt. Diese stärker verhaltene Politik wurde und wird insbesondere durch den Außenminister Powell vertreten, der versuchte, ein weltweites Bündnis gegen den Terror aufzubauen (vgl. Berggötz 2002, S. 140 f).

So wurde Powell eine Vermittlerrolle zwischen Gegnern und Befürwortern eines militärischen Eingreifens zuteil. Dieser Zwiespalt zwischen „Tauben" und „Falken" war allerdings außenpolitisch sichtbar, da die Amerikaner sich nach dem ersten Schock hinter ihren Präsidenten sammelten, was in solchen Krisenzeiten ein übliches Verhalten dokumentiert. Dieser so genannte „rallying effect", also die Tatsache, dass ein amerikanischer Präsident in Krisenzeiten generell hohe Zustimmungsraten seitens der Öffentlichkeit für sein Handeln bekommt (vgl. Mueller 1999, aus Berggötz 2002, S. 141), ließ auch alle Kritiker auf die Linie des Präsidenten einschwenken. So verstummten die Debatten über die Unregelmäßigkeiten bei der Präsidentschaftswahl oder die Kritik an der Politik und der Befähigung des Präsidenten. Als Beispiel ist das Verhalten der Demokraten zu nennen – sie verfügten im Senat über die Mehrheit und stellten die Vorsitzenden in den wichtigen Ausschüssen für Militär- und Außenpolitik (Levin und Biden): nach dem 11. September 2001 verstummte ihre Kritik an dem geplanten Raketenabwehrsystem und sie stellten sich demonstrativ hinter den Präsidenten. Dieses Verhalten spiegelt die Wahrnehmung vieler Amerikaner wieder: Kritiker des Präsidenten werden als unpatriotisch und teilweise darüber hinaus als Landesverräter angesehen (vgl. Birnbaum 2001, S. 207).

Dokumentiert wurde dieses Verhalten in einer Studie des „Pew Research Centre for the People & the Press", welche in den Tagen nach den Anschlägen durchgeführt wurde (vgl. o.V. 2001 e): eine positive Beurteilung der Leistung von George W. Bush stieg von 51 Prozent, wenige Wochen vor den Anschlägen, auf 80 Prozent an; die Zustimmung zur Vorgehensweise während und nach den Anschlägen stieg sogar deutlich über 80 Prozent – ein historisch hohes Niveau.

Dieses Gefühl der Zusammengehörigkeit und Einheit steht im Gegensatz zu den am Anfang dieses Kapitels bereits genannten Ängsten und der Trauer. Die Bilder des 11. Septembers 2001 hinterließen deutlich stärkere Spuren und bewirkten eine noch tiefere Anteilnahme als z.B. die Ereignisse während des Golfkrieges 1990. Fast zwei Drittel aller Befragten äußerten ein Gefühl der Niedergeschlagenheit und gaben an, Schwierigkeiten zu haben, sich zu konzentrieren; ein Drittel berichtete sogar von Schlafstörungen. So gingen Schätzungen kurz nach den Anschlägen davon aus, dass bis zu 40.000 Menschen an post-traumatischen Stresssymptomen erkranken und behandlungsbedürftig werden könnten: Überlebende, Augenzeugen, Angehörige der Opfer und Rettungskräfte (vgl. Boodman 2001, aus Daufenbach 2002, S. 227 f).

Aber trotz dieser traumatischen Bilder und Erlebnisse konnten viele Amerikaner, wie überall in der Welt, nicht genügend Informationen über die aktuellen Geschehnisse erhalten. Nachdem viele die Nachricht über die Anschläge durch interpersonelle Kontakte oder das Radio bezogen, avancierte das Fernsehen schnell zur dominanten Informationsquelle. So berichteten Fernsehsender überall auf der Welt live aus den USA, und sendeten fast ohne Unterbrechung, bzw. verzichteten komplett auf Werbeeinblendungen. Die amerikanische Bevölkerung verfolgte diese Berichterstattung gebannt, fast 60 Prozent gaben an, nicht aufhören zu können, immer wieder die Bilder betrachten zu müssen – in Bezug auf ihre Kinder verhielten sich viele Eltern jedoch restriktiver, indem fast die Hälfte den Nachrichtenkonsum ihrer Kinder einschränkte. Gleichzeitig gab eine große Mehrheit an, in Folge der Anschläge mehr zu beten, was wiederum auf die Tiefe der Verletztheit und Betroffenheit hindeutet.

Neben diesen inneren Einstellungen und dem Verhalten veränderten die Anschläge auch die Sicht der Amerikaner in Bezug auf den Einsatz amerikanischer Soldaten als Ordnungs- und Schutzmacht in aller Welt. Nach dem Trauma Vietnam und dem in den Augen der Amerikaner schmachvollen Rückzug aus Somalia, unterstützen sie nun ein militärisches Vorgehen gegen die Verantwortlichen, trotz Inkaufnahme eigener Verluste und einem nicht unmittelbar absehbaren Ende dieses Krieges gegen den Terror. Sogar die Liquidierung von Gegnern durch die CIA wird von zwei Dritteln akzeptiert. Im Gegenteil zur Zustimmung bezüglich der Außenpolitik und einem Krieg gegen die Urheber der Anschläge zeigen sich die Amerikaner ablehnend gegenüber einer Einengung der Privatsphäre im Zuge des Kampfes gegen

Terrorismus: ein Großteil lehnt z.B. die Überwachung von E-Mails und privaten Telefonaten weiterhin ab; bei der Überwachung von Finanztransaktionen halten sich Zustimmung und Ablehnung die Waage; nur bei der Einführung einer Mitführpflicht des Personalausweises gibt es wiederum Zustimmung.

Auch wegen der hier aufgeführten Veränderungen in der Wahrnehmung und den Einstellungen vieler Amerikaner gaben bei der hier angesprochenen Untersuchung 25 Prozent an, über eine Absage geplanter Flüge oder Besuche in Großstädten nachzudenken. Dies war fast eine Verdoppelung im Vergleich zu den Umfrageergebnissen während des Golfkrieges 1990. In dem nun folgenden Kapitel werden unter anderem die Auswirkungen dieser Veränderungen auf die Luftfahrtbranche näher beschrieben (vgl. o.V. 2001 e).

8.2   Die Luftfahrtbranche

Die Folgen der Terroranschläge von New York und Washington haben den Weltluftverkehr in seine tiefste Krise seit dem 2. Weltkrieg gestürzt. Dramatische Einbrüche waren vom 11. September 2001 bis zum Jahresende zu verkraften. Das Aufkommen in der Passage im internationalen Luftverkehr sank im Gesamtjahr weltweit um vier Prozent, im Frachtaufkommen sogar um acht Prozent.

Als Konsequenz daraus gingen ganze Entlassungswellen durch die Flugindustrie. Ob amerikanische Fluglinien, wie Continental, US Airways oder Delta, oder europäische, wie beispielsweise British Airways, fast jede der großen Gesellschaften entließ tausende Angestellte (vgl. Goodrich 2002, S. 3). Bis Ende 2001 verloren rund 200.000[1] Menschen weltweit ihren Arbeitsplatz in der Luftfahrtindustrie und 2.100 Verkehrsflugzeuge waren Mangels Auslastung weltweit geparkt (vgl. Bisignani 2002, S. 8; Deutsche Lufthansa AG 2001 a, S. 29).

Während das Geschäft mit den lukrativen Geschäftsreisenden schon lange vor dem 11. September rückläufig war (vgl. Kapitel 6.1.2), markierte die kollektive Flugangst nach den Terroranschlägen einen neuen Tiefpunkt. Abbildung 8-2 zeigt eine Studie des Allensbach Institutes für Demografie im Oktober 2001, in der die Flugangst vieler Passagiere offenkundig wird.

---

1) Darunter fallen Arbeitsplätze in der gesamten Luftfahrtindustrie. So erklärte der Flugzeughersteller Boeing am 17. September 2001, dass in Folge der Anschläge rund 30.000 Mitarbeiter entlassen werden müssten (vgl. o.V. 2002 q, www).

Umfrageergebnisse vom Oktober 2001 zum Flugverzicht in Folge des 11.9.2001
(Quelle: Deutsche Lufthansa AG)

Abbildung

8-2

"Werden Sie jetzt nach den Terroranschlägen versuchen, weitgehend auf Flüge zu verzichten oder weniger oft zu fliegen, oder werden Sie möglichst bestimmte Routen meiden, oder sehen Sie keinen Anlass, etwas anders zu machen als früher?"

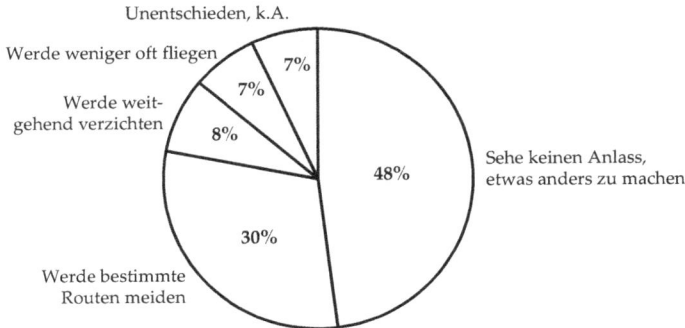

Besondere Zurückhaltung war bei Reisenden aus Amerika, Japan und dem Nahen Osten zu bemerken. Aus diesen Ländern waren Rückgänge der Flugreisen nach Europa bis zu 30 Prozent – nach Irland und Großbritannien noch deutlich höher – zu verzeichnen. Besonders schmerzlich war der weitere Einbruch bei den First und Business Class Buchungen, die sich für die Fluggesellschaften wirtschaftlich am stärksten auswirkten (vgl. o. V. 2001 s, S. 4 ff). Sie sind deshalb von großer Bedeutung, weil Business-Trips mit einem Volumen von lediglich zehn Prozent rund die Hälfte der Umsätze beisteuern. So brachte das vierte Quartal 2001 der Branche Verluste in Milliardenhöhe und einige der Fluggesellschaften an den Rand des wirtschaftlichen Überlebens. Der internationale Dachverband der Weltluftfahrt, die IATA, schätzt die Verluste ihrer 274 Mitglieder auf 12 Mrd. US-$, bzw. bei Einrechnung des Inlandverkehrs sogar 18 Mrd. US-$ (vgl. Bisignani 2002, S. 8; Kantor 2002, www); das ist mehr als die Branche in zwanzig Jahren an kumulierten Ergebnissen eingeflogen hat. Belastend waren auch die zusätzlichen Sicherheitsmaßnahmen und die dramatisch gestiegenen Kosten für den Versicherungsschutz der Flugzeugflotten (vgl. Deutsche Lufthansa AG; vgl. Abbildung 8-3).

Abbildung
8-3

Ergebnisse der IATA Gesellschaften
(Quelle: Deutsche Lufthansa AG)

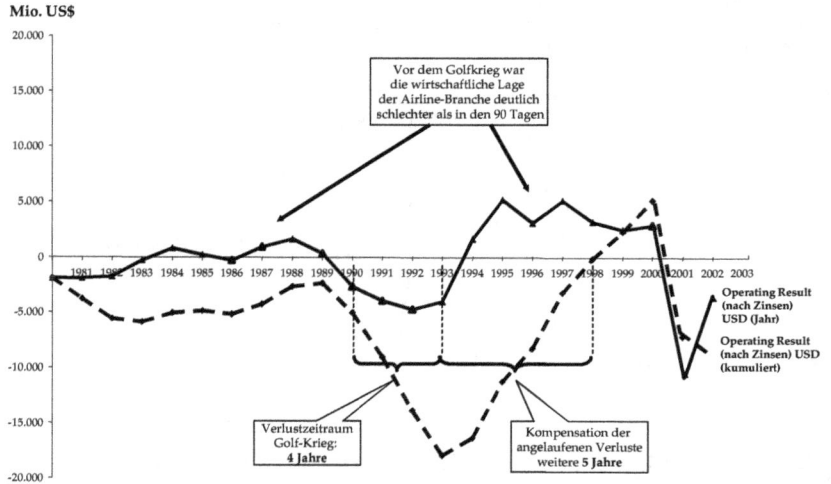

8.2.1 USA

Besonders stark betroffen von den Terroranschlägen sind die nordamerikanischen Fluggesellschaften: Alleine in den USA meldeten sie im Anschluss an die Attentate für das Jahr 2001 Verluste in der Größenordnung von 10 Milliarden US-$ und einem durchschnittlichen Umsatzeinbruch in Höhe von 35 bis 40 Prozent (vgl. o.V. 2002 i, www). Die weiterreichenden Folgekosten bezifferten die Fluggesellschaften auf 18 bis 33 Milliarden US-$ (vgl. o.V. 2001 a, S. 4). Außerdem kündigte der US-Verband der Fluggesellschaften (ATA) den Verlust von etwa 100.000 Arbeitsplätzen im Luftverkehrssektor der Vereinigten Staaten an; so gaben bereits einen Monat nach den Anschlägen alleine American Airlines den Verlust von 20.000, United Airlines den von weiteren 20.000 und Continental Airlines den Verlust von 13.000 Jobs bekannt (vgl. Baily 2001, S. 270; Goodrich 2002, S. 3; o.V. 2001 a, S. 4).

Im Eilverfahren verabschiedete der amerikanische Kongress am 21. September 2001 eine Reihe von Maßnahmen, für die bis zu 18 Milliarden US-$ bereitgestellt wurden; dazu gehören im Wesentlichen[2] (vgl. nachfolgend o.V. 2001 a, S. 4 f):

---

2) Die Hilfe ist an bestimmte Bedingungen geknüpft: Einfrierung der Spitzengehälter auf einem bestimmten Niveau bis zum 11. September 2003 und Verpflichtung der Luftfahrtunternehmen, Verbindungen von allgemeinem Interesse („Essential Air Service") aufrechtzuerhalten.

- eine direkte und unverzüglich bereitgestellte Hilfe in Höhe von 5 Milliarden US-$ zur Entschädigung der amerikanischen Fluggesellschaften für ihre unmittelbaren Verluste aufgrund der Sperrung des Luftraums und aufgrund der Auswirkungen der Attentate auf den Luftverkehr zwischen dem 11. September und dem 31. Dezember 2001. Diese Hilfe wird proportional zur Kapazität (Sitzkilometer) der einzelnen Gesellschaften zugeteilt werden (auf Basis von Daten vor dem 11. September 2001);

- die Bereitstellung von „staatlichen Kreditinstrumenten" in Form von zinsverbilligten Darlehen der Staatskasse oder von Ausfallbürgschaften bis zu einer Höhe von 10 Milliarden US-$;

- der Einsetzung eines Rates, welcher die Vergabe der oben genannten Finanzierungsinstrumente überwacht. Er besteht aus dem Verkehrsminister oder seinem Vertreter, dem Vorsitzenden des Board of Governors der Federal Reserve, der den Vorsitz dieses Rates übernimmt, dem Finanzminister und dem Controller General;

- die Festlegung der Entschädigungskriterien: jede Fluggesellschaft muss die ihr aufgrund der Attentate entstandenen Verluste nachweisen und insbesondere alle entsprechenden wirtschaftlichen und finanziellen Belege vorweisen; die Aufsicht führen hier der Verkehrsminister und der Controller General, welche ein Audit oder eine Prüfung der Rechnungslegung des Antragstellers anordnen können;

- 3 Milliarden US-$ werden bereitgestellt für die technische Sicherheit im Luftverkehr und die Luftsicherheit; sie werden den 40 Milliarden US-$ entnommen, welche für die Entschädigung der Opfer vorgesehen sind (vgl. o.V. 2001 a, S. 4 f).

Insgesamt wurden 40 Mrd. US-$ Nothilfen für zusätzliche Staatsausgaben, verwendbar für Wiederaufbauarbeiten, das Militär und für erhöhte Sicherheitsmaßnahmen, sowie 15 Mrd. US-$ für die Airline-Industrie bewilligt (vgl. Baily 2001, S. 271). Die Fluggesellschaften standen bei der Regierung in Washington Schlange. Staatliche Subventionen waren die vermeintliche Rettung für viele Unternehmen, auch wenn ihre Schuldenberge nicht das Geringste mit dem 11. September 2001 zu tun hatten. Der Terror wurde zur willkommenen Generallegitimation bzw. -ausrede. Leo Mullin, Chef von Delta-Airlines, dritt bedeutendste Fluggesellschaft im amerikanischen Markt, warb vor dem Kongress in Washington um staatliche Hilfen: *„Es geht uns um Hilfen für eine ganze Branche. Wir wollen uns nicht mit Steuergeldern sanieren, sondern wir wollen die Schäden ausgleichen, die der 11. September verursacht hat. Damit wir auch in Zukunft als ein Motor der Wirtschaft der amerikanischen Öffentlichkeit dienen können"* (Schwalb 2002, www).

Neben dem Absatzrückgang führten die Anschläge auch zu negativen Entwicklungen auf der Kostenseite. So müssen die Fluggesellschaften nach den Anschlägen Versicherungskosten in mehrfacher Höhe zahlen, da die Versicherungsunternehmen die bestehenden Verträge, in Aussicht der zu erwartenden Zahlungen, kündigten. Ebenfalls sank die Deckungssumme der Versicherungen pro Flugzeug von 2 Milliarden US-$ auf 150 Millionen US-$ (vgl. o.V. 2001 f, S. 18). Weitere Kostentreiber sind unter anderem die Vorschriften des Department of Transportation, die Cockpit-Türen zu verstärken, und der verstärkte Einsatz von Sky-Marshals. Eine Forderung Präsident Bush's nach den Anschlägen, alle fast 25.000 täglichen Flugzeugbewegungen von mindestens einem Sky-Marshal begleiten zu lassen, erscheint aufgrund der extrem hohen Kosten jedoch utopisch (vgl. Easterbrook 2001, S. 192).

Unter Betrachtung der bereits angespannten Situation vor den Anschlägen, wirkte der 11. September 2001 und die daraus entstandenen Folgen als mächtiger Katalysator: er stürzte die Luftfahrtindustrie in den USA in eine ihrer tiefsten Krisen. Für viele Airline-Analysten ist die Situation seit dem 11. September 2001 nur mit der Lage der Branche in den späten 80'er- und frühen 90'er-Jahren vergleichbar: als irakische Truppen Kuwait besetzten und daraufhin eine internationale Koalition unter Führung der Amerikaner den Irak angriff, geriet die amerikanische Airline-Branche in eine Krise, die für Pan Am und Eastern die Insolvenz zur Folge hatte und andere namhafte US-Airlines wie America West, Continental, Northwest und TWA in eine bedrohliche Lage versetzte.

Darin erkennen Branchenexperten deutliche Parallelen zu den Entwicklungen nach dem 11. September 2001. Weniger klar ist die Antwort auf die Frage, ob die Airline-Manager aus den Erfahrungen, die sie damals machen mussten, gelernt haben. Zweifel an der Effektivität des Krisenmanagement sind jedoch angebracht.

Der Einschätzung eines der prominentesten Branchenexperten des amerikanischen Kontinents, Stuart Klaskin (Klaskin, Kushner & Company) folgend, versucht die Branche durchaus, emsig die Lektionen der letzten 23 Jahre seit der Deregulierung des US-amerikanischen Airline-Marktes anzuwenden. Allerdings zweifelt Klaskin daran, dass dies mit der nötigen Effektivität geschieht. Dafür nennt er ein Beispiel: Die meisten Fluggesellschaften strichen nach dem 11. September 2001 zwar umgehend Personalstellen, Kapazitäten und Overhead-Kosten, was laut Klaskin jedoch mitunter willkürlich und planlos ohne Berücksichtigung langfristiger Auswirkungen auf die Marktplatzierung der einzelnen Carrier geschah. Außerdem hält es Klaskin für wenig sinnvoll, breit angelegte Preis-Discounts mit Kapazitätsreduktionen zu kombinieren. Diese Praxis sei äußerst schädlich für die langfristige Gewinnsituation. Er vertritt die Meinung, dass die fortgesetzte Tarif-Sonderangebote (welche Einnahmen – wenn auch niedrigere – generieren sollen), für lange Zeit Erwartungen auf niedrige Ticketpreise wecken werden. Mit dieser Strategie wird es sich die Branche schwer machen, bei einer verbesserten Wirtschaftslage und steigendem Verkehrsaufkommen wieder mit höheren Tarifen

Druck auf das Preisniveau auszuüben. Darüber hinaus ergänzt Klaskin, „(...) glaube ich, dass wir bis jetzt nicht sehr gut darin waren, uns die Vorteile der globalen Airline-Allianzen zunutze zu machen, um damit individuelle Marken zu stärken, während wir gleichzeitig die Kosten querbeet reduzieren" (o.V. 2002 a, www).

Dass ein Umgang mit den Folgen des 11. Septembers 2001 auch auf andere Weise erfolgen konnte, zeigten amerikanische Low-Cost-Anbieter wie Jet Blue: sie expandierten. Das zwei Jahre alte Unternehmen mit Firmensitz am Kennedy Airport in New York flog im Katastrophenjahr 2001 ca. 38 Mio. US-$ Gewinn ein. Außerdem strebt Jet Blue eine Notierung an der Börse an, um die Anschaffung zwölf neuer Flugzeuge zu finanzieren.

Kleine Fluglinien wie Jet Blue, Frontier und AirTran registrierten, was sich schon im Einzelhandel gezeigt hatte. Viele Amerikaner haben ihr Konsumverhalten geändert. Während traditionelle Kaufhäuser wie Macy's und Bloomingdale's Kunden an die billigere Discount-Konkurrenz wie Wal-Mart verlieren, scheinen auch billigere Flugtickets zunehmend attraktiver.

Und noch etwas zeigt sich: Die Kleinen appellierten erfolgreich an die Psyche der Amerikaner. Innerhalb weniger Wochen, und damit lange vor jeder großen Fluglinie, installierte Jet Blue kugelsichere Cockpit-Türen mit Titanium-Schlössern. David Neelerman, Direktor von JetBlue: „Wir operieren ja nun mal von New York aus. Deswegen waren wir alles andere als sicher, ob uns die Terroranschläge vielleicht überproportional betreffen könnten. Also haben wir uns umso mehr Mühe gegeben, unsere Kunden nicht nur sicher zu fliegen, sondern ihnen auch die Gewissheit zu geben, dass wir auf die Flugzeug-Entführungen reagiert hatten" (Schwalb 2002, www).

Europa   8.2.2

Auch die Europäische Kommission gewährte vorübergehend staatliche Beihilfen um den transatlantischen Wettbewerb fair zu halten. Dabei sollten die Fluggesellschaften Ersatz für Verluste, die aufgrund der viertägigen Sperrung des amerikanischen Luftraums entstanden waren, sowie Ersatz für noch später gestrichene Flüge durch die Vereinigten Staaten erhalten (vgl. o.V. 2001 g, S. 17). Dies war nötig geworden, weil der amerikanische Kongress zuvor den US-Fluggesellschaften milliardenschwere Finanzhilfen für die entstandenen Kosten zugesagt hatte (vgl. Kapitel 8.2.1), die teilweise zu einem Preisdumping genutzt wurden (vgl. o.V. 2001 h, S. 19). So sollen amerikanische Fluggesellschaften die Preise im Nordatlantikgeschäft mit den ihnen zur Verfügung gestellten staatlichen Mitteln um 30 bis 50 Prozent gesenkt haben (vgl. o.V. 2002 b, www).

Die Deutsche Bundesregierung hat bei der Europäischen Kommission einen Antrag auf Auszahlung von 71 Mio. Euro an die Deutsche Lufthansa AG gestellt. Dieser soll die durch die Sperrung des amerikanischen Luftraums entstandenen Verluste ausgleichen (vgl. o.V. 2002 p, www). Abbildung 8-4 verdeutlicht nochmals die Unterschiede bei der Behandlung des 11. September 2001 und der darauf folgenden Krise durch die USA und Europa.

Abbildung
8-4

Unterschiedliche Doktrin der USA und Europa
(Quelle: Deutsche Lufthansa AG)

US-Doktrin	Doktrin der EU-Kommission
• Der Staat ist durch Terrorismus bedroht	• Militärkonflikt
• Attacke auf den Luftverkehr ist "Mittel zum Zweck", dieser ist wirtschaftlich schwer betroffen	• Die Airline-Branche hat nicht den Nachweis erbracht, dass die gegenwärtige Krise unmittelbare Folge des 11. September ist
• Freiheit und Sicherheit für den Bürger als oberstes Gut	• Die Airlines haben für die Sicherheit ihrer Kunden zu sorgen
	• Verkehrswirtschaft ist privatwirtschaftliche Aufgabe

Weitgehende Übernahme der unmittelbaren und mittelbaren Kostenbelastung	Begrenzte Kompensation des unmittelbaren Schadens (4 Tage)

Als besonders problematisch erwies sich somit die Situation auf dem hart umkämpften Transatlantik-Markt (vgl. auch Abbildung 8-5): Gemäß der Association of European Airlines (AEA) hat sich allein der Verkehr auf der Nordatlantikroute zwischen dem 10. September und dem 14. Oktober 2001 im Vergleich zur Vorjahresperiode um 36 Prozent zurückgebildet (vgl. o.V. 2001 i, www). Im Wochenvergleich sind die Zahlen noch deutlicher: in der Woche vor den Anschlägen beförderten die amerikanischen Fluggesellschaften 9 Mio. Passagiere; Anfang Oktober waren es nur noch 5 Millionen. Noch härter traf es beispielsweise Aer Lingus. Die irische auf den Transatlantikverkehr spezialisierte Fluggesellschaft verzeichnete einen Umsatzverlust von 80 Prozent – täglich verlor das Unternehmen 2,4 Mio. Euro (vgl. o.V. 2002 b, www).

Im Europaverkehr belief sich der Rückgang, gemessen an Passagierkilometern, auf knapp zehn Prozent und weiterhin sank der Auslastungsgrad im Vergleich zum Vorjahr von 78,6 auf 72 Prozent. Die AEA errechnete für ihre 28 Mitglieder bis Ende 2001 einen Gewinneinbruch von mindestens 2,5 Milliarden Euro, mit Umsatzeinbußen von 3,7 Milliarden Euro sowie der Stilllegung von 108 Flugzeugen (vgl. o.V. 2001 i, www).

Ticketpreise Frankfurt – New York Oktober 2001

(Quelle: Deutsche Lufthansa AG)

Abbildung

8-5

Ticketpreise Frankfurt – New York:
Hin- und Rückflug Economy-Class Reisezeit Ende Oktober 2001

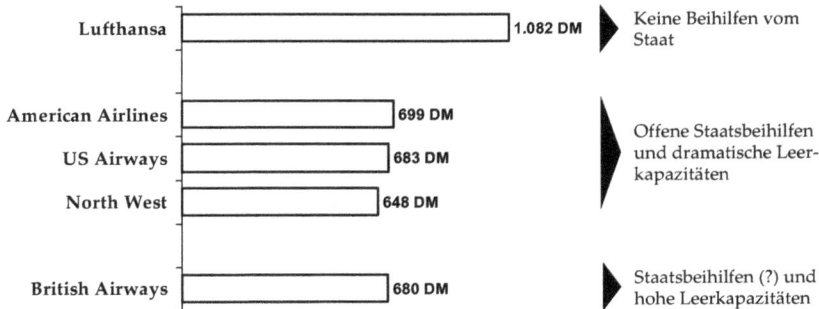

Lufthansa — 1.082 DM	Keine Beihilfen vom Staat
American Airlines — 699 DM	
US Airways — 683 DM	Offene Staatsbeihilfen und dramatische Leer-kapazitäten
North West — 648 DM	
British Airways — 680 DM	Staatsbeihilfen (?) und hohe Leerkapazitäten

⇨ **Die EU-Kommission ist machtlos, ihre Politik mittelfristig schwer haltbar**

Institut für Demoskopie Altensbach Oktober 2001

Neben der Stilllegung dieser 108 Flugzeuge (diese entsprechen 5,6 Prozent der Flotte) drohte 17.000 Angestellten (5 Prozent) der europäischen Flug-gesellschaften die Arbeitslosigkeit. British Airways beispielsweise kündigte, zusätzlich zu den bis März 2002 bereits vorgesehenen 1.800 Entlassungen, den Abbau von weiteren 5.200 Stellen an. Es sind noch umfangreichere Perso-nalkürzungen zu erwarten, von denen insgesamt 30.000 bis 40.000 Angestellte betroffen sein könnten (vgl. o.V. 2001 a, S. 3).

Auch bei den Netzen gab es Anpassungen, nicht nur hinsichtlich der Stre-cken in die Vereinigten Staaten, sondern auch in den Nahen Osten und selbst innerhalb Europas. Einige Zielflughäfen, insbesondere auf wenig genutzten Strecken, werden nicht mehr bedient. Die Deutsche Lufthansa, um nur ein Beispiel zu nennen, stellte nicht nur die Langstreckenflüge von Frankfurt nach Rio de Janeiro und Bogota und von Berlin nach Washington ein, son-dern reduzierte auch die Anzahl der Flüge von Frankfurt nach Washington und nach New York. Darüber hinaus hat die Gesellschaft zudem die Einstel-lung des Flugdienstes von Frankfurt nach Paris Orly und Valencia sowie auf den Strecken Hamburg-London, Düsseldorf-Moskau und Dortmund-Kopen-hagen angekündigt (Deutsche Lufthansa AG 2001 c, www).

Trotz dieser Maßnahmen steigen bestimmte Kosten steil an, was das Krisen-management weiter erschwert. Nach Angaben der AEA könnten die Kosten der zusätzlichen Maßnahmen in Bezug auf die Luftsicherheit die Größenord-nung von 145 Mio. € erreichen. Ähnlich sieht es bei den Versicherungsprä-mien aus: die Versicherungskosten haben sich insgesamt praktisch verdoppelt, was die Kosten der europäischen Luftverkehrsbranche in die Höhe treibt. Daneben belastet die derzeitige Unsicherheit die Luftverkehrsbranche schwer. Angesichts des Risikos künftiger Attentate haben die Versicherungsgesellschaften zunächst angekündigt, dass sie die Deckung der Policen beschränken und weit unter das derzeit übliche Niveau absenken. Die Umsätze der Aktien der Fluggesellschaften sind innerhalb von 2 Wochen um 50 Prozent zurückgegangen; dies macht das Misstrauen seitens der Investoren deutlich und verteuert die Finanzierung der Tätigkeiten der Unternehmen (vgl. o.V. 2001 a, S. 4).

Die großen europäischen Fluggesellschaften

Drei große Fluggesellschaften dominieren die europäische Airline-Produktion: die British Airways, die Deutsche Lufthansa AG und die Air France (Abbildung 8-6). Dieses Kapitel geht vertiefend auf diese drei Airlines und ihre Probleme ein.

Abbildung 8-6

Gesamtproduktionsvolumen europäischer Airlines
(Quelle: Deutsche Lufthansa AG)

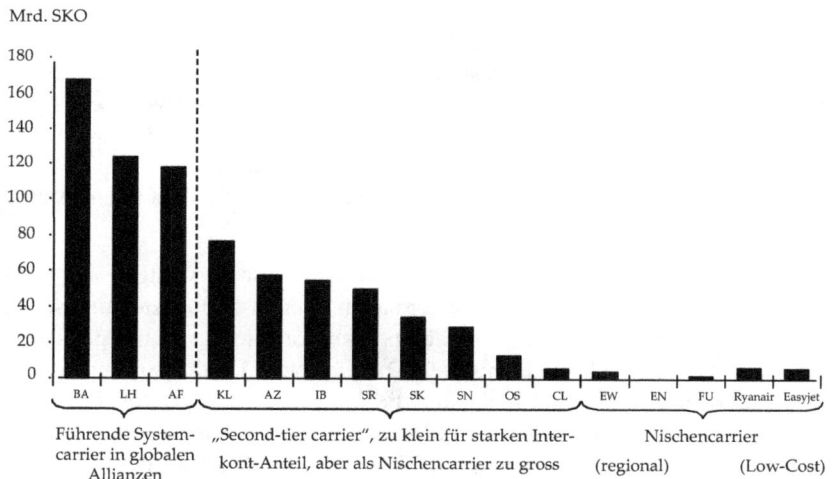

Quelle: IATA

Wie bereits erwähnt, waren diejenigen europäischen Gesellschaften, welche stark von den Nordatlantik-Strecken abhängen, besonders hart betroffen, da auf diesen Strecken die Angst weitaus ausgeprägter als auf den europäischen Strecken ist (vgl. Behrens, Winter 2002, www).

Dies trifft insbesondere auch für die **British Airways** (BA) zu, welche bis zu 45 Prozent ihres Gesamtvolumens auf diesen Routen abwickelte und hier einen Löwenanteil des Gewinns generierte. Die mit einem Marktanteil von 13,5 Prozent im interkontinentalen Flugverkehr führenden und – gemessen am Volumen – in Europa die Spitzenposition einnehmenden Briten verzeichneten seit dem 11. September 2001 auf eben diesen Nordatlantikrouten gegenüber dem Vorjahr einen Rückgang des Verkehrs um 24,3 Prozent. Ebenfalls im Vergleich zum Jahr 2000 ging das Verkehrsaufkommen bei BA im November 2001 insgesamt um 17,8 Prozent zurück. Während das Minus im Economy-Leisure-Bereich bei 16,3 Prozent lag, sank die Nachfrage für die Business- und First-Class, sowie für die Flüge mit der Concorde um 24,8 Prozent. Immerhin lagen diese Werte um einige Prozentpunkte höher als noch im Oktober 2001, in welchem der Rückgang allein bei den so genannten „Premium Passagieren" bei 36 Prozent lag.

Bei BA war diese Entwicklung auf die aggressiven Verkaufsaktivitäten zurückgeführt, wobei die extrem tiefen Tarife vor allem mehr „Billigflieger" an Bord gebracht haben. Die angebotenen Kapazitäten lagen gegenüber November 2000 insgesamt um 14,6 und über dem Nordatlantik um 22,1 Prozent tiefer, was sich zu geschätzten monatlichen Verlusten von 125 Millionen Pfund (ca. 190 Mio. Euro) addiert (vgl. o.V. 2001 i, www). Neben der aggressiven Werbekampagne zur Ankurbelung der Geschäfte (vgl. o.V. 2001 j, S. 25) und dem Personalabbau, umfassten die Krisenbewältigungsmaßnahmen der British Airways insbesondere Kürzungen von Boni und Gehältern, sowie eine engere Kooperationen mit anderen Fluggesellschaften, unter anderem mit KLM (vgl. o.V. 2001 k, S. 21).

Was die Abhängigkeit von den Nordatlantikrouten betrifft, steht die **Air France** als weitere große europäischer Fluggesellschaft vergleichsweise gut da. Der Umsatzanteil der Franzosen mit Flügen über den Atlantik liegt mit gerade zwölf Prozent deutlich unter dem ihrer Hauptkonkurrenten. In den ersten Tagen nach den Anschlägen erlitt die Air France dennoch Verluste in der Höhe von rund 60 Millionen Euro, im Gegenzug reagierte sie jedoch mit einer Reduktion der Kapazitäten um etwa fünf Prozent. Ebenso musste die sich mehrheitlich in Staatsbesitz befindliche Fluggesellschaft im zweiten Halbjahr 2001 ebenfalls einen Einbruch des Gewinns um 46 Prozent verbuchen, allerdings profitierte Air France aufgrund des Untergangs der Sabena von höheren Marktanteilen (vgl. o.V. 2001 l, S. 22). In Paris zeigt man sich allerdings, nicht zuletzt als Folge der relativ komfortablen Eigenkapitalstruktur, ziemlich optimistisch. Als weiterer Pluspunkt für die französische Fluggesellschaft sprechen der Flughafen Charles de Gaulle als größter Hub Europas – hier werden monatlich rund 15.000 Umsteigeverbindungen in alle Welt angeboten – sowie das erhebliche Potenzial des Flughafens für zukünftige

Kapazitätssteigerungen (vgl. o.V. 2001 i, www). Darüber hinaus verfügt die Air France über einen starken Binnenverkehr, ein ausbalanciertes Liniennetz und eine flexible Flotte (vgl. Behrens, Winter 2001, www).

Am stärksten von der Luftfahrtkrise in Europa betroffen war die Fluggesellschaft **Swissair**: Durch ihr Scheitern brachte sie auch ihre Auslandsbeteiligungen, wie z.B. die Sabena in Belgien, LOT in Polen und die LTU in Düsseldorf, in eine kritische Situation (vgl. Hiller 2001, S. 35). So hatte die Swissair Auslandsverpflichtungen von einigen hundert Millionen Euro an Sabena und LTU nicht bedienen können (vgl. o.V. 2001 m, S. 20). Die bereits in einer ernsthaften Krise befindliche Sabena musste als Folge Konkurs anmelden (vgl. o.V. 2001 k, S. 21). Um die Swissair als nationale Fluggesellschaft unter dem Dach der Crossair zu erhalten, investierten der Schweizer Staat und andere Kapitalgeber ca. 2,7 Milliarden Euro (vgl. o.V. 2001 j, S. 25).

Auf die Auswirkungen der Krise auf die **Deutsche Lufthansa AG** wird in Kapitel 8.3 gesondert eingegangen.

Die europäischen Low-Cost-Anbieter

Während British Airways, Deutsche Lufthansa oder KLM seit Mitte September Strecken streichen, Flugzeuge stilllegen oder kräftigen Stellenabbau planen, registrierten, ähnlich wie in Amerika, die Billigflug-Anbieter Ryanair und Easyjet weiterhin einen steigenden Kundenzuspruch und bauen gleichzeitig in Europa ihre Kapazitäten aus (vgl. o.V. 2001 n, S. 24). So beruht die Kosten- und Preisführerstrategie der Ryanair auf kurzen Standzeiten und maximaler Auslastung (vgl. Klein 2001, S. 25). Die Preise sind um 80 Prozent preiswerter als die von Deutsche Lufthansa, Air France oder British Airways. Dadurch erzielte Ryanair auch in Krisenzeiten eine steigende Flugzeugauslastung von mindestens 70 Prozent. Durch die konsequente und erfolgreiche Umsetzung der Kosten- und Preisführerstrategie ist Ryanair weiterhin eine der profitabelsten Fluggesellschaften überhaupt (vgl. o.V. 2001 o, S. 22). So steigerte sie im ersten halben Geschäftsjahr 2001/2002 (31. März) zum Vorjahr gegen jeden Branchentrend ihren Gewinn (o.V. 2001 p, S. 30). Um neue Kunden zu gewinnen und alte zu erhalten, verschenkte Ryanair sogar 300.000 Flugtickets, nachdem die Swissair und die Auffanggesellschaft der Sabena, die DAT, Niedrigpreise angeboten hatten (o.V. 2001 q, S. 23). Zudem sollten nach den Anschlägen mit dieser Maßnahme, mehr Menschen zum Fliegen bewegt werden (vgl. Michaels 2001, S. 2).

Die Deutsche Lufthansa AG 8.3

Die typologische Einordnung der Krise 8.3.1

Die Krise der Deutschen Lufthansa AG ist nicht durch Ertragsschwäche und Insolvenzgefahr des Unternehmens entstanden. So gesehen handelt es sich also nicht um eine Erfolgskrise oder Liquiditätskrise, da eine wichtige Ursache insbesondere in den Anschlägen vom 11.9.2001 auf das WTC begründet ist. Dieses Ereignis markiert zudem neben anderen bereits bestehenden Krisen eine Kriseursache, welche neben der Deutschen Lufthansa mehr oder weniger alle Flugunternehmen der Luftbranche getroffen hat.

Da dieses dramatische Ereignis nicht erwartet wurde, entspricht es dem Typus einer plötzlichen Krise. Weil das Unglück selber nicht rückgängig gemacht werden kann, der Zeitpunkt des Kriseneintrittes eindeutig bestimmbar ist und es nur wenige alternative Lösungswege gab, um dieses dramatische Ereignis zu kontrollieren (Stilllegung bestimmter Strecken, Sicherheitsmaßnahmen erhöhen etc.) kann theoretisch betrachtet isoliert von einem wenig komplexen dramatischen Krisenereignis gesprochen werden.

Quantifizierte Krisenfolgen 8.3.2

Bis Ende September mussten die Deutsche Lufthansa AG in Folge der Terroranschläge, neben den in Kapitel 7.3 aufgeführten Kosten, direkte Ergebnisbelastungen in Höhe von 108 Mio. Euro hinnehmen. Davon entfielen 86 Mio. Euro auf die Passage und 20 Mio. Euro auf das Geschäftsfeld Catering. Weitere Erlöseinbußen brachten die Folgemonate den fliegenden Gesellschaften des Konzerns, so dass die Belastungen für 2001 insgesamt auf rund 600 Mio. Euro stiegen. In den ersten Monaten nach den Anschlägen beförderte die Deutsche Lufthansa AG täglich 30.000 Passagiere – rund 25 Prozent weniger als in normalen Zeiten. Überproportional war dabei der Rückgang in der First und Business Class. Jede Woche fehlten ca. 50 Mio. Cash Flow. Auch Lufthansa Cargo hatte dramatische Einbrüche aufzufangen. Allein im vierten Quartal 2001 mussten die fliegenden Gesellschaften der Deutschen Lufthansa AG Einbußen bei den Verkehrserlösen von rund 550 Mio. Euro verkraften. Hinzu kamen die Aufwendungen für die erhöhten Sicherheitsmaßnahmen wie zusätzliche Kontrollen von Passagieren, Gepäck- und Luftfracht an den Flughäfen, den Einbau von verstärkten Cockpit-Türen in die Flugzeuge der Passageflotte, die Entfernung von spitzen und scharfen Gegenständen aus dem Bordbesteck und der Einsatz von Sky Marshals (vgl. Deutsche Lufthansa AG 2001 a, S. 29 ff).

Weiterhin wurden die Kosten für Versicherungen drastisch erhöht. Besonders gravierend war jedoch der Anstieg der Aufwendungen für den Versicherungsschutz der Flotte (vgl. Deutsche Lufthansa AG 2001 c, www). Die Versicherer haben nach den Terroranschlägen von ihrem Kündigungsrecht Gebrauch gemacht und allen Fluggesellschaften weltweit die Deckung für Kriegs- und kriegsähnliche Ereignisse mit einer siebentägigen Frist gekündigt. Für die Kriegsdeckung von Kaskoversicherung und Passagierhaftpflichtversicherung haben die Versicherer ein Angebot mit ausreichendem Schutz vorgelegt, allerdings mit drastisch erhöhten Prämien. Für die Kriegs-Kasko-Deckung stieg sie auf mehr als das Zehnfache. Nur unzureichenden Versicherungsschutz boten sie jedoch für die Deckung von Drittschäden verursacht durch Krieg und Terror. Dieses Risiko war bisher ohne spezifische Preisnennung in der Flottenpolice mitversichert, so dass die Basisversicherung allein die Deutsche Lufthansa AG mit zusätzlich nahezu 50 Mio. US-$ belastet. Da viele Luftverkehrsaufsichtsbehörden in der Welt höhere Deckungssummen – bis zu 1 Mrd. US-$ – verlangen, wäre ohne die übernommenen befristeten Staatsgarantien der Luftverkehr praktisch zum Erliegen gekommen (vgl. Deutsche Lufthansa AG 2001 a, S. 29 ff).

Die Folgen für die übrigen Konzerngesellschaften waren unter anderem erhebliche Einbrüche bei den Buchungen, und damit verbundene Rückgänge bei dem Geschäftsaufkommen des Reisereservierungssystems START AMADEUS. In den ersten Wochen waren zweistellige Rückgänge zu verzeichnen. Zum Ende des Jahres war eine leichte Besserung erkennbar, jedoch lagen die Werte immer noch unter Vorjahresniveau. Auch bei Thomas Cook kam es zu zahlreichen Stornierungen und einer monatelang anhaltenden Reduzierung der Buchungen. In den Geschäftsfeldern Technik und IT Services dagegen wirken sich die Terroranschläge erst zeitverzögert aus. IT Services ist betroffen durch Zurück- oder Einstellung von begonnenen IT-Projekten – besonders für die mit den Gesellschaften des Deutsche Lufthansa Konzerns bearbeiteten Aufgaben. Lufthansa Technik erwartet aufgrund der negativen Entwicklung im Luftverkehr Überkapazitäten im Instandhaltungssegment und dadurch zunehmenden Preisdruck. So hat die geringere Produktion der Konzern-Airlines z.B. die Zahl der Flugzeug-Liegezeiten und Triebwerksevents für die Konzerngesellschaften reduziert. Eine ähnliche Entwicklung wird auch bei den Drittkunden erwartet. Verschiebungen gibt es zudem im Bereich Business Jets, da sich in diesem Segment der Konjunktureinbruch nach dem 11. September besonders bemerkbar machte (vgl. ebenda, S. 29 ff).

Die Auswirkungen auf die Kunden und das Unternehmen

Die Auswirkungen der Anschläge haben sowohl die Kunden der Deutschen Lufthansa AG als auch das Unternehmen selbst beeinträchtigt. Die Kunden der Deutschen Lufthansa AG fühlen sich betroffen und ihr Qualitätsverständnis, sowie ihre Sicherheitsauffassung, hat sich deutlich verändert. Die Anschläge waren zwar nicht direkt gegen die Deutsche Lufthansa AG bzw. dessen Flugzeuge gerichtet, wurden aber mit Flugzeugen durchgeführt, die durchaus auch der Deutschen Lufthansa AG oder jedem anderen Flugunternehmen hätten gehören können. So führten die Terroranschläge auf das WTC zu einer generellen Flugangst. Insbesondere bei Flügen in die USA, aber auch bei Flügen innerhalb Europas, gab es einen drastischen Rückgang der Buchungen (vgl. o.V. 2001 r, S. 13).

Die Deutsche Lufthansa AG selbst wurde durch die Auswirkungen der Krise beeinträchtigt, da die Auslastung besonders am Anfang stark einbrach und auch in den folgenden Monaten weiterhin spürbar niedriger war. So ist bei einem bestimmten Anteil an potenziellen Kunden immer noch eine Vermeidung des Fliegens zu beobachten. Insgesamt hatte die Deutsche Lufthansa AG neben 750 Millionen Euro Ergebnisausfall, mit weiterreichenden Auswirkungen, welche das Image und den zukünftigen Markterfolg der gesamten Luftbranche und damit auch der Deutschen Lufthansa AG betreffen, zu kämpfen. In letzter Konsequenz kann dies mittelbar bis zu einer Existenzgefährdung führen. Insgesamt aber schaffte es die Deutsche Lufthansa AG ein sehr gutes Krisenmanagement durchzuführen. So schrieb das Manager Magazin: „Der Lufthansa scheint ein Exempel zu gelingen für geschicktes, schnell zupackendes Krisenmanagement. Experten trauen ihr mittlerweile mehr zu als nur die Not des Augenblicks zu überstehen. Geht der deutsche Renommierkonzern am Ende als Gewinner aus der Weltkrise der Luftfahrt hervor?" (Machatschke 2002, S. 90 f).

Der Einfluss auf die (Personal-) Führung

Neben den beschriebenen Auswirkungen auf die Kunden und das Unternehmen hatten die Anschläge des 11. Septembers 2001 auch Einfluss auf die Personalführung. Diese Einflüsse beschreibt dieses Unterkapitel, wobei insbesondere auf die notwendigen Veränderungen hinsichtlich des Führungsstils, die Erlangung einer erhöhten Flexibilität und im Allgemeinen der Notwendigkeit des Umdenkens, dem so genannten Mental Change, eingegangen wird.

In der frühen Phase nach den Anschlägen erkannte die Deutsche Lufthansa AG, dass eine Anpassung des *Führungsstils* an die außergewöhnlichen Umstände unumgänglich ist. Um diesen äußeren Umständen gerecht zu werden, verfuhren die Lufthansa-Manager indem sie eine an das Militär angelehnte „Disziplin" einführten:

Sie installierten ein effektives und mit Nachdruck forciertes Projektmanagement, welches insbesondere für die Kontrolle und den Erfolg eines nachhaltigen Turnarounds mit daran anschließender Erholung verantwortlich war. Da dies nur möglich ist, wenn eine exakte und so umfassend wie mögliche Vorhersage der Erträge und Umsätze der einzelnen Bereiche vorliegt, war diese Erfassung und Projizierung in die Zukunft ein weiterer Schwerpunkt, an dem angesetzt wurde. Diese Erfolgskontrolle wurde in dieser Zeit nach dem 11. September 2001 wöchentlich, wenn möglich sogar täglich durchgeführt, um möglichst schnell auf Veränderungen reagieren zu können. Damit erlaubte diese zeitnahe Erfassung besser und schneller als die Konkurrenz Gelegenheiten auf zusätzliche Umsätze und Erträge zu nutzen, welche die sich ständig ändernden Bedingungen ermöglichten. Außerdem war damit eine verbesserte Planung hinsichtlich einer nachhaltigen Profitabilität möglich, und brachte die Deutsche Lufthansa AG damit ihrem Ziel des profitablen Wachstums näher (vgl. interne Arbeitspapiere Deutsche Lufthansa AG).

Ein weiterer Schlüssel zur erfolgreichen Bewältigung solcher Krisen, wie sie sich nach dem 11. September 2001 darstellt, liegt in der *Flexibilität* der Maßnahmen und der zugrunde liegenden Führungsansätze mit welchem das Management auf die sich stellenden Herausforderungen reagiert. Für die Deutsche Lufthansa AG bedeutete dies, dass der Schlüssel zum Erfolg in einem abgestimmten Bündel von Maßnahem lag, welches sich flexibel der sich entwickelnden Situation anpasste:

1. Sofortiges Involvement aller Beteiligter (sowohl intern als auch extern) um möglichst umfangreichen Zuspruch und Unterstützung zu erfahren.

2. Bildliche und für alle verständliche Kommunikation der eingeleiteten Maßnahmen und der zu erwartenden Auswirkungen (als Beispiel sind hier die von der Deutschen Lufthansa AG entwickelten und in Kapitel 8.3.5 dargestellten Szenarien „Frost", „Winter" und „Ice-Age" zu nennen).

3. Gegensteuern bezüglich des allgemeinen negativen Ausblickes, bei der Deutschen Lufthansa AG geschehen durch die Aufschiebung – nicht Aufhebung – der Bestellung der Airbus 380-Flugzeuge, an der später dann auch festgehalten wurde.

4. Überwinden der eigenen Furcht (die Deutsche Lufthansa AG flog trotz der angespannten Situation die Flughäfen in Beirut und Tripolis an). Zu Demonstrationszwecken flogen auch Führungskräfte aus dem Top-Management angstbesetzte Strecken.

5. Persönliche Einschnitte und Opfer des Top-Management, um spätere Einschnitte bei den Angestellten nicht als einseitig erscheinen zu lassen. Gleichzeitig wird hierdurch ein Gefühl der Zusammengehörigkeit und der Solidarität innerhalb des Unternehmens gefördert.

6. Führungsqualitäten zeigen, indem eine aktive und führende Rolle gegenüber der Situation und der Konkurrenz gezeigt wird.

7. Eine emotionale Bindung mit dem Unternehmen und seiner Lage herstellen. Hier ging es insbesondere darum, die Glaubwürdigkeit des Unternehmens und die Ernsthaftigkeit der eingeleiteten Maßnahmen zu demonstrieren und zu unterstreichen.

Die beschriebenen Schritte dienten alle dazu, ein Vertrauensverhältnis herzustellen, in dessen Umfeld es der Deutschen Lufthansa AG möglich ist, die Krise zu meistern und darüber hinaus gestärkt aus ihr hervorzugehen.

Abbildung 8-7 zeigt nochmals die Unterschiede zwischen einer Flexibilisierung und eine Redimensionierung des Personals und der damit verbundenen unterschiedlichen Strategien sowie Folgen für die Mitarbeitermotivation auf.

Flexibilisierung versus Redimensionierung

(Quelle: Deutsche Lufthansa AG)

Abbildung

8-7

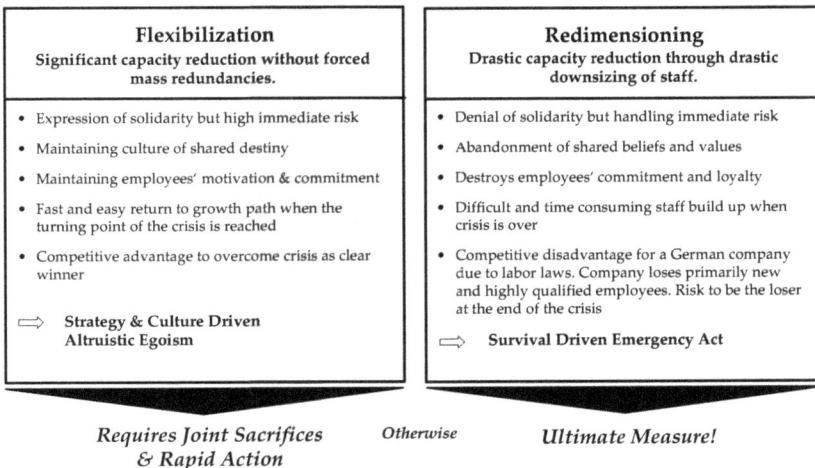

Flexibilization Significant capacity reduction without forced mass redundancies.	**Redimensioning** Drastic capacity reduction through drastic downsizing of staff.
• Expression of solidarity but high immediate risk	• Denial of solidarity but handling immediate risk
• Maintaining culture of shared destiny	• Abandonment of shared beliefs and values
• Maintaining employees' motivation & commitment	• Destroys employees' commitment and loyalty
• Fast and easy return to growth path when the turning point of the crisis is reached	• Difficult and time consuming staff build up when crisis is over
• Competitive advantage to overcome crisis as clear winner	• Competitive disadvantage for a German company due to labor laws. Company loses primarily new and highly qualified employees. Risk to be the loser at the end of the crisis
⇨ **Strategy & Culture Driven Altruistic Egoism**	⇨ **Survival Driven Emergency Act**

Requires Joint Sacrifices & Rapid Action   *Otherwise*   *Ultimate Measure!*

Für die Deutsche Lufthansa AG stand die Flexibilisierung in Hinblick auf ihre Mitarbeiter im Vordergrund, auch vor dem Hintergrund, im Vergleich zu manchen Konkurrenten gut aufgestellt zu sein. Deshalb musste sie noch nicht auf die drastischen Maßnahmen der Redimensionierung zurückgreifen. Der dritte und letzte Punkt, der die (Personal-)Führung tangiert, ist ein generelles Umdenken (*Mental Change*). Die Deutsche Lufthansa AG identifizierte nachfolgende sieben Lektionen, welche sie aus der Sanierung in den frühen 90'er Jahren gelernt hat, und welche sie als zentrale Punkte auf dem Weg zum Wandel beschreibt:

1. Es ist unumgänglich, trotz des Drucks der durch die Krise auf dem Unternehmen und dem Management lastet, den Freiraum und die Möglichkeiten für eine kritische Reflexion zu schaffen, da nur ein permanentes Überprüfen und ein Lernen in der Krise zum Erfolg führt.

2. Eine gute Kommunikation ist imminent wichtig. Bei der Deutschen Lufthansa AG wurde dabei nach dem Motto „mass communication face-to-face" vorgegangen, welches beinhaltet, dass trotz der großen Anzahl der Rezipienten die Ansprache persönlich und somit emotional erfolgen soll. Dies umfasst ebenfalls das Eingehen auf Fragen und Sorgen der Kunden und Mitarbeiter, als auch die aktive Dialogsuche.

3. Der Glaube an die eigenen Stärken hilft bei der Bewältigung von Krisen und der Bereitschaft zum Umdenken. Es ist dabei zu beachten, dass der Wille und der Anstoß zu dem Wandel aus dem Unternehmen selber kommt und nicht von Außen aufgezwungen wird. Dies könnte in die Abhängigkeit externer Berater führen und den Erfolg des Wandels gefährden.

4. Zum Mental Change gehört auch für alle Mitarbeiter die Bereitschaft, des persönlichen Hinzulernens. Besonders für die Führungskräfte bedeutet dies, eine aktive Rolle beim Umdenken im Unternehmen einzunehmen, da allzu oft das Management selbst ein Teil des Problems ist.

5. Es ist wichtig ein Gleichgewicht aus (Kosten-)Reduktion und nachhaltigen Unternehmenswachstum und Serviceverbesserungen zu finden. Dies erfordert sowohl die genaue und detaillierte Erfassung der Kennzahlen, als auch die strategische Weitsicht in Hinblick auf mögliche Krisenverläufe und Szenarien.

6. Die Einbeziehung der Gewerkschaften und Mitarbeiter in den Prozess des Wandels ist von zentraler Bedeutung, denn nur im Konsens kann dieser Prozess zum Erfolg geführt werden.

7. Der Einsatz von Performance Management-Systemen. Hierzu zählen die Variabilisierung der Vergütung (Erfolg-/Risikobeteiligung), solide Feedbacksysteme/Benchmarking, Zielvereinbarungen auch auf niedrigeren Rängen sowie die Wissensvermittlung von finanziellen Zusammenhängen.

Diese Lektionen helfen bei der Bewältigung von Krisen und erhöhen die Chancen für einen erfolgreichen Wandel im Unternehmen. Auf dem Weg zum erfolgreichen Mental Change, durchlaufen Organisationen, ähnlich wie Individuen, die in Abbildung 8-8 illustrierten Phasen.

Mentale Etappen der Veränderung

(Quelle: Sattelberger 2005 a)

Abbildung 8-8

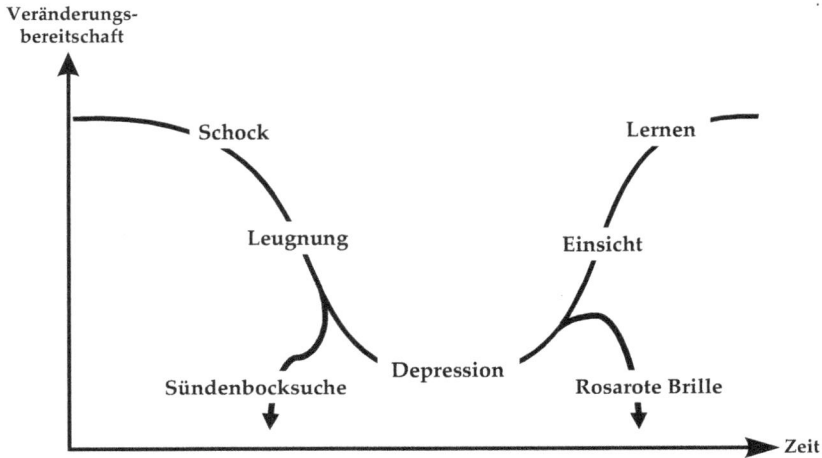

Nach dem ersten Schock und dem Unglauben über das eingetretene Ereignis, folgen die Depression und der Stillstand, bevor mit dem Bewusstwerden und dem einsetzenden Lernen aus der Krise die Bereitschaft zum Umdenken im Unternehmen steigt und ein proaktives Krisenmanagement eingeleitet wird. Allerdings besteht auch die Gefahr, die Krise zu Verdrängen und sich dem notwendigen Prozess des Wandels durch Ignoranz zu entziehen.

Betrachtet man unter den in diesem Kapitel beschriebenen Ansätzen die Krisenreaktionen und die eingeleiteten Maßnahmen der Deutschen Lufthansa AG, ist der Wille erkennbar, die Phasen des Schocks und der Depression möglichst schnell zu durchschreiten und das Unternehmen auf den Weg des Umdenkens und des Lernens aus der Krise zu bewegen.

In Abbildung 8-9 wird deutlich, dass besonders in der zweiten Schicht des Wandels, also in den ersten drei Monaten nach Eintritt der Krise (vgl. den Aufbau dieses Buches), die Gedanken des aktiven Krisenmanagement (Führungsstil) und der Flexibilisierung als Instrumente zum Wandel, und damit zum nachhaltigem Unternehmenserfolg beitrugen.

Abbildung

8-9

Die drei Abschnitte des Wandels
(Quelle: Sattelberger 2005 a)

Halten des mentalen
Rückenwindes & Ver-
meidung der Regression
„Zurück zur Normalität"

Langer Marsch

Einflößen von Hoffnung
& Ausrichtung der
Organisation auf
gründliche Exekution

**Tiefgreifende
Einschnitte**

• Neugestaltung
  des Geschäftsmodells
• Anpassung globaler
  Allianzproduktion
• Intelligente Rationalisierung
• Sicherstellung der Kunden-
  loyalität
• Soz. Frieden mit der Belegschaft

Füllen der
emotionalen
Leere

Rapide Antwort

• Kapazitätsabbau
  mit militärischer
  Disziplin
• Umstrukturierung des
  Netzwerks & der Flotte
• Schutz der Liquidität
• Opfer der Belegschaft

• Schutz der
  Passagiere, der
  Crews & Familien
• Organisieren des
  Überlebens

Zeit

Die ersten Tage   Die ersten 100 Tage   Danach
nach dem Krisenfall   nach dem Krisenfall

Die Krisenbewältigungsmaßnahmen

Die Krisenbewältigungsmaßnahmen der Deutschen Lufthansa AG bestanden insbesondere aus der Einführung von Kurzarbeit, der Stilllegung von Flugzeugen sowie der Streichung von Flugstrecken um Kosten einzusparen. Auch Gehaltskürzungen des Vorstands gehörten zu diesen Maßnahmen. Auf einen Stellenabbau jedoch, wie z.B. ihr Konkurrent British Airways, hat die Deutsche Lufthansa AG verzichtet. Stattdessen baute die Deutsche Lufthansa AG auf ein fein gesteuertes Krisenmanagement. Allen eingeleiteten Krisenmaßnahmen legte die Deutsche Lufthansa AG fünf elementare Prinzipien zugrunde:

1. die Sorge um ihre Mitarbeiter und die Kunden;

2. schnelle Entscheidungen und kurze Wege in Zeiten der Unsicherheit;

     – Nutzung vorhandener Daten und bestehender Szenarien;

     – Entwurf und Auswahl von neuen Krisenszenarien;

3. schnelle Adaptions- und Reaktionszeiten;

4. Durchsetzung eines militärisch-präzisen Führungsstils;

5. offene und umfassende Kommunikation, wobei die aktuelle Lage des Unternehmens und mögliche Opfer aller Beteiligten dargestellt werden müssen.

Im Folgenden sollen die Maßnahmen der Deutschen Lufthansa AG detaillierter dargestellt werden.

Die Deutsche Lufthansa AG hatte bei der Krisenbewältigung mehrere Vorteile:

1. Bereits vor dem 11. September hatte sich die Deutsche Lufthansa AG intensiv mit dem Krisenmanagement beschäftigt und war dadurch relativ gut vorbereitet.

2. Der Konzernchef Jürgen Weber war bereits während der Golfkrise 1991 Vorstandsvorsitzender und zwei seiner wichtigsten Mitarbeiter im Top-Management[3] waren damals ebenfalls bei der Deutschen Lufthansa AG. Somit hatte die höchste Hierarchiestufe des Unternehmens bereits Erfahrungen mit dem Krisenmanagement in einer ähnlichen Situation erworben.

3. Bereits vor der Krise wurde ein „Diätplan"[4] ausgearbeitet, um auf die Konjunkturflaute in Europa und Amerika und das damit drohende Überangebot an Flugzeugsitzen zu reagieren.

Als direkte Reaktion auf die Anschläge wurde reflexartig ein Krisenstab gebildet, der aus etwa 15 Personen bestand. Diese Prozedur wurde vor der Krise bereits regelmäßig eingeübt. Sofort wurden alle Jets mit Kurs auf Amerika umgeleitet und erste Klarheit gewonnen, was überhaupt passiert war (vgl. Machatschke 2002, S. 90 ff).

Als nächster Schritt wurde alles gestoppt, was ohne gravierende Folgen zu unterbrechen war: Einstellungen, Projekte und Berater (vgl. Abbildung 8-10).

Investitionsportfolio in Folge des 11. Septembers 2001

(Quelle: Deutsche Lufthansa AG)

Abbildung
8-10

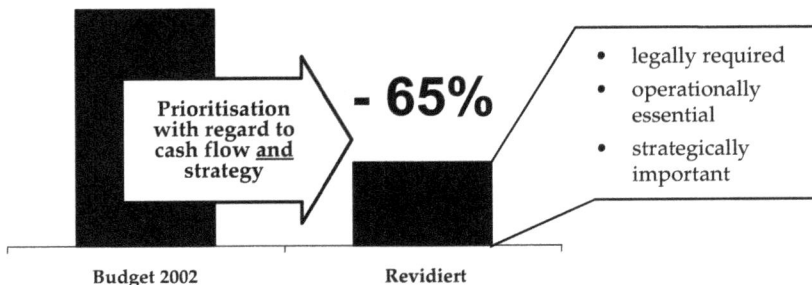

Project and investment portfolio 2002 passenger airline

- legally required
- operationally essential
- strategically important

Prioritisation with regard to cash flow and strategy **- 65%**

Budget 2002 **Revidiert**

---

3) Der aktuelle Vorstandsvorsitzende Wolfgang Mayrhuber, damals Leiter des Sanierungsteams, sowie Stefan Lauer, damalige Chefstratege und heutige Personalvorstand (vgl. Machatschke 2002, S. 93; Machatschke 2001, S. 17).

4) Unrentable Ziele wie Rio de Janeiro und Lima wurden gestrichen und am 10. September ein Tag vor den Anschlägen wurde bereits beschlossen, dass 5 Jets aus dem Verkehr gezogen werden (vgl. Machatschke 2002, S. 92f).

Denn schon wenige Tage nach dem 11. September 2001 zeichnete sich für die Lufthansa-Strategen das Ausmaß der Krise ab. Zum Zeitpunkt der Aufsichtsratssitzung am 19. September sah die Deutsche Lufthansa AG keine Möglichkeit mehr, das prognostizierte Ergebnisziel zu erreichen.

Um einen operativen Verlust zu vermeiden, beschloss der Vorstand für den Konzern einen umfangreichen Maßnahmenkatalog (vgl. Deutsche Lufthansa AG 2001 c, www). Er umfasst einen Investitionsstopp, einen Ausgaben- und Projektstopp, einen Einstellungsstopp, sowie Maßnahmen zur Reduzierung der Kapazitäten einschließlich der Stilllegung von Flugzeugen. Nach und nach reduzierte die Deutsche Lufthansa AG so ihre Flotte innerhalb von 100 Tagen um fast zwanzig Prozent von 237 auf 194 Flugzeuge (vgl. Abbildung 8-11).

Abbildung 8-11

Reduktion der Flugzeuge bei der Deutschen Lufthansa AG nach dem 11. September 2001 (Quelle: Deutsche Lufthansa AG)

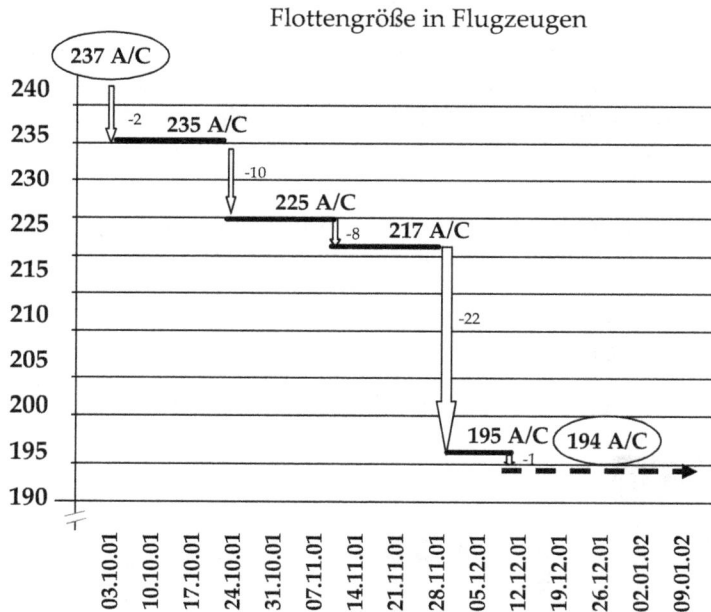

Eine Entscheidung zur Bestellung des Airbus A380 wurde verschoben, der geplante Kauf von vier Boeing 747-400 aufgegeben. Alle sonstigen Investitionsvorhaben sowie sämtliche laufenden und geplanten Projekte wurden überprüft und – wo möglich – zurückgestellt. Der Zentraleinkauf hat durch Maßnahmen der Ergebnissicherung Kosten in zweistelliger Millionenhöhe vermieden. Die erfolgreiche Nachverhandlung bestehender Verträge ist wesentlich auf die Ausarbeitung neuartiger Lösungen mit den internen Nutzern und den Lieferanten zurückzuführen. Als eine der wesentlichen Maßnahmen zur Begrenzung der wirtschaftlichen Auswirkungen hat die Deutsche Lufthansa das Flugprogramm an die veränderte Nachfrage angepasst. Innerhalb von neun Wochen ist es gelungen, einen neuen Flugplan mit um elf Prozent reduziertem Sitzplatzangebot zu erstellen. Dadurch konnte das Absinken der Auslastung unter das ökonomisch erforderliche Maß verhindert werden.

Wettbewerbs- und Servicemaßnahmen der Deutschen Lufthansa AG
(Quelle: Sattelberger 2005 b)

Abbildung
8-12

Performance Gap (1992 - 1996)	Adaptability Gap (1995 - 1998)	Opportunity Gap (1997- 2000 and beyond)	Mastering Crisis
Program 93		Operational Excellence	
Privatizing	Program 15	D-Check ----→	D-Check Akut
		e-Viation	
		CRM	
Smaller & Work Harder	Better	Different	Smaller, Smarter & More Agile

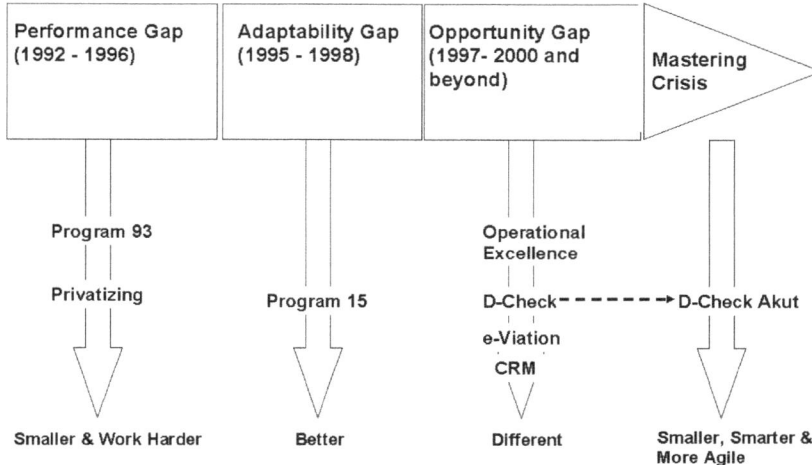

Zur schnellen Kostenreduzierung auf breiter Ebene wurde das bereits im April 2001 vorgestellte Projekt „D-Check" zur Effizienzsteigerung durch „D-Check akut" ergänzt (vgl. Abbildung 8-12; Deutsche Lufthansa AG 2001a, S. 29 ff). „D-Check"-Projekte, die umgehend Wirkung versprachen, wurden vorgezogen, zusätzliche Einsparmöglichkeiten aufgespürt und umgesetzt. Bis zum Jahresende 2001 konnte so im Konzern bereits ein zusätzlicher Cashflow von 127 Mio. Euro gesichert werden, wovon 83 Mio. Euro für die Folgejahre wirken. Durch eine Reihe weiterer Maßnahmen werden zudem die Aufwendungen für Personal begrenzt: Einstellungsstopp und Nutzung der natürlichen Fluktuation, verstärkte Vergabe von unbezahltem Sonderurlaub, Rückführung von Mehrarbeit, Urlaubsabbau, ein verstärktes Angebot von Teilzeitarbeit und – parallel zur Reduzierung der Kapazitäten – die vorübergehende Einführung von Kurzarbeit beim Kabinenpersonal.

Gleichzeitig hat die Deutsche Lufthansa AG in Verhandlungen mit den Tarifpartnern die Verlängerung der Laufzeit des Tarifvertrags für das Boden- und Kabinenpersonal, die Aussetzung des halben 13. Monatsgehalts und eine Verschiebung der Vergütungserhöhung für das Cockpit-Personal vereinbart (vgl. Deutsche Lufthansa AG 2001a, S. 29 ff). Um dies bei den Gewerkschaften durchsetzen zu können, hatte der Konzernchef zwischenzeitlich sogar mit

Entlassungen gedroht (vgl. o.V. 2001 u, S. 13). Mit einer befristeten Gehaltsreduzierung leisten auch Vorstand, Management und außertarifliche Mitarbeiter ihren Beitrag zur Krisenbewältigung. Dies galt auch für den Konzernchef selber, der mit gutem Beispiel voran gehen wollte (Machatschke 2002, S. 94). Alle Personalmaßnahmen zusammengerechnet ergaben für 2002 eine Cashflow-Verbesserung von mindestens 210 Mio. Euro.

Auch in anderen Konzernbereichen wurde gespart: so hat beispielsweise LSG Sky Chefs bereits Ende September 30 Prozent der Belegschaft in den USA – rund 4.200 Männer und Frauen – in den unbezahlten Urlaub geschickt, ein Großteil von ihnen wurde Ende Oktober zudem entlassen. Auch in Europa und Asien hat LSG Sky Chefs Personal abgebaut: durch das Auslaufen von Saison-Arbeitsverträgen oder Probezeitkündigungen. Alle Konzerngesellschaften haben ähnliche Maßnahmen eingeleitet. Thomas Cook hat angesichts der unsicheren Lage das Ergebnissicherungsprogramm „Triple T" (Team, Targets, Thomas Cook) aufgesetzt. Es soll im laufenden Geschäftsjahr 2001 konzernweit eine Ergebnisverbesserung von rund 530 Mio. Euro realisieren. Darin enthalten sind Kapazitätsmaßnahmen, Schließung von unrentablen Reisebüros, Kostenreduzierung und Personalmaßnahmen bis hin zur Verringerung der Zahl der Arbeitsplätze um rund 10 Prozent. Zur Abdeckung der entstandenen Mehrkosten etwa für die zusätzlichen Sicherheitsmaßnahmen und die höheren Versicherungsprämien hat die Deutsche Lufthansa AG zudem im Passageverkehr einen Ticketzuschlag von 8 US-\$ pro Flugstrecke erhoben. Lufthansa Cargo brachte im Oktober eine Security Surcharge von 0,15 US-\$ pro Sendungskilo in den Markt (vgl. Deutsche Lufthansa AG 2001 a, S. 29 ff).

Abbildung	*Schritte zur Restrukturierung*
8-13	*(Quelle: Sattelberger 2005 a)*

- Liquiditätssicherung
- Kapazitätsreduktion
- Reduzierung der variablen Kosten
- Versicherungsschutz gewährleisten
- Erhöhung / Erhaltung der Glaubwürdigkeit gegenüber den Mitarbeitern und der Öffentlichkeit
- Zugeständnisse der Gewerkschaften einfordern
- Stärkung der Moral unter den Mitarbeitern
- Nutzung aller Chancen

Krisenbewältigungsmaßnahmen der Deutschen Lufthansa AG

(Quelle: Sattelberger 2005 a)

Abbildung

8-14

Kommunikation mit Kunden & Öffentlichkeit
- Sicher, zuverlässig, sorgfältig
- „Deutscher Schäferhund"

Lieferanten- & Investitionsmanagement
- Nachverhandlungen aller Verträge
  - Preise
  - Zahlungsbedingungen
- Enges finanzielles Monitoring von Investments (BD, Air Dolomiti)

Massive Kapazitätsreduktion & Kosten-/Liquiditätskontrolle
- Downsizing der Frequenzen
- Downsizing der Flotte
- Personalanpassung Cockpit, Kabine und Stationen
- Ausgabenstopp
- Investitions- und Projektstopp

Erlösmanagement
- Preiserhöhungen
- Sicherheitszuschlag
- Außenstandsmanagement
  - Star Alliance
  - Interline Partner
  - Line of Credits

Mitarbeiterkommunikation
- „Management by walking-around"
- Maximale Anzahl von Townmeetings
- Fokus: „Wir versuchen alles, um Kündigungen zu vermeiden"

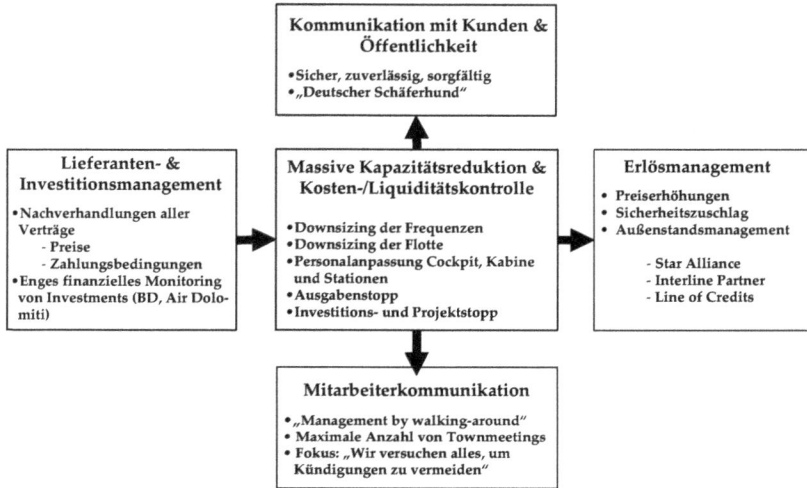

Durch die in Abbildung 8-13 aufgeführten Schritte zur Restrukturierung und die in Abbildung 8-14 dargelegten Maßnahmen zur Krisenbewältigung gelang es der Deutschen Lufthansa AG, im Bilanzjahr 2001 ein Null-Ergebnis zu erreichen. Dies war zwar das schlechteste Ergebnis seit acht Jahren, aber im Vergleich zur gegenwärtigen Weltluftfahrt eines der besten Resultate (vgl. Machatschke 2002, S. 94 f).

Um die Krisenentwicklung einschätzen zu können, erstellte der Deutsche Lufthansa Konzernstratege Dr. Hätty aus Erfahrungen mit Konflikten und Flauten sowie historischen Statistiken drei Zukunftsszenarien, welche in der Abbildung 8-15 zu sehen sind (vgl. nachfolgend Hätty, Hollmeier 2003, S. 54): Das beste Szenario ist eine vorübergehende (ca. sechs Monate) Verunsicherung der Fluggäste und wird „Frost" genannt. Im schlimmsten Fall führt der Terror zu dauerhafter Flugangst, wodurch im Eiszeit-Szenario Massenentlassungen und Flottenabbau nachhaltig unvermeidlich wären. Das für am wahrscheinlichsten gehaltene Szenario jedoch ist „Winter". D.h. die Verunsicherung wird weichen, aber erst langsam in einem Zeitrahmen von ungefähr zwei Jahren.

Abbildung

8-15

Krisenszenarien nach dem 11.9.2001

(Quelle: Hätty, Hollmeier 2003, S. 54)

Best Case-Scenario ("Frost")	Supposed-Scenario ("Winter")	Worst Case-Scenario ("Ice-Age")
• Narrow V-Shape with short U-Shape	• Broad V-Shape with distinct U-Shape	• Broad V-Shape with L-Shape
• „Soft landing" of the economy	• „Hard landing" of the economy	• „Hard landing" of the economy
• Temporary uncertainty of passengers	• Temporary high uncertainty of passengers	• Permanent change of attitude towards Air Traffic

Die Deutsche Lufthansa AG erreichte durch ihre Krisenpolitik einen wichtigen Wettbewerbsvorteil, da sie im Gegensatz zu den meisten Fluggesellschaften auf Entlassungen verzichtet hatte. Dies war eine bewusste Entscheidung, um im Falle eines Ansteigens der Nachfrage am schnellsten reagieren zu können und dadurch am besten aus der Krise hervorzukommen. Konkurrenten, wie beispielsweise die British Airways, müssen dagegen bei Nachfragebelebungen erst umständlich wieder Mitarbeiter einstellen. Die tatsächliche kurzfristige Entwicklung der Nachfrage bestätigte die Vorteilhaftigkeit der Lufthansa-Strategie (vgl. Abbildung 8-16).

Abbildung

8-16

Entwicklung der Lufthansa-Fluggäste 2001 im Vergleich zum Vorjahr

(Quelle: o.V. 2002 c; o.V. 2002 d; o.V. .2002 e)

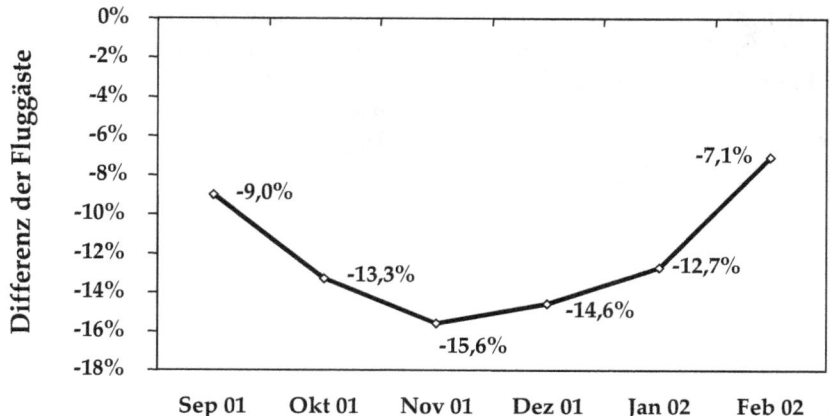

Zudem wurde der Flugplan so ausgedünnt, dass die Deutsche Lufthansa AG nur wenige Verbindungen streichen musste, damit im Falle eines Ansteigens der Nachfrage, das Angebot wieder schnell erhöht werden konnte (vgl. Machatschke 2002, S. 96 f). Außerdem bestellte die Deutsche Lufthansa AG, trotz Kosteneinsparungen, Anfang Dezember 15 Maschinen des Großraumflugzeuges Airbus-A380. Dieses in der jetzigen Krise der Luftfahrtbranche getätigte Investment, sieht die Deutsche Lufthansa als eine „antizyklische" strategische Entscheidung an (vgl. o.V. 2001 t, S. 14). Diese Nachricht kam für viele Beobachter überraschend: eine derart große Bestellung von neuen Flugzeugen verwunderte, da sich die Luftfahrtbranche weltweit in der wahrscheinlich größten Krise der Nachkriegsgeschichte befand.

Aufgrund des starken Buchungseinbruchs – seit dem 11. September nahm die Anzahl der Fluggäste um 22 Prozent ab – sah sich die Deutsche Lufthansa AG erst vor kurzem gezwungen, 43 ihrer 236 Flugzeuge aus dem Verkehr zu nehmen. Noch Anfang November war, wie bereits beschrieben, bei der Deutschen Lufthansa von einem Investitionsstopp die Rede gewesen, wonach unter anderem auf die vorgesehene Bestellung von vier Boeing 747-400 verzichtet und die Beschaffung der erwähnten A-380 vorläufig zurückgestellt wurde. Nur knapp vier Wochen später meinte Jürgen Weber: „Mit diesem Beschluss (gemeint ist die Bestellung der A-380; Anm. d. Verf.) sind die Weichen für eine wichtige Zukunftsinvestition gestellt, welche dazu beiträgt, die Position von der Deutschen Lufthansa AG im internationalen Wettbewerb langfristig zu stärken." Und weiter hält der Vorstandsvorsitzende fest, dass die in der jetzigen Krise der Luftfahrtbranche getroffene und damit antizyklische Entscheidung ein wichtiges strategisches Investment darstelle. Dabei gilt es anzumerken, dass die ersten vier doppelstöckigen Flugzeuge erst im dritten Quartal 2007 ausgeliefert werden sollen (vgl. o.V. 2001 i, www). Zudem ging die Deutsche Lufthansa AG neue Kooperationen ein, wie z.B. mit AUA[5] (vgl. o.V. 2001 v, S. 17).

Bereits während der Krise schaffte es die Deutsche Lufthansa AG zudem, die Schwächen ihrer Wettbewerber auszunutzen. Als die Swissair Anfang Oktober kollabierte, bot die Deutsche Lufthansa AG innerhalb weniger Stunden in Zürich zusätzliche Großraumjets an. Sie reagierte ähnlich beim Zusammenbruch der belgischen Nationallinie Sabena. Seitdem fliegt die Deutsche Lufthansa AG jede Woche aus Brüssel ca. 5.100 und aus der Schweiz ca. 4.000 zusätzliche Passagiere (vgl. Machatschke 2002, S. 96).

---

5) Austrian Airlines

8.3.6 Die Krisenkommunikation

Im Rahmen kommunikativer Maßnahmen bemühte sich die Deutsche Lufthansa AG intensiv um die Vertrauensbasis zwischen Branche und Kunde wieder aufzubauen. Kurz nach dem 11. September kondolierte der Konzernchef Jürgen Weber den Betroffenen in deutschen und amerikanischen Zeitungen.

Es folgte eine neue integrierte Kommunikationskampagne, welche einzigartig in Deutschland war, weil nicht für ein Produkt oder eine Dachmarke geworben wurde, sondern im Zentrum die Einwirkung auf das Meinungsklima bei der Bevölkerung und bei Entscheidungsträgern stand. Dadurch sollte das Vertrauen in die Luftfahrt allgemein und damit auch das Vertrauen in die Deutsche Lufthansa AG erhöht werden (vgl. o.V. 2002 f, www). Tatsächlich wurde der Deutschen Lufthansa AG in Werbekreisen eine Meinungsführerschaft in der Auseinandersetzung mit den wirtschaftlichen Terrorfolgen zugebilligt.

Prominente Persönlichkeiten warben in einer Anzeigenserie der Deutschen Lufthansa AG für die Notwendigkeit des Luftverkehrs und die Mobilität. Der Intendant des SWR, Prof. Peter Voß sagte zum Beispiel vor der Kulisse des ARD-Presseclubs: „Wer aus der ganzen Welt berichtet, muss auch weltweit präsent sein." Andere Persönlichkeiten waren zum Beispiel der Alt-Bundespräsident Roman Herzog („Vertrauen braucht Dialog"), der BDI-Präsident Michael Rogowski („Unsere Wirtschaft lebt von weltweiten Verbindungen") und der Verleger Hubert Burda („Die Welt der Kommunikation lebt von schnellen Verbindungen") (vgl. o.V. 2002 f, www).

Zusammenfassend betrachtet, lässt sich festhalten, dass die Deutsche Lufthansa AG die direkte Medienpräsenz des CEO mit thematisch unterstützender Kommunikation kombinierte, in der statt der Produkte, das Public-Issue „Sicherheit der Luftfahrt" im Mittelpunkt stand. Diese Kommunikationsstrategie war erfolgreich und führte zu einem deutlichen Ansehensgewinn der Marke Deutsche Lufthansa (vgl. ebenda).

Auswirkungen des 11.9.2001 im ersten Jahr

Das folgende Kapitel beschreibt die langfristigen Auswirkungen der Anschläge des 11. Septembers 2001. Wiederum wird zuerst auf allgemeine Veränderungen, wie die globale wirtschaftliche Lage und die Einstellungen der Amerikaner eingegangen, bevor im Speziellen die Situation der Luftfahrtbranche dargestellt wird. Als Zeithorizont werden die Entwicklungen bis zu einem Jahr nach den Anschlägen betrachtet.

Allgemeine Veränderungen

Am 28. Mai 2002 wurden die Aufräumarbeiten am Ground Zero, der Stelle an welcher früher die Türme des World Trade Centers standen, offiziell beendet (vgl. Alpert 2002, www). Doch die Folgen und Auswirkungen der Anschläge auf die Menschen und die globale Wirtschaft dauerten und dauern an. Nachfolgend werden diese Auswirkungen näher beschrieben.

Die globale wirtschaftliche Lage

Ein Jahr nach den Anschlägen des 11. Septembers 2001 spiegeln sich immer noch deren Auswirkungen in der globalen wirtschaftlichen Lage wieder: Neben den unmittelbaren und kurzfristigeren Folgen und Schäden, ist es in erheblichen Maße zu nachhaltigeren Beeinträchtigungen der Weltwirtschaft gekommen. Das ohnehin geschwächte Verbrauchervertrauen und die lahmende Nachfrage wurden erneut getroffen und verstärkten die wirtschaftliche Abkühlung in den USA sowie Europa an den Rand einer globalen Rezession. Besonders hart getroffen wurden neben der Luftfahrtbranche, die Versicherungen und der internationale Handel.

Wie bereits in Abbildung 6-3 illustriert, korreliert die Transportnachfrage stark mit dem wirtschaftlichen Wachstum (vgl. Hätty, Hollmeier 2003, S. 52). Dieser Zusammenhang war bereits in vorhergegangenen Krisen erkennbar, scheint jedoch im Fall der Terror-Attentate des 11. Septembers 2001 die Auswirkungen des Golfkrieges 1991 zu übertreffen.

Zu diesen Auswirkungen kamen auch erhöhte Kosten im Zuge der an vielen Punkten stark erhöhten Sicherheitsmaßnahmen hinzu. Diese sind dann entweder mit erhöhtem Personal- und Technikkosten verbunden, oder mit geringeren Bearbeitungsgeschwindigkeiten. Dies führte auch zu gestiegenen Transaktionskosten, welche insbesondere den internationalen Handel belasten. Diese indirekten Kosten haben sich in den Monaten nach den Anschlägen als überaus gravierend herausgestellt und belasten die Weltwirtschaft weit massiver, als es die direkten materiellen (Sach-)Schäden der Anschläge tun. Für die Privatwirtschaft der USA alleine errechnen sich die Kosten für den erhöhten Sicherheitsaufwand, durch eine Senkung der Arbeitsproduktivität um 1,12 Prozent und einem Gesamtrückgang der Produktivität um 0,63 Prozent, auf über 70 Mrd. US-$ pro Jahr (vgl. o.V. 2002 r, www).

Es ist auch davon auszugehen, dass diese Sicherheitsmaßnahmen weiterhin bestehen bleiben, da die Bedrohung durch den internationalen Terrorismus auf absehbare Zeit nicht nachlässt. Dies wurde durch die immer wiederkehrenden Terrorwarnungen in den USA oder durch die extremen Sicherheitsvorkehrungen an Feiertagen (z.B. an Sylvester oder am Nationalfeiertag 4. Juli) und dem Jahrestag des 11. Septembers ersichtlich. Am letzteren wurde besonders deutlich, dass die Auswirkungen global sind, da sich die Sorgen um erneute Anschläge nicht nur auf Amerika beschränkten, sondern weltweit zu erhöhter Vorsicht und zu Rückgängen der Flugbuchungen führten.

Manche dieser Auswirkungen haben sich durch die vielfältigen Rückkopplungseffekte über verschiedene Märkte und Länder noch verstärkt und zusammen mit der Verunsicherung, der Zunahme der volkswirtschaftlichen Risiken und den fiskalischen Belastungen zu einer Bedrohung des weltweiten wirtschaftlichen Aufschwunges geführt.

Im Folgenden werden einzelne Auswirkungen und einzelne Branchen noch näher untersucht (vgl. nachfolgend Brück 2002, S. 619 ff). Bei der Erhöhung der Sicherheitsmaßnahmen wurde teilweise auf neue Vorschriften – wie zum Beispiel eine Verschärfung der Einreisekontrolle von Personen oder der Einfuhrkontrolle bei Waren in die USA – reagiert. Andere Firmen wiederum haben zusätzliche Maßnahmen ergriffen, um dem gesteigerten Sicherheitsbedürfnis ihrer Kunden und Mitarbeiter Rechnung zu tragen. Schätzungen dieser Kostensteigerungen für den internationalen Warenverkehr reichen von 1 Prozent bis 3 Prozent des Werts der gehandelten Güter. Für die USA berechnet bedeutet dies, dass die Erhöhung der Sicherheitsausgaben der privaten amerikanischen Wirtschaft eine Senkung der Arbeitsproduktivität um mehr als ein Prozent und der totalen Faktorproduktivität um mehr als ein halbes Prozent bewirkt hat. Dies entspräche, für sich genommen, einem Verlust an amerikanischem Bruttosozialprodukt von rund 70 Mrd. US-$ pro Jahr (vgl. o.V. 2002 r, www).

Allerdings ist bei diesem Wert zu berücksichtigen, dass die Sicherheitsmaßnahmen langfristig effizienter gestaltet werden können und damit die Produktivität wieder steigt. So verursachen diese Sicherheitsmaßnahmen auf der einen Seite zusätzliche Kosten, auf der anderen Seite gibt es allerdings auch expansive gesamtwirtschaftliche Effekte, denn die Mehrnachfrage bzgl. Investitionsgütern und Dienstleistungen im Sicherheitsbereich führt wiederum zu steigender Produktion und Wertschöpfung.

Somit haben Auflagen für mehr Sicherheit auch langfristige Rückkoppelungseffekte: strukturell werden sich Verschiebungen zugunsten von Produkten und Dienstleistungen ergeben, bei denen Sicherheit ein wichtiges Merkmal ist. Außerdem können neue Geschäftsfelder oder Firmen entstehen, die Bedürfnisse nach Sicherheit befriedigen. Beispielsweise haben die USA die Ausgaben für homeland security im Jahr 2002 von 0,1 Prozent des nominalen Bruttoinlandsprodukts Anfang September 2001 innerhalb von sechs Monaten auf 0,35 Prozent mehr als verdreifacht. Insgesamt wurde damit der Verteidigungshaushalt von 310 Milliarden US-$ im Haushaltsjahr 2001 auf 343 Milliarden US-$ für das Haushaltsjahr 2002 erhöht.

Dennoch liegt dies noch unter den Verteidigungsausgaben während des Kalten Krieges, wobei die Ereignisse des 11. Septembers 2001 und der „Krieg gegen den Terror" dies schon bald ändern könnten: Für das Finanzjahr 2002 wurden dem Pentagon zehn Milliarden US-$ zusätzlich mit der Aussicht auf weitere Mittel bewilligt, sollten die Kosten des „Krieges gegen den Terror" dies erfordern. Auch für die folgenden Jahre sind weitere Ausgabensteigerungen eingeplant: In der gleichzeitig beschlossenen mittelfristigen Fünfjahresplanung 2003 bis 2007 sind Ausgaben von insgesamt 2,1 Billionen US-$ vorgesehen – geplanter Endwert 2007: 469 Milliarden US-$ (vgl. o.V. 2002 n, www).

Bei der Betrachtung der Finanzmärkte war zu beobachten, dass diese auch bei der Übertragung der indirekten Auswirkungen eine besondere Rolle spielten: Investoren haben ihre Portfolios den neuen Risikostrukturen anpassen müssen; gleichzeitig haben sich die Renditen bestimmter Aktien verändert, während Kapital aus den Aktienmärkten in sicherere Anlageformen geflossen ist. Insgesamt haben sich die internationalen Finanzmärkte nach den Anschlägen als sehr robust erwiesen, wobei die Widerstandskraft der einzelnen Börsen stark variiert hat (vgl. Abbildung 9-1).

Abbildung
9-1

Widerstandskraft der internationalen Börsen
(Quelle: Brück 2002, S. 622)

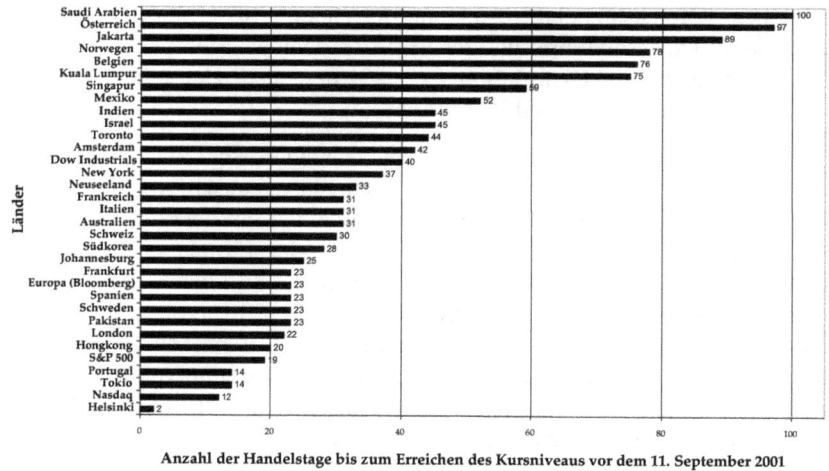

Anzahl der Handelstage bis zum Erreichen des Kursniveaus vor dem 11. September 2001

Q.: T. Siems: An Empirical Analysis of the Capital Market's Response to Cataclysmic Events. Vortrag am DIW Berlin, 14. und 15. Juni 2002

Im Vergleich zu den vergangenen Schocks des Börsencrashs von 1929 (6.097 Handelstage) und von 1987 (321 Handelstage) oder der Invasion Kuwaits 1990 (134 Handelstage) hat der amerikanische Dow-Jones-Index nach der Katastrophe vom 11. September mit 40 Handelstagen relativ schnell wieder das alte Niveau erreicht (vgl. Brück 2002, S. 622). Im Verhältnis zum ersten Anschlag auf das World Trade Center in den 90'er Jahren (1 Handelstag) oder der Ermordung von Kennedy 1963 (2 Handelstagen) benötigte der Dow-Jones-Index mit den 40 Handelstagen jedoch deutlich mehr Zeit um das Niveau vor den Anschlägen wieder zu erreichen. Es ist auch beobachtbar, dass in der Zwischenzeit die Auswirkungen der Bilanzierungsskandale in den USA als Wachstumsbremse schwerer wiegen dürften, als die des 11. Septembers 2001. Allerdings haben die Anschläge die Konjunktur nachweisbar beeinträchtigt, und mit dem aus ihnen hervorgegangenen drohenden Irak-Krieg werden sie auch weiter nachhaltig negativ-beeinflussend wirken. Aktien von Fluggesellschaften spiegeln dies beispielsweise wieder: vor den Anschlägen waren diese noch als defensive Anlagen eingestuft, nach dem 11. September 2001 und den Turbulenzen in der Luftfahrtbranche waren sie als „aggressive" Aktien anzusehen, da sich ihr Marktrisiko mehr als verdoppelt hat (vgl. ebenda, S. 622). So sind die Belastungen, welche auf diesen Aktien liegen, nicht nur durch die Gefahr weiterer Terroranschläge, sondern auch durch einen möglichen Krieg im Nahen Osten gekennzeichnet.

Insgesamt gesehen beeinträchtigt der neue globale Terrorismus neben den Fluggesellschaften auch den gesamten Welthandel über höhere Transaktionskosten. In einer auf der Konferenz am DIW Berlin präsentierten Simulationsrechnung für die Weltwirtschaft wird von einer durchschnittlichen Erhöhung der Transaktionskosten im internationalen Handel um einen Prozentpunkt des gehandelten Warenwertes ausgegangen: bei einer Elastizität von den Handelsströmen (gemessen am Volumen) in Bezug auf die Transportkosten (gemessen am Warenwert) von etwa –3 (d.h. eine einprozentige Erhöhung der Transportkosten reduziert den internationalen Warenhandel um 3 Prozent), bedeutet dies eine starke Belastung des Welthandels.

Weiterhin muss angenommen werden, dass es durch die erhöhten Sicherheitsmaßnahmen zu Verzögerungen bei den Grenzkontrollen kommt, was bei einem Tag mit weiteren Kosten in Höhe von 0,5 Prozent des Warenwertes zu Buche schlägt. Von diesen Erhöhungen der Transaktionskosten sind insbesondere Agrarprodukte, Textilien, nichtmetallische Mineralien und Maschinen betroffen, da diese über ein geringes Wert-Gewicht-Verhältnis verfügen und so besonders anfällig für erhöhte Transaktionskosten sind.

Wohlfahrtsverluste im Welthandel durch erhöhte Transaktionskosten
(Quelle: Brück 2002, S. 623)

Abbildung
9-2

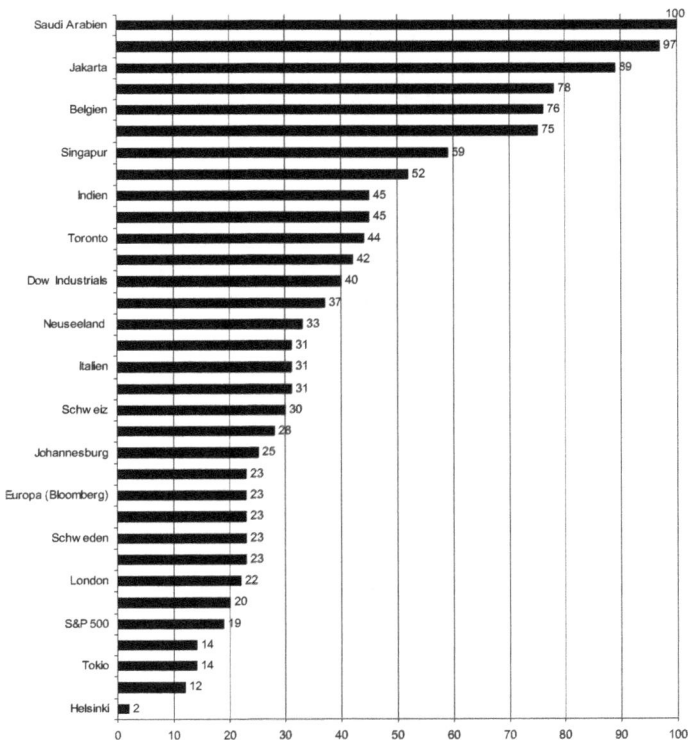

Wohlfahrtsverluste im Welthandel durch erhöhte Transaktionskosten in Mrd. US-Dollar nach Weltregionen

Q.: T. Siems, DIW Berlin 2002

Erhöhte Transaktionskosten wiederum führen zu den in Abbildung 9-2 dargelegten Wohlfahrtsverlusten im Welthandel. Dabei entstehen absolut betrachtet die größten Wohlfahrtsverluste in Westeuropa (31,16 Mrd. US-$), Nordamerika (18,40 Mrd. US-$) und Nordasien (9,39 Mrd. US-$), da besonders hier von weiteren Anschlägen ausgegangen wird, und daher die Sicherheitsmaßnahmen besonders verschärft wurden. Somit belasten Wohlfahrtsverluste, welche aus den erhöhten Transaktionskosten verursacht durch die Terror-Attentate vom 11.9.2001 induziert sind, Westeuropa massiver bzw. deutlich stärker als Nordamerika. Insgesamt ergibt sich eine Verringerung des Weltbruttosozialprodukts um rund 75 Mrd. US-$, das sind 0,24 Prozent des Weltsozialprodukts für das Jahr 2001 (vgl. ebenda, S. 624).

9.1.2   Langfristige Auswirkungen auf die Amerikaner

Vergleichend zu der Untersuchung kurz nach den Anschlägen des 11. Septembers 2001 (vgl. Kapitel 8.1.2; o.V. 2001 e) führte das Pew Research Centre auch ein Jahr später eine weitere Studie durch (vgl. o.V. 2002 g). Dieses Kapitel stellt nun die Ergebnisse der zweiten Studie vor und zeigt damit Unterschiede im Vergleich kurz- und langfristiger Auswirkungen der Anschläge auf die Einstellungen der Amerikaner.

Im Vergleich zu den Umfragen kurz nach den Anschlägen ist festzustellen, dass sich die starken Reaktionen der Öffentlichkeit langsam abschwächen. Die insgesamt extrem hohe Zustimmung zur Politik der Regierung ist nachhaltig zurückgegangen und ebenso die Zustimmungswerte für den Präsidenten George W. Bush.

Doch die Untersuchung zeigt auch, wie tief der Schock und die Angst noch ein Jahr nach den Anschlägen sitzt: immer noch beschreiben zwei Drittel aller Amerikaner die emotionalen Auswirkungen als einschneidend, und ein weiteres Viertel verspürt gewisse Auswirkungen. Weiterhin fürchten viele Amerikaner, immerhin annähernd 40 Prozent, dass weitere Anschläge folgen, diesmal mit chemischen oder biologischen Waffen. Dies spiegelt sich mitunter in der Meinung wieder, dass sich der Krieg gegen den Terror zu einem Konflikt zwischen der westlichen und der islamischen Welt ausweiten könnte. Daher glaubt auch eine Mehrheit, dass kommende Terroranschläge von in den USA lebenden Islamisten ausgeführt werden könnten. Als Gegenbewegung zu dieser Angst und Verunsicherung besteht allerdings weiterhin eine starke Spiritualität und ein starker Patriotismus innerhalb der amerikanischen Gesellschaft: über 60 Prozent der Amerikaner haben oft patriotische Gefühle.

Eine Veränderung der Sichtweise hat sich auch hinsichtlich der geschichtlichen Tragweite ergeben, so dass lediglich noch 37 Prozent der Amerikaner die Anschläge des 11. Septembers 2001 für gravierender als den Angriff auf Pearl Harbor empfinden, im Vergleich zu zwei Dritteln kurz nach den Anschlägen. Dennoch unterstreichen weitere Ergebnisse die fortwährende

Relevanz der Ereignisse des 11. Septembers: 80 Prozent der Amerikaner sehen die Anschläge als das Ereignis an, welches die größten Auswirkungen auf die Nation hatte, und immerhin noch fast 40 Prozent empfinden dies auch in Bezug auf ihr privates Leben. Im privaten Bereich hatten die Anschläge ebenfalls zur Folge, dass viele Amerikaner (42 Prozent) mehr Zeit in der Nähe ihres Hauses und mit ihren Familien verbringen. Und immerhin jeder fünfte Amerikaner flog nach eigenen Angaben aufgrund der Ereignisse des 11. Septembers 2001 weniger als zuvor. Dies könnte sich noch verstärken, sollte die Krise im Irak eskalieren. Dieser Krieg erscheint vielen Amerikanern unvermeidlich. Sie sehen diesen Konflikt im Zusammenhang mit dem Krieg gegen den Terrorismus, welchem immer noch 65 Prozent einen positiven Verlauf unterstellen. Dies trifft zwar noch für eine klare Mehrheit zu, gilt aber nicht mehr für die Zustimmung, die noch kurz nach den Anschlägen vorherrschte (85 Prozent Zufriedenheit mit dem Verlauf). So ist auch hier ein leicht abnehmender Einfluss der Ereignisse zu erkennen. Dieser Rückgang der Auswirkungen ist allgemein zu beobachten, wobei die Effekte in den betroffenen Städten, New York und Washington, noch am stärksten messbar sind.

Die Luftfahrtbranche 9.2

Veränderungen in der Luftfahrtindustrie 9.2.1

Die Anschläge des 11. Septembers 2001 haben den Wettbewerb in der Luftfahrtbranche weiter intensiviert. Als eine Reaktion auf diese geänderten Rahmenbedingungen schlossen sich die Fluggesellschaften noch enger zusammen: sie verstärkten ihre Anstrengungen hinsichtlich der bestehenden oder neuer Allianzen, um weiter Kosten zu senken, oder um ihren Kunden ein noch umfassenderes Angebot offerieren zu können. Diese Entwicklung kann jedoch nicht darüber hinwegtäuschen, dass immer noch viele Airlines am Rande des Bankrottes stehen, oder wie die Swissair und die Sabena in Europa und United Airlines in den USA, bereits auf der Strecke geblieben sind (vgl. Knigge 2002, www). Damit hat ein neues Kapitel im Kampf der Allianzen eingesetzt, da viele kleinere und größere Fluggesellschaften ihr Wohl in einer engeren Zusammenarbeit suchen. Aktuell dominieren drei Allianzen den Airline-Markt (vgl. Kantor 2002, www):

- die *Star Alliance* unter der Führung der Deutsche Lufthansa AG und der in der Zwischenzeit unter Gläubigerschutz stehenden amerikanischen Fluggesellschaft United Airlines, (23 Prozent Weltmarktanteil; Mitglieder: Air Canada, Air New Zealand, ANA, Ansett Australia, die AUA-Gruppe (AUA, Lauda, Tyrolean), British Midland, Deutsche Lufthansa, Mexicana, SAS, Singapore Airlines, Thai, United Airline und Varig);

- die *Oneworld* Gruppe rund um British Airways und American Airlines (welche nach Berichten ebenfalls kurz vor der Beantragung des Gläubigerschutz steht), (15 Prozent Weltmarktanteil ohne der neu dazugekommenen Swiss; Mitglieder: British Airways, American Airlines, Airlingus, Cathay Pacific, Finnair, Iberia, LanChile und Quantas);

- sowie *Sky Team* rund um Air France und Delta Airlines (11 Prozent Marktanteil; Mitglieder: Air France, Delta Airlines, Aero Mexiko, Czech Airlines, Korean Air und Alitalia).

Die verbleibenden Fluglinien sind trotz teils noch bestehender Kooperationen nach Ansicht vieler Luftfahrtexperten zu klein, um langfristig überleben zu können. So plant etwa die neue Schweizer Fluggesellschaft Swiss, nach Bekanntgabe einer intensiven Allianz mit American Airlines, den vollständiger Beitritt zu Oneworld. Der von einigen erwartete Start einer vierten Allianz rund um KLM, Northwest und Alitalia blieb jedoch aus. Alitalia schloss sich der Sky Team – Gruppe an, und auch KLM ist auf der Suche nach der passenden Allianz.

| Abbildung |
| 9-3 |

Anteil der Allianzen am Weltluftverkehr
(Quelle: Deutsche Lufthansa AG)

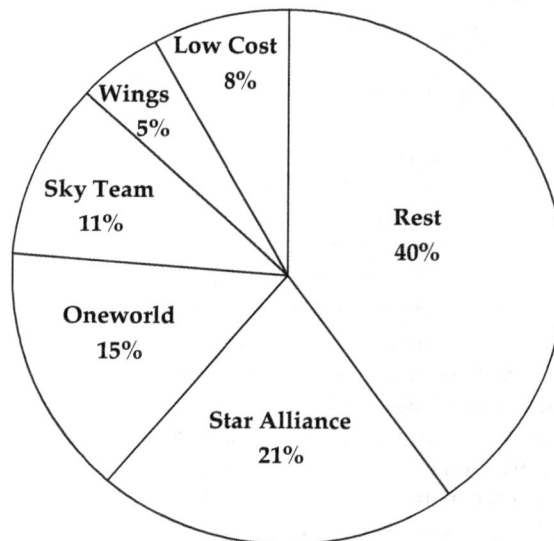

So teilen sich im Moment die oben genannten drei Allianzen weiter den Markt unter sich auf, obwohl es nach Meinung von Managern Platz für eine Vierte gäbe. So schätzen Matthias Schmid, Manager von KLM Österreich und Slowakei, Hugues Heddebault, Österreich-Direktor von Air France und Sylvia Moser, Business Key Account Manager von British Airways die kritische Größe einer Airline-Allianz auf 15 Prozent Weltmarktanteil. Zudem wird weiterhin davon ausgegangen, dass in einer Allianz große Airlines aller drei maßgeblichen Regionen, Westeuropa, Asien und die USA, vertreten sein müssten. Aufgrund dieser doch sehr umfangreichen Allianzen rechnen Branchenexperten auch eher mit steigenden Preisen; vor allem im Business Bereich. Zwar könnten die Airlines aufgrund der Synergien den Reisenden ein breiteres Angebot und günstigere Tarife offerieren, jedoch ist auch anzunehmen, dass sich Gesellschaften aus einer Allianz nicht gegenseitig unterbieten bzw. sich selbst Konkurrenz bereiten. So beobachtete Hans-Jürgen Schindler von der Austrian Business Travel Association (ABTA) das Steigen der Preise bei den Business-Flügen nach Deutschland oder Skandinavien. Und gerade in diesem für viele Airlines sehr wichtigen Segment spüren alle die wirtschaftliche Flaute ganz besonders, da viele Unternehmen sparen müssen und ihre Mitarbeiter Economy Class oder sogar mit einem Low-Cost-Anbieter fliegen lassen (vgl. ebenda, www).

Insgesamt brachte das Jahr 2002 dennoch einen positiven Trend, jedoch wurde das Niveau des Passagieraufkommens vor dem 11. September 2001 noch nicht erreicht. Die Befürchtungen, der 11. September 2001 würde die Luftfahrtbranche auf Jahre hinaus tief in die roten Zahlen treiben, scheint sich so jedenfalls nicht zu bewahrheiten.

Obwohl einige Airlines aus dem Markt gedrängt worden sind (siehe Abbildung 9-4) und andere stark angeschlagen wurden, sind die Erholungstendenzen des Gesamtmarktes jedoch sichtbar.

Insolvente oder nicht mehr existierende Airlines seit dem 11. September 2001

(Quelle: Deutsche Lufthansa AG)

Abbildung
9-4

So ist anzumerken, dass neben den Anschlägen auch die Überkapazitäten und die Verschlechterung der globalen Wirtschaftslage genauso zur skizzierten Situation beitrugen, wie der Druck durch die Low-Cost-Anbieter. Ein Ende dieser Situation in der Luftfahrtbranche ist bereits erkennbar, so steuert beispielsweise die Deutsche Lufthansa nach dem Sturz in die roten Zahlen 2001 noch für das Jahr 2002 erneut die Gewinnzone an und will diese weiter ausbauen. Doch trotz dieser ersten erkennbaren Erholung, werden die Linien-Fluggesellschaften nach Einschätzung des Luftfahrtweltverbandes, der International Air Transport Association (IATA), auf ihren internationalen Routen im Jahr 2002 rund vier bis acht Milliarden US-$ Verlust einfliegen (vgl. Bisignani 2002, S. 12; Deutsche Lufthansa AG 2003 a).

Abbildung 9-5

Verkehrsaufkommen und Kapazitätstrends
(Quelle Bisignani 2002, S. 13)

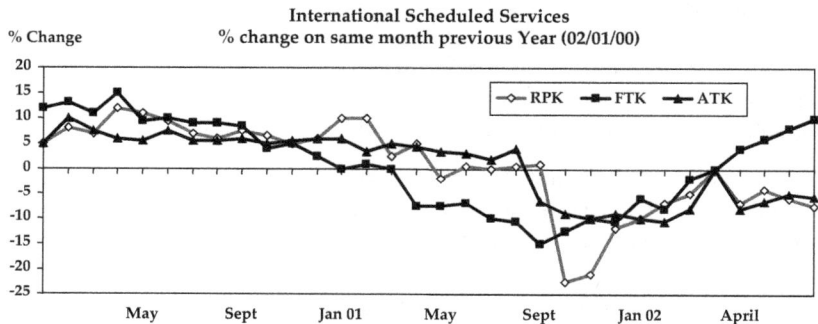

International Scheduled Services
% Change   % change on same month previous Year (02/01/00)

RPK · FTK · ATK

IATA Aviation Information & Research   Source: IATA Monthly International Statistics

Davon betroffen sind jedoch vor allem die nordamerikanischen Fluggesellschaften. Andere wiederum sind der Meinung, dass der Verlust der IATA-Gesellschaften sogar bei bis zu 16 Milliarden US-$ liegt, was bei einem Passagieraufkommen von 1,6 Milliarden Passagieren einem Defizit von zehn US-$ pro Passagier entspricht – und dies ohne Berücksichtigung der in den USA und Europa gezahlten Subventionen.

Das insbesondere die Airlines die Leidtragenden nach dem 11.9.2001 in der Flugbranche sind, wird bei Betrachtung der Wertschöpfungskette (vgl. Abbildung 6-4 und Abbildung 6-9) besonders deutlich, da außer den Luftfahrtgesellschaften alle anderen Bestandteile der Airline-Industrie hochprofitabel sind (vgl. o.V. 2002 h, www). Um in dieser Situation wieder das Wachstumstempo aus der Zeit vor den Terroranschlägen zu erreichen, müssen die Fluggesellschaften weiter kämpfen. Airline-Experte Knorr schätzt sie könnten Ende 2003 oder Anfang 2004 wieder auf Kurs sein (vgl. o.V. 2002 i, www).

Die europäischen Low-Cost-Anbieter

Durch die schlechte wirtschaftliche Lage, gehen auch immer mehr Unternehmen dazu über, ihre Mitarbeiter mit den Low-Cost-Anbietern fliegen zu lassen, um dadurch Kosten zu sparen. So nutzt zum Beispiel Ford mit seiner Europazentrale in Köln immer öfter die Billigangebote der auf dem benachbarten Flughafen Köln/Bonn operierenden Fluggesellschaften. Da rund 7.000 der 21.500 Ford-Mitarbeiter in Köln regelmäßig fliegen, hofft Ford so mehrere Millionen Euro pro Jahr einzusparen. So besteht eine Kooperation zwischen Ford und Germanwings, welche es Ford auf der einen Seite erlaubt – im Gegensatz zur üblichen Abwicklung – die Flüge umzubuchen, auf der anderen Seite zahlt Ford im Vergleich zu den publizierten günstigen Tarifen etwas mehr. So generiert diese Kooperation für beide Seiten wirtschaftliche Vorteile.

Aber auch andere große Unternehmen, wie Henkel, Bayer, Deutsche Telekom usw., denken darüber nach, verstärkt mit den Low-Cost-Anbietern zu fliegen oder bzw. und Kooperationen mit ihnen einzugehen (vgl. o.V. 2003 g, www). Daher verwundert es nicht, dass während die großen Fluggesellschaften Strecken einstellen und Flugzeuge parken, die Low-Cost-Anbieter sich ihrem Wachstum erfreuen: jeder zweite Flugzeugauftrag in diesem Jahr dürfte von einem Low-Cost-Anbieter kommen. Ryanair orderte 100 Boeing 737 und schloss eine Option für 50 weitere Maschinen ab. Desgleichen will Easyjet 75 Boeing-Maschinen bestellen (vgl. o.V. 2002 j, www; Flottau et. al. 2002, www). Auch auf der Gewinnseite liegen die Low-Cost-Anbieter weit vor den etablierten Airlines. Während viele der großen Airlines Milliardenverluste zu verkraften hatten, erreichte Ryanair erneut Rekordergebnisse: Bis Ende September 2002 konnte es die Gewinne des Jahres 2001 in Höhe von ca. 150 Mio. US-\$ bereits erreichen, was in den ersten sechs Monaten des Geschäftsjahres einer Steigerung von 71 Prozent entspricht (vgl. Done 2002, S. 20).

Für viele Branchenkenner ist klar, dass die Low-Cost-Anbieter den Markt verändern werden, insbesondere jetzt, wo die renommierten Airlines mit den Folgen des 11. Septembers 2001 zu kämpfen haben. Es wird davon ausgegangen, dass sich die Low-Cost-Anbieter hinter den traditionellen großen Fluggesellschaften als zweite Kraft vor den Chartergesellschaften etablieren können (vgl. Abbildung 9-6).

Dafür spricht auch, dass Manager mancher Airports durch die Streckenstreichungen eher geneigt sind, auf die Forderungen der Low-Cost-Anbieter nach niedrigen Gebühren einzugehen, um für eine bessere Auslastung ihrer Flughäfen zu sorgen. Für manche Airports, wie zum Beispiel Frankfurt Hahn oder London Stansted, ist dies sogar die einzige Chance um mit den großen Flughäfen konkurrieren zu können. Diese Rahmenbedingungen erleichtern den Low-Cost-Anbietern ihren Aufstieg, allerdings besteht keine Einheit über das Ausmaß des Einflusses, den die Low-Cost-Anbieter – vor allem in

Europa – auf die Luftverkehrsbranche nehmen werden. In den USA war zu beobachten, dass sich bis auf einige wenige erfolgreiche Low-Cost-Anbieter (z.B. Southwest Airlines) kaum eine Billigfluglinie halten konnte.

Abbildung
9-6

Entwicklungstendenz in der europäischen Luftfahrtbranche bis 2010
(Quelle: Sattelberger 2005 b)

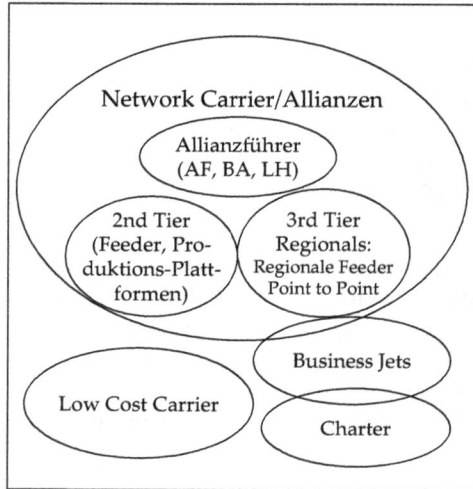

Network Carrier / Allianzen

- Drei Allianzen in Europa mit jeweils einem Allianzführer
- Marktaustritt eines Drittels der bisherigen Flag- und 2nd Tier Carriern oder Verlust der Eigenständigkeit
- Anschluss der Mehrzahl der Regionals an eines der Netzwerke mit hybridem Business Design

Low Cost Carrier

- Signifikanter Marktanteil am Intra-Europäischen Verkehr
- 2 bis 3 finanziell erfolgreiche Low Cost Carrier (First Mover Advantage, kritische Größe)

Charter

- Marktanteilsverluste an Low Cost Carrier (Seat only and Charter) auf innereuropäischen Strecken
- Nicht-integrierte Charter Carrier stehen in „ungeschütztem" Wettbewerb zu Low Cost Carriern

Außerdem werden die renommierten Fluggesellschaften nicht tatenlos zusehen, wie die Low-Cost-Anbieter ihnen ihre Marktanteile abnehmen, sondern werden mit billigen Flügen oder sogar mit einer eigenen Low-Cost-Tochtergesellschaft auf diese Herausforderung reagieren (vgl. o.V. 2002 j, www). Ähnlich sieht dies Deutsche Lufthansa Vorstand Mayrhuber: Er erinnert daran, dass es in den USA 30 Jahre gedauert habe, bis die Billiganbieter einen Marktanteil von nun 18 Prozent erreicht hätten. Und in dieser Zeit hätte nur eine kleine Anzahl bewiesen, dass sie langfristig konkurrenzfähig seien. Daher beunruhige es ihn auch nicht, dass Easyjet, Ryanair und auch Hapag-Lloyd Express im großen Rahmen neue Flugzeuge bestelle. So kommentiert Mayrhuber, dass im Gegensatz zu Überkapazitäten an Unterkapazitäten noch keiner zugrunde gegangen sei, und solche Bestellungen zwangsläufig zu Überkapazitäten und damit zu einem Verdrängungskampf führen. Trotzdem glaubt auch Mayrhuber an eine Zukunft für den Low-Cost-Markt. Jedoch könnten nicht alle derzeit am Markt agierenden Unternehmen in Zukunft auch bestehen. Aber für Mayrhuber steht fest, dass dieser Markt eine Fluggesellschaft wie die Deutsche Lufthansa nicht ernsthaft gefährden kann. Außerdem betont er, dass die Germanwings (an der die Deutsche Lufthansa beteiligt ist) angesichts der Positionierung in Köln als „first Mover" mit den besseren Flughäfen und Slots ein Vorteil gegenüber ihren Mitbewerbern auf diesem hart umkämpften Markt habe (vgl. o.V. 2002 h, www).

Die Deutsche Lufthansa AG

Auch für die Deutsche Lufthansa AG war das Jahr 2002 kein einfaches Jahr: nach den Anschlägen und der damit verbundenen Verunsicherung der Kunden, machte sich auch die weiter lahmende Konjunktur bemerkbar. Weiterhin belastet das gesunkene Verbrauchervertrauen und steigende Abgabenlasten neben allen Konkurrenten auch die Deutsche Lufthansa AG. Weitere Probleme stellen der Krieg in Afghanistan und der drohende Militärgang der USA gegen den Irak dar. Dieser mögliche Krieg im Mittleren Osten sorgt nicht nur bei den Kunden für Zurückhaltung, sondern die spürbare Angst lähmt auch Investitionen innerhalb der Branche. Bei der Deutsche Lufthansa AG hält man Notfallszenarien mit Ausweichrouten und Plänen zur schnellen Reduktion der Flugkapazität bereit, um auf einen Kriegsbeginn schnell reagieren zu können. Außerdem sicherte die Deutsche Lufthansa AG 90 Prozent des voraussichtlichen Treibstoffbedarfs bis März 2003 ab, um steigenden Ölpreisen im Zusammenhang mit einem Krieg im Nahen Osten vorzubeugen (vgl. o.V. 2002 k, www).

Jedoch hat sich die Deutsche Lufthansa AG trotz dieser schwierigen Rahmenbedingungen im Geschäftsjahr 2002 gut behauptet: So konnte sie ihre Gewinnprognose für 2002 auf 700 Millionen Euro erhöhen und steht damit im Vergleich mit anderen internationalen Airlines an der Spitze. Allerdings ist dieser Erfolg nicht ungefährdet, wie Vorstand Mayrhuber immer wieder betont: ohne den „großartigen Erfolg des Kostensenkungsprogramms D-Check" und die geschickte Strategie der Kapazitätsverlagerung auf die stückkostenärmere Langstrecke schmälern zu wollen bedeuteten drei Gäste pro Flug weniger, fünf Euro geringere Einnahmen pro Ticket sowie zwei Prozent Kostenabweichung, dass aus dem Top-Ergebnis ein Nullsummenspiel wird (vgl. o.V. 2002 h, www).

D-Check Barometer

(Quelle: Deutsche Lufthansa AG)

Abbildung

9-7

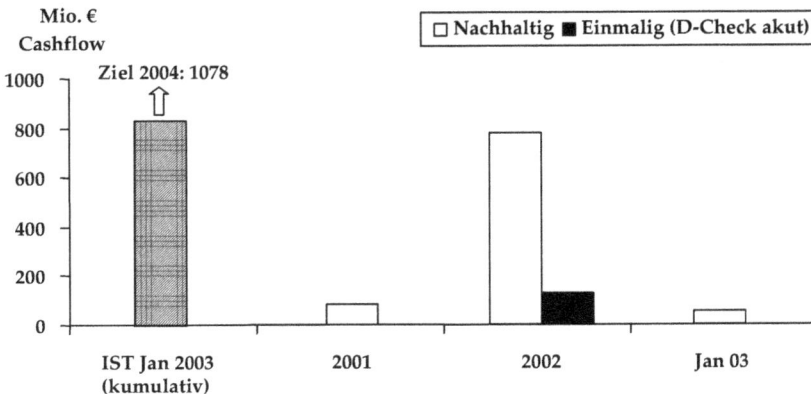

Das vorgestellte Kostensenkungsprogramm führte bisher zu Einsparungen in Höhe von 486,9 Millionen Euro (vgl. Abbildung 9-7) und soll bis Ende 2004 mehr als 1 Milliarde Euro einsparen helfen.

Doch auch andere Erfolge sind nicht zu verleugnen, insgesamt lag die Deutsche Lufthansa Ende September über ihren Planzahlen: durch eine angepasste Kapazitäts- und Preispolitik erreichte die Deutsche Lufthansa AG im Vergleich zum Jahr 2001 trotz gesunkener Passagierzahlen eine höhere Auslastung der Flüge bei nur leicht gesunkenen Durchschnittserlösen. So verstand es die Deutsche Lufthansa AG, in einem sich langsam erholenden Markt gezielt Kapazitäten anzupassen und sich bietende Chancen konsequent zu nutzen. Dabei lag sie deutlich vor ihren Konkurrenten aus den USA und Europa (vgl. Abbildung 9-8).

Abbildung
9-8

Positiver Trend der Deutschen Lufthansa AG im Vergleich zu ihren Konkurrenten
(Quelle: Deutsche Lufthansa AG)

PKT- Entwicklung bis Juli 2002 im Vergleich zum Vorjahr in %

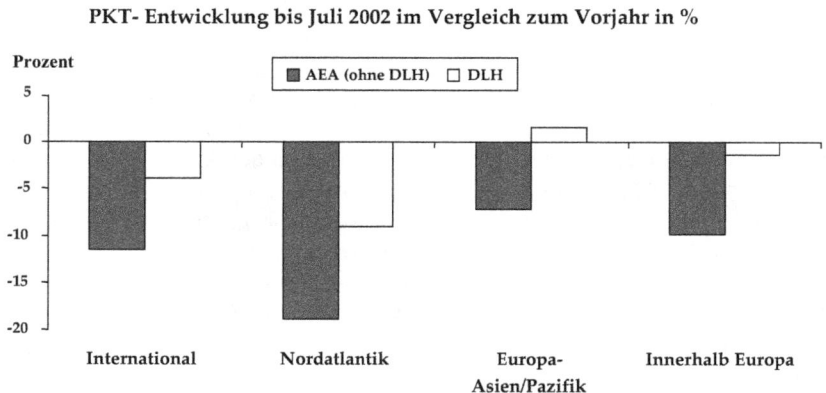

Nachfragerückgänge wurden so geschickt aufgefangen und Lücken entschlossen gefüllt. Zudem lag der Fokus darauf, mit einem schnellen und forcierten Pricing sofort auf Marktveränderungen und Gelegenheiten zu reagieren. Ein proaktives Zugehen auf Kunden – sowohl auf globaler Ebene als auch auf regionalen Märkten (z.B. Schweiz und Belgien nach dem Ausfall der Swiss und der Sabena) – zeigten die erwarteten Resultate (vgl. o.V. 2002 k, www).

Im Geschäftsjahr 2002 beförderte die Deutsche Lufthansa AG insgesamt 37,7 Millionen Passagiere, fünf Prozent weniger als 2001. Gleichzeitig und an der aktuellen Marktsituation orientiert, reduzierte sie das angebotene Flugprogramm um 5,3 Prozent, allerdings lediglich durch eine Reduzierung der Angebotsdichte, nicht durch Aufgabe von Zielorten. Der Absatz – gemessen in verkauften Passagierkilometern – sank dabei lediglich um 2,1 Prozent, wodurch der Sitzladefaktor um 2,4 Prozentpunkte auf 74,6 Prozent gesteigert werden konnte. Bei den Durchschnittserlösen war noch bis September 2002 eine Steigerung erreichbar; erst in den folgenden Monaten wurden diese Erfolge durch einen sich verstärkenden Preisdruck, vor allem in Europa, wieder zunichte gemacht, so dass die Durchschnittserlöse im Gesamtjahr unter denen des Vorjahres zurückblieben.

Passagierzahlen Januar – Juni 2002

(Quelle: Deutsche Lufthansa AG 2002 a)

Abbildung 9-9

Geschäftsfeld Passage Lufthansa Passage-Gruppe*			
		Jan.-Jun. 2002	2001
Fluggäste	Tsd.	20 998	23 139
Angebotene Sitzkilometer	Mio.	57 101	63 979
Verkaufte Sitzkilometer	Mio.	42 062	45 968
Sitzladefaktor	Prozent	73,7	71,8
Umsatz	Mio.€	5 120	5 418
Segmentergebnis	Mio.€	288	78
- davon aus Equity-Bewertung	Mio.€	-9	6
Mitarbeiter (Durchschnitt)		33 587	33 705
* Deutsche Lufthansa AG und Lufthansa Cityline GmbH			

Für die einzelnen Regionen bedeutet dies folgendes:

In *Europa* beförderte die Deutsche Lufthansa AG 28,2 Millionen Fluggäste, das waren 6,9 Prozent weniger als im Vorjahr. Doch auch hier schaffte die Deutsche Lufthansa AG durch Restrukturierungsmaßnahmen die Auslastung um 1,5 Prozentpunkte auf 62,9 Prozent zu erhöhen, da die Reduktion des Angebotes die nachlassende Nachfrage überkompensierte.

Auf den *Nordatlantikstrecken* konnte die Deutsche Lufthansa AG eine Stabilisierung der Fluggastzahlen vermelden, die mit 4,5 Millionen beförderten Fluggästen fast wieder das Vorjahresniveau erreichte. Auch hier konnte durch Kapazitätsabbau der Rückgang der Nachfrage aufgefangen werden und der Sitzladefaktor um 4,1 Prozentpunkte auf 79,8 Prozent gesteigert werden.

Besondere Zuwächse konnte die Deutsche Lufthansa AG im *Asien/Pazifik*-Geschäft erzielen; die Zahl der Passagiere stieg um 6,6 Prozent auf 3,0 Millionen. So konnte nicht nur der Absatz deutlich gesteigert werden, sondern im Gegensatz zu Europa und Nordamerika baute die Deutsche Lufthansa AG in diesem Bereich sogar Kapazitäten aus. Dadurch verbesserte sich der Sitzladefaktor um weitere 2,0 Prozentpunkte auf hervorragende 80,4 Prozent (vgl. Deutsche Lufthansa AG 2003 a).

Um den beschriebenen Entwicklungen entgegenzusteuern und die Wettbewerbsposition zu sichern, unternahm die Deutsche Lufthansa AG starke Anstrengungen. Abbildung 9-10 zeigt dabei, im Vergleich zu den in den Kapiteln 7.3 und 8.3 vorgestellten schnellen und unmittelbaren Reaktionen, Maßnahmen, welche langfristig den Erfolg des Unternehmens sichern sollen.

Abbildung 9-10

Maßnahmen zur langfristigen Erfolgssicherung

(Quelle: Deutsche Lufthansa AG)

- Restrukturierung des Netzwerkes
- Reduzierung der Fixkosten
- Sicherstellung der Refinanzierung
- Verbesserte Nutzung von Synergien durch die Star Alliance
- Stärkung der Online Aktivitäten und des e-Franchising
- Zuverlässigkeit als Schlüssel zum Erfolg positionieren – von der technischen Kompetenz profitieren
- Stärkung der Service Marke

In den folgenden Unterkapiteln werden diese von der Deutschen Lufthansa AG zur Bewältigung der Krise vorgenommenen Maßnahmen vorgestellt und ihre Auswirkungen bzw. Erfolge aufgezeigt.

9.3.1 Weiterführende Kosteneinsparungen

Eine Möglichkeit der Kosteneinsparung sieht die Deutsche Lufthansa AG bei der Ausstattung ihrer Flugzeuge. So wurden aus einem Teil der A-320 Flugzeuge Stauräume (z.B. Küchen) entfernt und durch Sitzplätze ersetzt. Dies ist nicht mit Einschränkungen beim Komfort oder dem Angebot verbunden, da z.B. die Küchen auf Kurzstreckenflügen nicht benötigt werden. Dennoch wurde hierdurch die Kapazität erweitert und das Sitzplatzangebot bei gleichen Fix- und variablen Kosten erhöht.

Weitere Einsparmaßnahmen werden vor allem bei der Prozessoptimierung gesehen, da in vielen anderen Bereichen die Grenzen von Kostensenkungsmaßnahmen zunächst erreicht seien. Hierbei liegt das Augenmerk insbesondere bei der Ticketerstellung und dem Catering, da letzteres unter anderem die Standzeiten der Flugzeuge beeinflusst und damit nicht unerheblich zu den Kosten am Boden beiträgt. Bei beiden aufgezeigten Prozessen wurde erhebliches Optimierungspotenzial entdeckt. Eine Prozesskostenanalyse des Ticketvertriebes bildete die Grundlage, sowohl bei der Deutschen Lufthansa AG als auch in den Reisebüros neue Einsparungspotenziale aufzudecken.

Diese gilt es nun nutzbar zu machen und gemeinsam mit den Vertriebstellen Möglichkeiten zu finden, die Distributionskosten deutlich zu senken (vgl. o.V. 2002 h, www).

Der Einsatz von modernen und kostengünstigeren Flugzeugtypen wie dem Airbus A330 soll weiterhin dabei helfen, langfristig Kosten zu sparen und so eine wirtschaftliche Bedienung im Langstreckenverkehr sicherzustellen. Daher soll dieser Typ insbesondere im Interkontinentalverkehr vermehrt eingesetzt werden, da gerade in diesem Bereich von einer soliden Nachfrageentwicklung ausgegangen wird (vgl. Deutsche Lufthansa AG 2003 a).

Anpassung der Flotte und der Kapazität 9.3.2

Für den Winterflugplan 2002/2003 erhöhte die Deutsche Lufthansa AG die nach den Anschlägen des 11. Septembers 2001 reduzierte Kapazität wieder um 13 Prozent. Damit erreicht sie trotz der nicht ganz unerheblichen Risiken im politischen wie ökonomischen Bereich fast wieder das Angebotsniveau des Winters 2000/2001. Jedoch gilt weiterhin, dass die Kapazitätserhöhungen auch von der Nachfrage getragen werden müssen, um ein profitables Wachstum zu erreichen. Als Beispiel kann der Interkontinentalbereich genannt werden, der laut Vorhersagen der Deutschen Lufthansa-Strategen künftig expandiert und diese Kapazitätserhöhung am Markt leicht absetzbar seien. In anderen Bereichen sollen hingegen Marktanteile hinzugewonnen werden, um hierdurch die höheren Kapazitäten auszulasten. Sollte allerdings die Profitabilität darunter leiden, ist die Deutsche Lufthansa AG im Gegensatz zu anderen Fluggesellschaften zu schnellen und flexiblen Reaktionen bereit. Dies liegt vor allem daran, dass die Deutsche Lufthansa nur in geringem Umfang von geleasten Flugzeugen abhängig ist und die Möglichkeit existiert, bei einem Nachfragerückgang Flugzeuge stehen zu lassen, ohne dass entsprechende Leasing-Raten fällig werden. Andere Fluggesellschaften, welche eine hohe Anzahl geleaster Flugzeuge betreiben, müssen diese Flugzeuge in der Luft halten, was zu einem Preisverfall führen kann, da sie ihre Überkapazitäten zu Dumpingpreisen verkaufen müssen. Diesem Preisverfall werde sich die Deutsche Lufthansa AG allerdings laut Vorstand Mayrhuber durch eine entsprechende Kapazitätsanpassung entziehen (vgl. o.V. 2002 h, www).

Ein weiteres Signal, welches die Hoffnung auf eine weitere Normalisierung des Flugverkehrs widerspiegelt, ist die Bestellung von zehn Airbus 330-300, welche zwischen Januar 2004 und November 2005 im Fernflugbereich zum Einsatz kommen sollen. Neben der genannten erhofften Erholungstendenz wurde insbesondere die momentan günstige Marktsituation für Flugzeugbeschaffungen genutzt, um sukzessive weiter Kapazitäten auszubauen. Dies geschieht bereits am Flughafen München, der als zweites Lufthansa-Drehkreuz weiter ausgebaut wird, indem Interkontinentalverbindungen von 20 auf 39 erhöht wurden und der Europa- und innerdeutsche Verkehr mit 47 zusätzlichen Verbindungen ausgebaut wurde. Dies spiegelt zudem die Hoffnung der Deutschen Lufthansa AG wider, dass das Drehkreuz München ein Wachstumsträger wird (vgl. o.V. 2002 k, www).

Weiter ausgebaut wird zudem die Kapazität zwischen Deutschland und der Schweiz. Auf dieser Strecke bietet die Deutsche Lufthansa AG ab Ende Oktober 2002 insgesamt 430 wöchentliche Verbindungen an. Dies zeigt anschaulich, wie auf Marktsituationen flexibel und schnell reagiert wird, um so sich bietende Chancen konsequent zu nutzen. Zum Vergleich: Mitte 2000 waren es 313 wöchentliche Verbindungen; nach dem Zusammenbruch der Swissair bot die Deutsche Lufthansa AG kurzfristig mehr Flüge an und untermauert durch die neueren Zahlen den positiven Trend. Dies bestätigt auch Steffen Harbarth, Lufthansa-Direktor Schweiz: obwohl von der Swissair Pleite profitiert wurde, sei es jedoch gelungen, neue Kunden langfristig zu binden. Zusätzlich betont er, dass die Ertragssteigerung von über 20 Prozent deutlich höher liegt als das Plus an Passagieren. Dies sei vor allem durch ein Plus an Geschäftsreisen zustande gekommen (vgl. o.V. 2002 k, www).

So kann das Beispiel Schweiz verdeutlichen, wie die Deutsche Lufthansa AG erfolgreich ihre Kapazitäten anpasste sowie damit neue Kunden hinzugewann und ihr Ergebnis deutlich steigern konnte (vgl. Abbildung 9-11).

Abbildung 9-11

Verluste durch zu langsame Kapazitätsanpassungen
(Quelle: Deutsche Lufthansa AG)

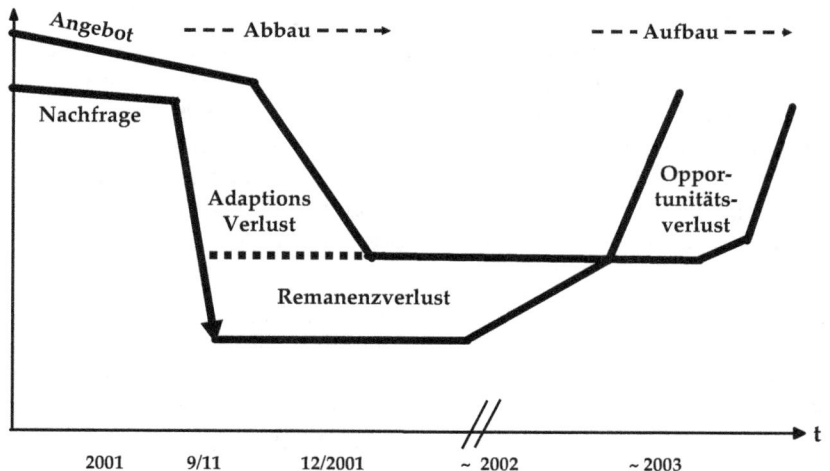

Recruiting / Mitarbeiter

Die Deutsche Lufthansa AG reagierte auf den prophezeiten Aufschwung in der Luftfahrtindustrie, der trotz der Einbußen nach den Anschlägen des 11. Septembers 2001 für die kommenden Jahre vorausgesagt wird (vgl. Abbildung 9-12).

Verluste Anpassung der Mitarbeiterzahlen

(Quelle: Sattelberger 2005 b)

Abbildung
9-12

Actual development after 9/11

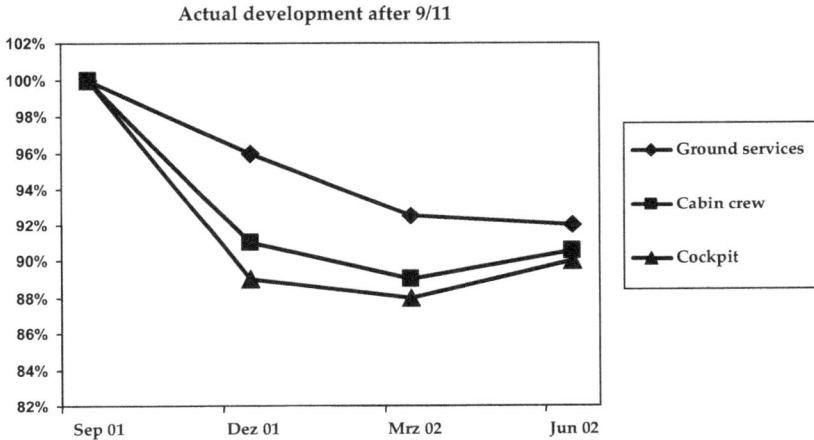

Um ihre geplante Expansionsstrategie verfolgen zu können, benötigt die Deutsche Lufthansa AG in der Zukunft weiter gut ausgebildete und motivierte Mitarbeiter. So planen die Strategen, eine weitere Stabilisierung des Marktes vorausgesetzt, 1.800 neue Flugbegleiter, 340 Piloten und 410 weitere Mitarbeiter am Boden einzustellen. Zusätzlich sollen noch 600 Stellen für Hochschulabsolventen geschaffen werden. Dies wurde unter anderem durch die Einführung eines modernen Arbeitszeitvertragssystems ermöglicht, welches es der Deutschen Lufthansa AG erlaubt, flexibel auf Marktschwankungen reagieren zu können, ohne Personal entlassen zu müssen.

Auf Seiten der Mitarbeiter besteht hierdurch unter anderem die Möglichkeit, Teilzeit zu arbeiten und somit mehr Zeit für die Familie zu haben. Dies hat evt. auch dazu beigetragen, dass die Deutsche Lufthansa AG zu einem der attraktivsten Arbeitgeber in Deutschland gehört. So betont Personalvorstand Stefan Lauer, dass es die Deutsche Lufthansa AG verstanden habe, sich als zuverlässiger und treuer Arbeitgeber, insbesondere in den schweren Zeiten nach dem 11. September 2001, zu präsentieren. Lauer weiter: „Wir haben die Krise zusammen mit unseren Mitarbeitern überstanden. Durch die mit den Arbeitnehmervertretern erreichten Lösungen konnten wir betriebsbedingte Kündigungen vermeiden. Weiter betont diese Herangehensweise unsere Politik, unsere Mitarbeiter nicht als Kostenfaktor, sondern im Gegenteil als Basis unseres unternehmerischen Erfolges zu sehen" (o.V. 2002 l, www).

Zusätzlich zu den oben genannten Stellen, möchte die Deutsche Lufthansa AG auch bei stabiler wirtschaftlicher Lage die Zahl der Ausbildungsplätze erhöhen. 2003 sollen so 644 neue Ausbildungsplätze geschaffen werden (18 Prozent mehr als im Jahr 2002). Um die passenden Bewerber auf das Unternehmen aufmerksam zu machen, startet die Deutsche Lufthansa AG eine Recruitment-Kampage unter dem Motto „Be Lufthansa", welche das Unternehmen als ein attraktiven Arbeitgeber für potenzielle Mitarbeiter darstellen und die Philosophie der Deutschen Lufthansa AG vermitteln soll: Führungsstärke, Professionalität und soziale Kompetenz (vgl. o.V. 2002 l, www).

Auch für die bestehenden Mitarbeiter der Deutschen Lufthansa AG gilt es, die Rolle als fairer und verlässlicher Arbeitgeber und Partner zu verteidigen. Bei den Tarifverhandlungen muss demnach eine Balance zwischen der Beschäftigungsperspektive für die Mitarbeiter und einem kurzfristigen öffentlichkeitswirksamen Abschluss erzielt werden, welche beide Seiten befriedigt. So muss zum einen berücksichtigt werden, dass die Mitarbeiter nach dem 11. September 2001 Einschnitte haben hinnehmen müssen, und zum anderen, dass sie nun an dem aufkommenden Aufschwung mit partizipieren möchten. Auf der anderen Seite würden zu starke Steigerungen wiederum die Wettbewerbsfähigkeit der Deutschen Lufthansa AG stark einschränken. Ein Kompromiss, der die Personalkosten für die Deutsche Lufthansa AG nicht zu stark steigen lässt und welcher für die Mitarbeiter gleichzeitig mindestens einen Ausgleich für die Preissteigerungen mit sich bringt, muss gefunden werden. So betont Mayrhuber, dass die Tarifpartner wissen, wie anfällig das System ist und auf welchem schmalem Grat sich die Deutsche Lufthansa AG bewegt. Aber auch er sieht, dass eine Kostenschraube nicht beliebig lange drehbar ist, wenn die Qualität und Motivation nicht aufs Spiel gesetzt werden soll (vgl. o.V. 2002 h, www).

9.3.4 Allianzen

Die Star Alliance feierte am 14. Mai 2002 ihren fünften Geburtstag. Auch nach dem 11. September 2001 hat sich diese Allianz bewährt (vgl. Deutsche Lufthansa AG 2003 a). So steht sie trotz des Antrages auf Gläubigerschutz des zweitgrößten Allianz-Partners, der amerikanischen United Airlines, und dem damit verbundenen Imageschaden, als eine der am besten aufgestellten Allianzen mit dem umfassendsten Streckennetz da. Auch befürchtete Umstrukturierungen bei United Airlines würden das Flugangebot der Lufthansa AG in die USA nicht übermäßig treffen, da die von der Deutschen Lufthansa AG bedienten Strecken zu den profitabelsten gehören (vgl. Knigge 2002, www). So bietet sie ihren Kunden abgestimmte Flugverbindungen zu 720 Zielen in 110 Ländern (vgl. o.V. 1999, www).

Insgesamt umfasst die Star Alliance derzeit 14 renommierte Fluggesellschaften. Im Juni 2002 wurde die Aufnahme der koreanischen Asiana Airlines, der polnischen LOT und der spanischen Spanair beschlossen. Sie sollen in den nächsten sechs bis zwölf Monaten Mitglieder der Star Alliance werden (vgl. Deutsche Lufthansa AG 2002 a). Es existierten zudem Gerüchte, die Deutsche Lufthansa habe schon Kontakt mit American Airlines aufgenommen, welche allerdings vom Vorstand als haltlos zurückgewiesen werden. So betont Vorstandsvorsitzender Jürgen Weber, dass eine Allianz von Vertrauen getragen werde und ihre wirkliche Stärke sich in Krisenzeiten beweisen müsse. Hierbei kann insbesondere die United Airlines von ihrem deutschen Partner lernen, sie hatte sich in der Vergangenheit sehr stark auf den amerikanischen Heimatmarkt konzentriert und nach dem 11. September 2001 ganz besonders unter den Folgen gelitten.

Aber auch für die Deutsche Lufthansa AG ist die Star Alliance ein wichtiger Erfolgsfaktor: nur mit Hilfe eines guten Netzes von starken Partnern kann die Deutsche Lufthansa AG ihren Kunden auch in Zukunft ein weltweit flächendeckendes Netz von Reisemöglichkeiten offerieren. Dies ist ein Grund für eine kontinuierliche Vergrößerung der Allianz. Zum Beispiel wird die Asiana im Jahr 2003 in den Verbund aufgenommen und damit das lukrative südasiatische Verkehrsgebiet abgedeckt. In China heißt der Wunschpartner Air China und um Indien kümmert sich der Star Alliance-Partner Singapore Airlines, der in Verhandlungen mit Air India steht. Die Lücke, als Folge des Ausfalls der australischen Ansett, sieht Mayrhuber als nicht so dramatisch an, da die SIA und die Thai direkte Anbindungen zum fünften Kontinent hätten.

Online-Engagement

Als wichtiger Baustein einer modernen Unternehmenskommunikation und als immer wichtiger werdender Distributionsweg hat die Deutsche Lufthansa AG ihr Online-Engagement intensiviert (vgl. Abbildung 9-13). So wurde zur Ausweitung des Online-Vertriebs ein globales Partnerschaftsabkommen mit Expedia geschlossen und die Ticketbuchung im Lufthansa InfoFlyway optimiert. Dass diese Anstrengungen Wirkung zeigen, verdeutlicht eine von Nielsen/NetRatings im August 2002 durchgeführte Befragung, bei welcher die Deutsche Lufthansa AG mit deutlichem Abstand in der Besucherzahl-Zunahme führte: mit einem rapiden Anstieg von mehr als 400 Prozent in den vergangenen zwölf Monaten wurde die Deutsche Lufthansa AG damit zur führenden europäischen Fluglinie im Internet (vgl. o.V. 2002 m, www).

Gleichzeitig startete Opodo, der gemeinsame Internet-Reiseanbieter großer Airlines (Beteiligung der Deutsche Lufthansa AG an Opodo: 23 Prozent) eine Werbeoffensive auf dem deutschen Reisemarkt und versuchte damit, Boden, der im Vergleich zu den Onlineverkäufen der Low-Cost-Anbieter verloren wurde, wieder gutzumachen. Hier wurde auch eine Kooperation mit

L'TUR eingegangen, um das Angebotsspektrum um Last-Minute-Reisen zu erweitern (vgl. Deutsche Lufthansa AG 2002 a). Im Vergleich zu den Low-Cost-Anbietern mit Online-Buchungsraten von 80 bis 90 Prozent liegen die etablierten Airlines jedoch noch weit zurück. British Airways beispielsweise kann dagegen gerade einmal zwei Prozent Onlinebuchungen vermelden, Air France drei Prozent und Crossair nur einen Anteil von einem Prozent (vgl. Kantor 2002, www).

Abbildung
9-13

Top 10 Europäische Fluglinien nach Anstieg der Besucherzahlen
(Quelle: o.V. 2002 m, www)

Property	Besucher Anstieg jährlich (%)	Aktive Reichweite Europa (%)	Unique Audience `(000)	Rang (jährl. Besucher-anstieg)	Zeit pro Person	Land
Lufthansa	442	1.89	1.159	1	00:13:36	Germany
British	170	0.93	676	2	00:14:22	UK
KLM	137	0.85	603	3	00:05:44	Nlands
Ryanair	133	1.36	826	4	00:11:46	UK
British	132	0.29	235	5	00:13:00	UK
Easy	73	1.01	915	6	00:13:04	UK
Air France	62	0.29	185	7	00:16:15	France
Go Fly	56	0.59	540	8	00:13:35	UK
Alitalia	16	0.32	238	9	00:11:44	Italy
SAS	N/A	0.17	91	10	00:17:30	Sweden

9.3.6 Sonstige Maßnahmen

Da die Kosten für die Versicherung der Flugzeugflotte nach dem 11. September 2001 sprunghaft angestiegen sind und sich seitdem auf einem sehr hohen Niveau bewegen, wird die Fortentwicklung der bestehenden Modelle zur Absicherung von Terrorrisiken besonders beobachtet. Grund für die so stark gestiegenen Prämien sind die gestiegenen Kosten für die Absicherung von Kriegs- und kriegsähnlichen Ereignissen. Und eine Zuspitzung der Auseinandersetzung mit dem Irak sowie neue terroristische Anschläge bergen das Risiko weiter ansteigender Prämien. Bei der Lösung, bzw. Reduzierung der hierdurch hervorgerufenen Risiken, setzt die Deutsche Lufthansa AG auf eine intensive Zusammenarbeit aller Marktteilnehmer und der internationalen Staatengemeinschaft.

Auf der anderen Seite sieht die Deutsche Lufthansa AG sich strategisch und finanziell gut aufgestellt, um ihre Position auch bei einer länger andauernden Krise zu halten. Ferner könnte sie durch eine fortwährende Konsolidierung bzw. dem Ausscheiden zusätzlicher Wettbewerber weiter profitieren. Um diese relative Stärke im Vergleich zu den Konkurrenten auch in Zukunft weiter ausbauen zu können, ergänzte die Deutsche Lufthansa AG ihre bereits umfassenden „D-Check" und „D-Check akut" Programme um die Initiative „Cash 100", die noch im Jahr 2003 einen zusätzlichen Cashflow von rund 100 Millionen Euro erzielen soll (vgl. Deutsche Lufthansa AG 2003 a).

Aber nicht nur auf der Kostenseite ist weiteres Potenzial für eine Verbesserung der Wettbewerbssituation gefunden und genutzt worden, auch im Bereich des Services Excellence wurden Fortschritte gemacht. So avancierte die Deutsche Lufthansa AG in den ersten Monaten des Jahres 2002 wieder zur pünktlichsten Fluggesellschaft Europas – ein Ergebnis der eingeleiteten Maßnahmen zur Verbesserung der Pünktlichkeit. Um diese Platzierung halten zu können, bzw. die Pünktlichkeit weiter steigern zu können, setzt die Deutsche Lufthansa AG seit April 2002 das System Allegro ein und hofft, damit die gewünschten Verbesserungen erzielen zu können (Deutsche Lufthansa AG 2002 a).

Auch in anderen Bereichen wie zum Beispiel im Falle des Low-Cost-Anbieters Germanwings zeigt sich die Deutsche Lufthansa optimistisch. Dieser ist bei der Deutschen Lufthansa AG konzipiert und von der Minderheitsbeteiligung Eurowings betrieben. Einerseits sollen neue Märkte erschlossen werden, ohne jedoch der Deutschen Lufthansa AG selber Kunden streitig zu machen oder Preise zu drücken. Hiermit rechnet die Deutsche Lufthansa AG allerdings nicht, insbesondere, da gerade für den deutschen Markt die Kombi-Tarife eingeführt wurden, welche es erlauben, flexibel Billigpreise für nachfrageschwache Zeiten mit den teureren Tagesrandverbindungen zu kombinieren (vgl. o.V. 2002 h, www).

Ebenfalls erste Erholungstendenzen sieht die Deutsche Lufthansa AG im Bereich des Flug-Catering-Geschäfts der LSG Sky Chefs-Gruppe. Passagierrückgang, Reduzierung des Flugangebots sowie außerdem Einschränkungen im Bordserviceangebot der amerikanischen Fluggesellschaften als Folge der Terroranschläge vom 11. September 2001 hatten diesen Bereich auch hart getroffen. Straffes Kostenmanagement, die Integration des im Juni 2001 erworbenen operativen US-Geschäfts und Umsatzsteigerungen gegenüber dem Einbruch nach dem 11. September sind jedoch auch hier erste Anzeichen für die Rückkehr zu guten Renditen in diesem Geschäftsfeld (vgl. Deutsche Lufthansa AG, 2003 a). Dieser positive Trend wird insbesondere dadurch deutlich, dass die Deutsche Lufthansa AG im Vergleich zu anderen europäischen und internationalen Konkurrenten das beste operative Ergebnis im Zeitraum Januar bis September 2003 erzielte (vgl. Abbildung 10-15).

Zusammenfassung und Implikationen

Zusammenfassung

Dieses Kapitel ordnet die durch die Anschläge des 11. Septembers 2001 ausgelöste Krise in die vorgestellte Krisentheorie (vgl. Kapitel 2 bis 5) ein und fasst die gravierenden Auswirkungen auf die gesamte Luftfahrtbranche zusammen. Danach wird die Krisenbewältigung der Deutschen Lufthansa AG exemplarisch dargestellt und anschließend werden die eingeleiteten Maßnahmen schrittweise erläutert, welche das Krisenmanagement der Deutschen Lufthansa AG bei der Bewältigung der Terror-Folgen so erfolgreich werden ließen. Hierzu wird eine Verknüpfung wichtiger Elemente des theoretischen Krisenmanagement mit der realen Krisenbewältigung der Deutsche Lufthansa AG vollzogen und eine grobe Aufteilung der Maßnahmen des durchgeführten Krisenmanagement in deren temporären Planungs- bzw. Wirkungshorizont vorgestellt. Dieser erfolgreiche Maßnahmenmix führt zwangsläufig zur Frage der Generalisierbarkeit für zukünftige potenzielle Krisen. Deshalb werden der Erkenntnisgewinn sowie die neuen Herausforderungen, welche künftig vermehrt an das Krisenmanagement gestellt werden, abschließend herausdestilliert.

Einordnung des 11.9.2001 in die Krisentheorie

Bei der Untersuchung der Ereignisse des 11. Septembers 2001 und dessen Auswirkungen muss der multiplen Krise Rechnung getragen werden. Es handelt sich um eine Krise in der Krise, wobei eine Krise durch die konjunkturellen Zyklen beschrieben wird, welche in der Airline-Industrie eine schleichende Krise darstellt. Der 11. September 2001 ist in dieser Einordnung die temporal untergeordnete, zeitlich klar abgegrenzte Krise, welche durch ihren markanten und einschneidenden Verlauf charakterisiert ist. Erkennbar ist dies in Abbildung 10-1, in welcher der zyklische Charakter der Konjunktur dargestellt wird. In Folge der Anschläge des 11. Septembers 2001 ist ein klarer, ca. ein Jahr umfassender, negativer Ausbruch nach unten erkennbar.

Abbildung

10-1

Konjunkturzyklus Indikator der Deutschen Lufthansa AG

(Quelle: Deutsche Lufthansa AG 2003 a)

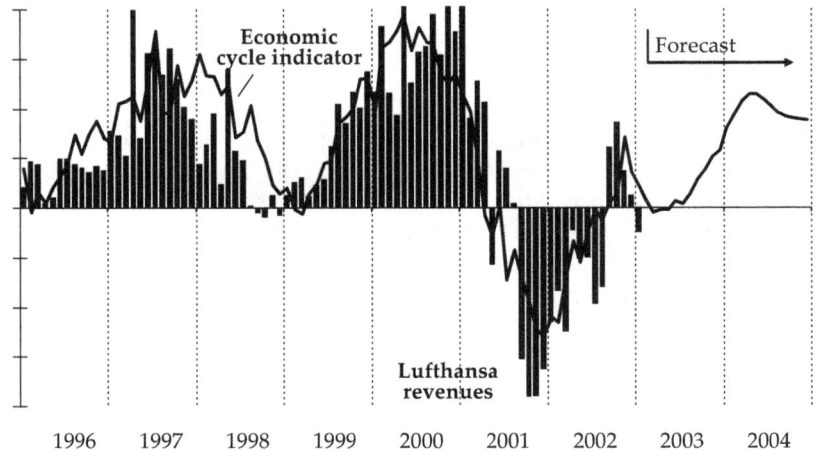

Neben den beiden bereits beschriebenen Krisen ist eine weitere dritte Krise, welche durch den in der Luftfahrtbranche zu vollziehenden Strukturwandel beschrieben ist, wirksam. Hier sind unter anderem die resistenten Überkapazitäten, staatliche Eingriffe, Implikationen der Globalisierung oder die starke Fragmentierung der Märkte als Krisendeterminanten zu nennen. Zudem verstärkt jüngst die steigende Bedeutung der No-Frill Fluggesellschaften den Preiswettbewerb in der gesamten Branche.

Der 11. September 2001 stellt isoliert jedoch ohne Zweifel eine plötzliche Krise im Sinne der Definition nach Krystek (1987, S. 6) sowie Irvine und Millar (1996, S. 1) dar. Die Anschläge machten jedem die Verwundbarkeit des modernen Transportsystems deutlich. Die Undenkbarkeit solcher Anschläge und ihr Ausmaß führten dazu, dass nicht nur die Unternehmen, welche direkt betroffen waren, wie z.B. American Airlines durch die zwei entführten Maschinen oder Unternehmen mit Büros im World Trade Center, sondern die gesamte Weltwirtschaft und insbesondere die Luftfahrtbranche von diesem Terror-Ereignis betroffen wurden. Diese Krise stellt somit in diesem Punkt eine Besonderheit dar, da ein einzelnes lokales Ereignis globale Folgen auslöste. Durch die zusätzliche Tatsache, dass bei den Anschlägen Verkehrsflugzeuge als Waffen gegen die Zivilbevölkerung genutzt wurden, fanden sich insbesondere Unternehmen der Luftfahrtbranche – vor dem Hintergrund des schleichenden konjunkturellen Abschwungs – plötzlich in einer existenzbedrohenden multiplen Krise wieder.

Komparative Evaluierung der multiplen Krise nach dem 11.9.2001

(Quelle: Eigene Darstellung)

Abbildung

10-2

Bezeichnung	Terror-Krise	Konjunktur-Krise	Struktur-Krise
Zeitbezug	• Kurzfristig	• Mittelfristig	• Langfristig
Ursachen	• Terror-Attentate vom 11.9.2001	• Weltkonjunktur • Konjunkturelle Abhängigkeit der Flugbranche	• Globalisierung • Marktfragmentierung • Rechtl. Deregulierung • Dialektische Liberalisierung durch Einflussname der Nationalstaaten • Resistente Überkapazitäten
Vorhersagbarkeit	• Sehr schwierig • A priori Signale sehr schwach • Unerwartetes / überraschendes Eintreten	• Sehr einfach • Leicht zugängliche Frühindikatoren	• Sehr einfach • Großer Einfluss branchenexogener Determinanten
Einwirkung	• Plötzlich • Schockartig • Direkt • Sehr massiv	• Schleichend • Zyklisch • Direkt • Groß	• Schleichend • Sprunghaft • Indirekt • Groß • Teilw. ambivalent
Prognosefähigkeit des Verlaufs	• Einfach • Erstmaligkeit und Einzigartigkeit des Ereignisses • Erfahrungen aus dem Golfkrieg 1990	• Sehr einfach • Vorhandene Lerneffekte • Starke Abhängigkeit der Flugnachfrage von allg. wirtschaftlicher Entwicklung	• Schwierig • Komplexe und vielschichtige Wirkungszusammenhänge • Volative Eigeninteressen einzelner Staaten
Handlungsbedarf	• Unmittelbar • Groß • Opperativ • Einsichtig • Starke und unmittelbare Akzeptanz und Opferbereitschaft der Stakeholder	• Akut • Normal • Vorrangig strategisch • Keine direkt erfahrbare Bedrohung • Fehlende Akzeptanz und Opferbereitschaft der Stakeholder	• Nicht akut • Gering • Strategisch • Unklar • Keine direkt erfahrbare Bedrohung • Fehlende Akzeptanz und Opferbereitschaft der Stakeholder
Beherrschbarkeit	• Schwierig	• Einfach	• Sehr schwierig
Kritische Problembereiche	• Lähmender Schock • Zeitdruck / Adoptionszeiten • Maßnahmeneffektivität • Fehlende Erfahrung in der Krisenbewältigung • Krisenprävention	• Maßnahmenakzeptanz der Stakeholder • Qualität des strategischen Managements	• Problembewusstsein • Ansatzpunkte effektiver Gegenmaßnahmen • Latente Preiskriegsgefahr • Lobbyismus

Dabei stellt der 11. September 2001 gemäß der Typologisierung von Grüber (2001, S. 12) und Müller (1986, S. 66 ff) für alle betroffenen Unternehmen in jedem Fall eine unternehmensexterne Ursache für die darauf folgende Krise dar. Allerdings ist zu beachten, dass sich einige Airlines bereits vor den Anschlägen in unternehmensinternen Krisen befanden (z.B. Sabena oder Swissair), bzw. die gesamte Branche – wie in Kapitel 6.1.2 beschrieben – unter den schwierigen Marktbedingungen litt.

Aber auch in diesen Fällen waren die Anschläge als externer Auslöser und Katalysator für die betroffenen Unternehmen ausschlaggebend. Wird der 11. September 2001 als die Krisenursache angenommen, kann diese weiter als eine plötzliche und schwer vorhersehbare Krise identifiziert werden. Dieser Krisentyp, wie ihn Irvine und Millar (1996, S. 2) sowie Töpfer (1999, S. 20, 85) beschreiben, stellt eine besondere Herausforderung an das Management dar, da eine Vorbereitung darauf nur begrenzt möglich und der Handlungszeitraum für die Unternehmensführung sehr kurz ist.

Eine Einordnung des 11. September 2001 in die Systematik nach Müller (1986, S. 55) ist schwerer zu vollziehen, da die Anschläge scheinbar unter die Liquiditätskrisen einzuordnen sind und somit die besten Aussichten auf eine erfolgreiche Bewältigung der Krise signalisierten. Die Schwierigkeiten ergeben sich durch die Annahme, dass eine gesunde Unternehmenssubstanz vorhanden ist, welche in der Luftfahrtbranche nicht durchgängig gegeben war. Außerdem waren die Auswirkungen so gravierend und global, dass gleichzeitig mit der Liquidität auch die Strategie der betroffenen Unternehmen in Frage gestellt wurde. Einfacher ist die Einordnung der Anschläge letztlich in die Systematik nach Töpfer (1999, S. 275), welcher die Krisenverläufe aus Sicht des öffentlichen Interesses vergleicht, innerhalb derer der 11. September 2001 unter die eruptiven Krisen einzuordnen ist.

Zusammenfassend lässt sich festhalten: der 11. September 2001 stellte eine kaum vorhersehbare, plötzliche Krise dar, welche in ihrem Ausmaß so groß war, dass sie im Rahmen der rezessiven Konjunktur kurzfristig nicht nur den Fortbestand eines einzelnen Unternehmens, sondern mit der strukturellen Krise den einer ganzen Branche bedrohte. Die Gefährdung war so substanziell, dass nur schnelles und hartes Handeln die Aussichten auf eine Bewältigung der Krise versprach. Dabei gab es isoliert betrachtet nur wenige alternative Lösungswege, um den externen Schock des 11. Septembers 2001 akut zu kontrollieren (Stilllegung bestimmter Strecken, Sicherheitsmaßnahmen erhöhen etc.).

| Abbildung 10-3 | *Typologisierung der Attentate vom 11.9.2001*
(Quelle: Eigene Darstellung) |

- Externe, kaum vorhersehbare und plötzliche Krise
- Wechselwirkungen (Beschleunigung und temporäre Verstärkung) mit schleichender, mittelfristiger Konjunkturkrise und vorherrschender langfristiger Strukturkrise
- Die Auswirkungen waren global und branchenübergreifend
- Besonders betroffen war u.a. die Luftfahrtindustrie
- Substantielle Bedrohung führte einige Unternehmen schließlich in die Insolvenz

Auswirkungen auf die Luftfahrtbranche

Direkt von den Anschlägen des 11. Septembers 2001 betroffen waren die beiden amerikanischen Fluggesellschaften American Airlines und United Airlines. Es waren Maschinen dieser Fluggesellschaften, welche mit insgesamt 266 Menschen an Bord von den Terroristen für die Anschläge missbraucht wurden. In der Folge dieser Geschehnisse werden alle anderen in der Luft befindlichen Flugzeuge zur Landung gezwungen und der zivile amerikanische Luftraum drei Tage lang gesperrt. Dies bedeutet den Ausfall von 4.500 Flügen täglich im inneramerikanischen und internationalen Flugverkehr, welcher für die Airlines insgesamt kumulierte Verluste von bis zu einer Mrd. US-$ bedeutet. Von diesen Belastungen getroffen, muss bereits einen Tag nach dem 11. September 2001 die amerikanische Midway Airlines Insolvenz anmelden und steht damit an der Spitze einer ganzen Reihe weiterer Konkurse. Auch nach der Wiedereröffnung des amerikanischen Luftraums verschärft sich die Lage der Airlines weiter. Die Buchungen und die Auslastungen der Flugzeuge gehen um bis zu 50 Prozent zurück, was auf die Angst vor weiteren Anschlägen und die geänderten Einstellungen der Konsumenten zurückzuführen ist.

Folgen der Attentate auf die Luftfahrtbranche – I
(Quelle: Eigene Darstellung)

Abbildung
10-4

Zusammenfassung der unmittelbaren Auswirkungen

- Verlust von vier Flugzeugen mit insgesamt 266 Menschen an Bord
- Dreitägige Sperrung des zivilen amerikanischen Luftraums
- Ausfall von 4.500 Flügen täglich
- Kumulierte Verluste der Airlines bis zu 1 Mrd. US-$
- Erste Insolvenzen
- Buchungsrückgänge von bis zu mehr als 50 Prozent

In den folgenden drei Monaten bleibt die Lage weiter angespannt und die Situation der Fluggesellschaften verschlechtert sich zusehens. Durch die Einbrüche bei den Buchungen und den Umsätzen, welche in dieser Zeit bei bis zu 40 Prozent liegen, gehen die Zahlen auf das Gesamtjahr 2001 gesehen für die Bereiche Passage um vier Prozent und für den Bereich Cargo sogar um acht Prozent zurück. Damit wurde der Wachstumstrend der vergangenen Jahre deutlich gebrochen, was vor allem viele der amerikanischen Fluggesellschaften in finanzielle Bedrängnis führte. Aber auch europäische Airlines bekamen den Druck durch die rückläufigen Buchungen zu spüren. So veranschaulicht beispielsweise der Konkurs der Swissair vom 2. Oktober 2001 die dramatische Lage für die Fluggesellschaften. Insgesamt wurden 2.100 Flugzeuge von den Fluggesellschaften außer Dienst gestellt, um der geänderten Nachfrage gerecht zu werden. In der gesamten Luftfahrtbranche verloren außerdem 400.000 Menschen ihren Job und die Verluste der Fluggesellschaften summierten sich auf bis zu 15 Mrd. US-$.

Dazu trugen auch die deutlich gestiegenen Prämien für die Versicherungen und die erhöhten Sicherheitsauflagen bei; der Versicherungsschutz gegen terroristische Anschläge ähnlich denen des 11. Septembers 2001 wurde sogar gänzlich von den Versicherern ausgeschlossen und übergangsweise von einzelnen Staaten übernommen. Dies war eine der staatlichen Hilfen, welche den angeschlagenen Fluggesellschaften sowohl von der amerikanischen, als auch von den europäischen Regierungen zugesagt wurden. Nur mit Hilfe dieser Unterstützungen war es einigen Fluggesellschaften möglich, den Flugbetrieb aufrecht zu erhalten und nicht Konkurs anmelden zu müssen.

Abbildung 10-5	*Folgen der Attentate auf die Luftfahrtbranche – II*
	(Quelle: Eigene Darstellung)

Zusammenfassung der Auswirkungen des ersten Quartals

- Umsatz- und Gewinneinbrüche von bis zu 40 Prozent
- Deutliche Rückgänge für das Gesamtjahr 2001 (Passage: –4 Prozent; Cargo –8 Prozent)
- Verlust des Versicherungsschutzes / Erhöhung der Prämien
- Weitere Insolvenzen von Fluggesellschaften
- 2.100 geparkte Flugzeuge weltweit
- 400.000 Entlassungen weltweit
- Gestiegene Kosten für Sicherheitsmaßnahmen
- Kumulierte Verluste für Fluggesellschaften von 15 Mrd. US-$
- Staatliche Hilfen für die bedrohten Airlines (insbesondere in den USA)

Doch auch diese Staatshilfen verhinderten nicht, dass im Jahr 2002 weitere Fluggesellschaften Konkurs anmelden mussten. Beispiele hierfür sind United Airlines, welche am 9. Dezember 2002 Antrag auf Gläubigerschutz nach „Chapter 11" stellte, oder der Konkurs der US Airways. Auch die anderen Fluggesellschaften mussten weitere Verluste in Höhe von 5-7 Mrd. US-$ (nach IATA) – andere sprechen sogar von bis zu 16 Mrd. US-$ – hinnehmen. Diese Verluste waren einerseits in dem Rückgang der Buchungen durch die Angst vor erneuten Anschlägen (beziehungsweise der Veränderung hinsichtlich der Einstellung der Menschen zum Fliegen), als auch durch die sich allgemein verschlechternde wirtschaftliche Lage begründet. So wurden im Jahresverlauf weitere Stellen gestrichen, Flugzeuge geparkt und Kapazitäten weiter reduziert. Nur langsam und vereinzelt gibt es nun Anzeichen dafür, dass sich die Lage stabilisiert und die Buchungen und Umsätze nicht weiter fallen.

Folgen der Attentate auf die Luftfahrtbranche – III
(Quelle: Eigene Darstellung)

Abbildung

10-6

> **Zusammenfassung der Auswirkungen des ersten Jahres**
> - Ausweitung der Insolvenzwelle bei den Fluggesellschaften
> - Weitergehende drastische kumulierte Verluste (5-16 Mrd. US-$)
> - Weiterer Buchungsrückgang von Flugtickets
> - Weitere Rückführung der Kapazität, der Flotten und des Personals
> - Erste Anzeichen einer Erholung des Marktes

Auswirkungen auf die Deutsche Lufthansa AG   10.1.3

Die Deutsche Lufthansa AG hatte während der Anschläge 23 Flugzeuge mit insgesamt ca. 5.000 Passagieren auf dem Weg in die USA, welche von der Sperrung des amerikanischen Luftraums direkt betroffen waren. So weit als möglich wurden die Maschinen an ihre Ausgangsflughäfen zurückbeordert, oder an Ausweichflughäfen umgeleitet (vgl. Abbildung 7-1).

Insgesamt musste die Deutsche Lufthansa AG in den drei Tagen der Luftraumsperrung 223 Flüge streichen. Aber auch auf den anderen Flugstrecken gingen die Auslastungen wie bei anderen Fluggesellschaften um bis zu 50 Prozent zurück. Aus Angst vor weiteren Anschlägen kamen überproportional viele Fluggäste nicht zu ihren gebuchten Flügen. Gleichzeitig war ein Rückgang der Buchungen zu beobachten, so dass die Deutsche Lufthansa AG für diese drei Tage folgende Verluste kalkulierte: im Bereich Passage fielen 46 Mio. Euro Verlust an, der Bereich Cargo meldete einen Rückgang von 10 Mio. Euro und der Bereich LSG Sky Chefs musste ein Minus von 14 Mio. Euro verbuchen.

Folgen der Attentate auf die Deutschen Lufthansa AG – I
(Quelle: Eigene Darstellung)

Abbildung

10-7

> **Zusammenfassung der unmittelbaren Auswirkungen**
> - 23 umzuleitende Flüge mit 5.000 Passagieren auf dem Weg in die USA
> - Streichung von 223 Flügen durch die dreitägige Sperrung des US-Luftraums
> - Rückgang der Buchungen und der Auslastung von bis zu 50 Prozent
> - Starke Verluste (in Mio. Euro: Passsage: 46; Cargo: 10; LSG Sky Chefs: 14)

Bis Ende September 2001 kumulierten sich die Belastungen auf 108 Mio. Euro und stiegen bis Jahresende sogar auf 600 Mio. Euro an. Auch die Rückgänge der Buchungen waren in den Folgemonaten nach den Anschlägen mit rund einem Viertel weniger als im Vorjahreszeitraum deutlich spürbar. Die Deutsche Lufthansa AG reagierte auf diese negativen Auswirkungen mit einem umfassenden Kostenreduktionsplan und einer deutlichen Reduktion der Flotte. So wurden von den 237 Flugzeugen 43 schrittweise stillgelegt. In diesem Zusammenhang wurde der gesamte Flugplan überprüft und wo nötig die Kapazitäten auf den Strecken reduziert, beziehungsweise einige Flüge sogar ganz gestrichen. Nur vereinzelt konnte die Deutsche Lufthansa AG die Kapazitäten und damit die Fluggastzahlen erhöhen, insbesondere gelang ihr dies auf der Strecke Zürich-Frankfurt, auf der sie von dem Ausfall der Swissair profitierte.

Wie alle Airlines war auch die Deutsche Lufthansa AG von der Kündigung der Versicherungspolicen betroffen und musste neue Verträge mit deutlich gestiegenen Prämien und einem Ausschluss der Deckung von kriegsähnlichen Ereignissen hinnehmen. Ebenso führten die gestiegenen Sicherheitsanforderungen zu erheblichen Mehrkosten und zu Verzögerungen im Flugbetrieb.

Im Gegensatz zu ihren Konkurrenten verzichtet die Deutsche Lufthansa AG jedoch auf betriebsbedingte Kündigungen. Sie setzte im Kampf um die Reduktion der Überkapazitäten auf die Flexibilisierung der Arbeitszeiten und die Kooperation der Mitarbeiter.

| Abbildung 10-8 | *Folgen der Attentate auf die Deutschen Lufthansa AG – II*
 (Quelle: Eigene Darstellung) |

Zusammenfassung der Auswirkungen des ersten Quartals

- Fortgesetzte Stagnation der Buchungen (–25 Prozent im Vergleich zum Vorjahr)
- Schrittweise Reduktion der Flotte von 237 auf 194 Flugzeuge
- Anpassung des Flugplans und der Kapazität an die geänderten Bedingungen
- Deutliche Erhöhung der Kosten für den Versicherungsschutz
- Mehrkosten aus erhöhten Sicherheitsanforderungen / Flugbetriebsverzögerungen
- Anpassung des Personalbedarfs an die geänderten Bedingungen
- 108 Mio. Euro Belastungen bis 31.9.2001 (bis Jahresende ca. 600 Mio. Euro)

Auch im Jahr 2002 war ein Rückgang der Passagierzahlen um fünf Prozent zu verkraften, jedoch war im Laufe des Jahres eine Stabilisierung der Buchungszahlen zu verzeichnen. Die Deutsche Lufthansa AG reduzierte im gleichen Zeitraum, an die Marktsituation angepasst, ihr Flugprogramm um 5,3 Prozent und erreichte mit einem nur um 2,1 Prozent gesunkenem Absatz an Passagierkilometern sogar eine Erhöhung des Sitzladefaktors um 2,4 Prozentpunkte. Insgesamt war erkennbar, dass die eingeleiteten Maßnahmen Wirkung zeigten. Dies spiegelte sich auch im Jahresüberschuss wider, welcher im Jahr 2002 trotz des Verlustes im Vorjahr von 633 Mio. Euro bereits wieder positiv war und 717 Mio. Euro betrug. Damit stand die Deutsche Lufthansa AG entschieden besser da als ihre europäische und internationale Konkurrenz, welche das Geschäftsjahr 2002 überwiegend mit Verlusten abschließen mussten.

Folgen der Attentate auf die Deutschen Lufthansa AG – III

(Quelle: Eigene Darstellung)

Abbildung
10-9

> **Zusammenfassung der Auswirkungen des ersten Jahres**
>
> ▨ Weiterer Rückgang der Passagierzahlen um 5 Prozent auf Jahressicht
>
> ▨ Stabilisierung der Buchungszahlen im Laufe des Jahres 2002
>
> ▨ Durchgeführte Reduktion des Flugprogramms um 5,3 Prozent
>
> ▨ Rückgang des Absatzes um nur 2,1 Prozent
>
> ▨ Erhöhung des Sitzladefaktors von 2,4 Prozent
>
> ▨ 2002 Rückkehr in die Gewinnzone mit Jahresüberschuss von 717 Mio. Euro
>
> ▨ Turnaround mit Wettbewerbsvorteilen gegenüber der internationalen Konkurrenz

Evaluation der Lufthansa-Krisenbewältigung

10.2

Grundlage bei der Deutschen Lufthansa AG für den erfolgreichen Turnaround und die herausragende Stellung im internationalen Wettbewerb war das fein gesteuerte Krisenmanagement. Im Folgenden wird das Vorgehen der Deutschen Lufthansa AG in der multiplen Krise, eingeteilt in die bekannten drei Zeitrahmen (die Tage nach den Anschlägen, ein bis drei Monate nach den Anschlägen und ein Jahr nach den Anschlägen), dargestellt, die erzielten Erfolge herausgestellt und die Gründe hierfür untersucht. Außerdem werden die gewonnenen Erkenntnisse zusammengestellt und eine komparative Bewertung – auch im Vergleich zu den nicht erfolgreichen Bemühungen – vorgenommen.

Krisenbewältigung der Deutschen Lufthansa AG

Umgehend nach den Anschlägen formte das Management einen Krisenstab aus 15 hochrangigen Mitgliedern, welcher für die sofortige Erarbeitung von einzuleitenden Maßnahmen verantwortlich war. Abbildung 10-10 zeigt die strukturelle Zusammensetzung des „Lufthansa-Krisenmanagement-Teams". Jeder dieser Bereich veranlasste entsprechende Maßnahmen. Im Aufgabengebiet der Operations Controll sind bei der Deutschen Lufthansa AG bspw. so genannte Special Assistence Teams (SAT) angesiedelt. Dessen Einsatz hatte zur Aufgabe, die Kunden zu informieren und für die umgeleiteten und gestrandeten Passagiere da zu sein. Dies erfolgte anhand vorbereiteter Pläne, weshalb diese zeitnah mit ihrer Arbeit beginnen konnten. Als wichtig erwies sich mitunter die Notwendigkeit, Kunden die Möglichkeit zu geben, ihre Fragen und Anliegen bezüglich anstehender Flugreisen rund um die Uhr beantwortet zu wissen. Hierzu gehörte auch die Information für Reisende bezüglich der Luftraumsperrung der USA und der damit verbundenen Umstellung der Flugpläne, welche sofort nach den Anschlägen veranlasst wurde. SATs wurden auch in Call Centern eingesetzt um Angehörige mit konkreten und aktuellen Informationen aus erster Hand zu versorgen.

Abbildung 10-10

„Krisen-Management-Team" innerhalb der Deutschen Lufthansa AG (Quelle: Deutsche Lufthansa AG)

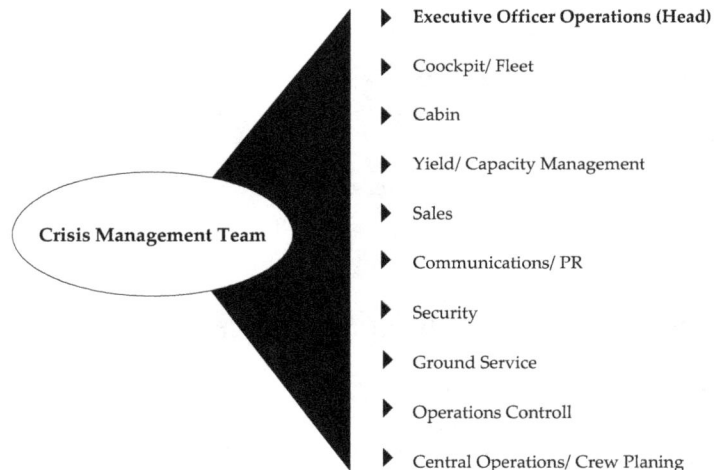

▶ **Executive Officer Operations (Head)**

▶ Coockpit/ Fleet

▶ Cabin

▶ Yield/ Capacity Management

▶ Sales

▶ Communications/ PR

▶ Security

▶ Ground Service

▶ Operations Controll

▶ Central Operations/ Crew Planing

Crisis Management Team

Die besondere Bedeutung der SATs bzw. dessen schnelle Aktivierung zeigt sich bspw. darin, dass die Deutsche Lufthansa AG als einziger Carrier weltweit drei SATs nach Gander und Halifax sandte (vgl. Hätty, Hollmeier 2003, S. 53). Die Kapazität des Flughafen Gander in Neufundland bspw. ist auf die Abfertigung von wenigen Flugzeugen ausgelegt. Aufgrund des gesperrten Luftraumes strandeten jedoch plötzlich Passagiere aus achtzig Maschinen gleichzeitig auf diesem Flughafen. Obwohl bspw. trotz der nicht vorhandenen Infrastruktur für diese Größenordnung Verantwortliche der nationalen Regierung die Übernachtung und Verpflegung in Notquartieren wie Schulen und Kirchen organisierten[1], war die persönliche Betreuung der Passagiere durch SATs eine wichtige Sofortmaßnahme der Deutschen Lufthansa AG.

Die Bildung des Krisenstabes oder der vorgestellten SATs war vorher mehrfach eingeübt und erforderte somit keine besondere Planung. Auch die Reaktionen aus den Linienorganisationen brachten schnell ihren wirkungsvollen Beitrag zu einer erfolgreichen Krisenbewältigung. Bspw. entstammten die relativ schnell entwickelten Krisenszenarien einer Initiative der Konzernstrategie. Diese Szenarien (vgl. Frost, Winter, Eiszeit in Kapitel 8.3.5) waren für die erfolgreiche Krisenbewältigung sehr hilfreich, da sie den erwarteten weiteren Verlauf der Krise in der Krise sowie die Stärke der Auswirkungen abschätzte. Somit konnten mittels der entsprechenden Szenarien wiederum adäquate Maßnahmen abgeleitet werden. Zudem spielten diese leicht verständlichen Szenarien eine bedeutende Rolle innerhalb der internen Kommunikation der Krisensituation und deren negativen Auswirkungen mit den Beschäftigten.

Zu den sofortigen Maßnahmen zählte u.a. der Stopp aller Einstellungen, Projekte, Beratungsaufträge etc., sowie die Einführung von Kurzarbeit und die Reduktion der Kapazität. Der Vorstandvorsitzende Weber persönlich trat rasch nach den Anschlägen vor die Presse und kondolierte den Angehörigen der Opfer. Er zeigte damit die Betroffenheit der Deutschen Lufthansa AG und ihrer Mitarbeiter und unterstrich gleichzeitig, dass dieses Ereignis so einschneidend war, dass es Chefsache ist. Durch die Präsenz des Vorstandsvorsitzenden in den Medien sollte ebenfalls das Vertrauen in die Deutsche Lufthansa AG insgesamt gestärkt werden.

Maßnahmen der Krisenbewältigung der Deutschen Lufthansa AG – I
(Quelle: Eigene Darstellung)

Abbildung
10-11

Sofortmaßnahmen

- Einsetzung eines Krisenteams
- Versorgung / Betreuung der betroffenen Kunden und Crews
- Information von Mitarbeitern, Kunden und Öffentlichkeit
- Medienpräsenz des Vorstandsvorsitzenden
- Einstellungs-, Investitions- und Projektestopp
- Abschätzung der Krise in der Krise und ihrer möglichen Folgen
- Aufstellung von Szenarien basierend auf vergleichbaren Krisen (z.B. Golfkrieg von 1991)
- Reduktion der Kapazität / des Flugplans

---

1) Als dankbare Wertschätzung dieser Aktionen benannte die Deutsche Lufthansa AG daraufhin ein Flugzeug ihrer Flotte „Gander / Halifax".

In den folgenden drei Monaten war es nun Aufgabe des Management und seines Krisenteams die angestoßenen Schritte zur Krisenbewältigung umzusetzen und zu konkretisieren. Eine besondere Herausforderung war dabei, die mittels des Programms „D-Check" bereits geplanten Kostensenkungen nochmals zu überarbeiten. Diese durch den Umsatz- und Passagierrückgang dringend notwendigen zusätzlichen Kosteneinsparungen wurden daher in dem Sofortprogramm „D-Check akut" zusammengefasst. Hierbei wurden alle bereits angedachten Einsparmöglichkeiten nochmals überprüft und die Einschnitte in einigen Bereichen deutlich verschärft, da in dieser Phase der Krisenbewältigung Kosteneinsparungen von zentraler Bedeutung waren. Zu diesen Einsparungen gehörten z.B. die Reduktion der Flotte um fast 20 Prozent, Kurzarbeit bei den Mitarbeitern der Deutschen Lufthansa AG, einen vorläufigen Einstellungs- und Investitionsstopp und zudem Einschnitte bei den Gehältern der Belegschaft.

Auch bei den Gehaltskürzungen ging das Management mit gutem Beispiel voran und kürzte auch die eigenen Gehälter. Besondere Kosteneinsparungen erzielt die Deutsche Lufthansa AG ebenfalls im Personalbereich. Hierbei wurde ganz bewusst auf Entlassungen verzichtet, stattdessen wurde eine Flexibilisierung in Form von Sonderlaub, Teilzeit, Rückführung der Überstunden und vorübergehender Kurzarbeit entwickelt. Des Weiteren sind alle bestehenden Verträge mit internen und externen Lieferanten überprüft und gegebenenfalls nach verhandelt worden, um durch neue Lösungen oder bessere Konditionen weiter Kosten zu senken.

Neben der Kostenreduktion musste die Deutsche Lufthansa AG auf der anderen Seite das Vertrauen ihrer Kunden in die Luftfahrt wiedergewinnen und die Sicherheit erhöhen. Neben den speziellen Forderungen der Amerikaner für Strecken über den Nordatlantik kurzfristig spitze und scharfe Gegenstände aus dem Bordbesteck zu entfernen und der Auflage die Cockpit-Türen zu verstärken, mussten zusätzliche Sicherheitsmaßnahmen (z.B. das Ausziehen der Schuhe am Boden zur zusätzlichen Kontrolle der Passagiere oder die neue Begleitung von Flügen durch Sky-Marshals) durchgeführt werden. Diese Maßnahmen wurden öffentlich zur Schau gestellt und zielgerichtet kommuniziert, um das Vertrauen der Lufthansa Kunden in die Sicherheit des Services zurück zu gewinnen.

Unterstützt wurden diese sicherheitstechnischen Maßnahmen durch eine Werbekampagne, welche nicht die Deutsche Lufthansa AG als solche in den Mittelpunkt stellte, sondern allgemein das Verhältnis der Öffentlichkeit bezüglich des Fliegens verbessern sollte. Dabei suchte die Deutsche Lufthansa AG die Unterstützung von Prominenten aus Politik, Sport und Wirtschaft, um diese Botschaft den Adressaten näher zu bringen.

Maßnahmen der Krisenbewältigung der Deutschen Lufthansa AG – II
(Quelle: Eigene Darstellung)

Abbildung
10-12

Mittelfristige Maßnahmen

- Kosteneinsparungen durch Überprüfung aller Unternehmensbereiche
- Einschnitte bei der Vergütung auf allen Unternehmensebenen
- Erhöhung der Sicherheitsmaßnahmen und des subjektiven Sicherheitsgefühls
- Kommunikation der Qualität des Sicherheitsstandards
- Überprüfung und Nachverhandlung aller bestehender Verträge
- Angepasste Reduktion / Ausbau der Kapazität
- Flexibilisierung der Arbeit
- Rückgewinnung / Stärkung des Vertrauens der Kunden in das Unternehmen
- Evaluierung von innovativen und neuartigen Lösungswegen

Auf längere Sicht konzentrierte sich die Deutsche Lufthansa AG auf die Umsetzung und Ausgestaltung der oben angesprochenen Kostenreduktionsmaßnahmen, als auch auf die Kommunikationspolitik mit der Öffentlichkeit und ihren Kunden. Zentrale Bedeutung kam hierbei den Kapazitätsanpassungen und der Flexibilisierung zu. Um keine Mitarbeiter entlassen zu müssen und um den Kunden ein weiterhin umfassendes Serviceangebot anbieten zu können, mussten Flugpläne, Kapazitäten und Streckennetze aktiv und flexibel gemanagt werden. Für die Deutsche Lufthansa AG bedeutete dies, dass sie so wenig als möglich Strecken kürzte, bei erhöhter Nachfrage sofort zusätzliche Kapazität bereitstellte (vgl. die Kapazitätserhöhung auf der Strecke Frankfurt-Zürich nach dem Zusammenbruch der Swiss) und ihr Angebot mit ihren Partnern in der Star Alliance besser koordinierte.

Diese noch verstärkte Kooperation zwischen den Partnern und der Suche nach neuen Kooperationsoptionen diente in der akuten Krisenbewältigung insbesondere der Kostenreduktion bei gleichzeitiger Aufrechterhaltung des Angebots, obwohl Allianzen in der Luftfahrtbranche hauptsächlich ertragsgetrieben sind. So konnten auf Strecken mit sinkenden Auslastungen Flüge über Code-Sharing gemeinsam angeboten werden, oder ganz von dem Partner selbst abgedeckt werden. Auch Neuentwicklungen und andere Bereiche wie Logistik und Ticketing konnten auf diese Art weiter optimiert werden. Besonders bei letzterem bestehen noch große Einsparpotenziale. Daher verstärkte die Deutsche Lufthansa AG auch gerade in diesem Bereich ihre Anstrengungen, gemeinsam mit den Vertriebsstellen, die Distributionskosten zu senken.

Auch durch die Kapazitätsverlagerung auf die stückkostenärmere Langstrecke, eine angepasste Preispolitik und einer dadurch erreichten höheren Auslastung waren weitere Kostenreduktionen möglich. Zusätzlich sah die Deutsche Lufthansa AG auch in der Ausstattung ihrer Flugzeuge weiteres Einsparpotenzial. So entfernte sie z.B. aus einem Teil ihrer A-320 Flugzeuge Stauräume, wie bspw. Küchen, und ersetzte diese durch Sitzplätze. Da auf vielen Kurzstrecken die Bordküche nicht benötigt wird, war diese Erhöhung der Sitzplatzkapazität mit keiner Einschränkung des Bordservices verbunden.

Dieser Entwicklung wurde auch in der antizyklischen Bestellung von zehn Airbus 330-300 Rechnung getragen, welche die Lufthansa-Flotte ab 2004 weiter verjüngen werden (zudem wurden 15 Großraumflugzeuge des Typs Airbus A-380 bestellt, nachdem diese Bestellung kurz nach den Anschlägen vorläufig aufgeschoben worden ist). Diese modernen Flugzeugtypen können kostengünstiger betrieben werden und sollen so langfristig Kosteneinsparungen generieren.

Diese langfristige Ausrichtung verfolgte die Deutsche Lufthansa AG auch bei dem Mitarbeiter-Recruiting. Hier plante die Deutsche Lufthansa AG schon während der Krise für zukünftige, bessere Zeiten und stellte die Einstellung von 1.800 Flugbegleitern, 340 Piloten und 410 Mitarbeitern am Boden in Aussicht. Dieser langfristige Zeithorizont galt gleichermaßen bei der oben beschriebenen verstärkten Kooperation innerhalb der Star Alliance oder der Ausdehnung des Online-Engagements, auch wenn dieses nicht allein auf die Krisenbewältigung zurückzuführen ist.

Abbildung 10-13

Maßnahmen der Krisenbewältigung der Deutschen Lufthansa AG – III
(Quelle: Eigene Darstellung)

Langfristige Maßnahmen

- Umsetzung und Kontrolle der eingeleiteten Kostenreduktionsmaßnahmen
- Weitere Kostensenkung durch Einsatz neuer Technologien
- Nachfrageorientierte Anpassung der Kapazität
- Weitere Erhöhung der Flexibilität
- Verbesserte und intensivere Zusammenarbeit mit Partnern
- Verstärkung der Zusammenarbeit innerhalb der Star Alliance
- Erhöhung von möglichen Synergien bei den Kooperationen
- Antizyklische Planung für die Zeit nach der Krise / Kauf neuer Flugzeuge

Erfolge des durchgeführten Krisenmanagement

Bevor auf einzelne Erfolge der Krisenbewältigung der Deutschen Lufthansa AG spezifisch eingegangen wird, ist das vorbildliche Management des in Kapitel 3.2.2 eingeführten RPM-Prozesses (Recognition-Prioritisation-Mobilisation-Prozess) der Havard-Professoren Watkins und Bazerman herauszustellen. Die gängige Praxis zeigt immer wieder, dass der trivial erscheinende RPM-Prozess präventiv doch mitunter recht schwierig zu managen ist. Entweder versäumen Unternehmen es bereits die drohenden Gefahren frühzeitig zu erkennen, oder diesen danach die richtige Priorität einzuräumen. Auch wenn die Gefahr erkannt und ihr entsprechende Priorität in der Organisation eingeräumt wurde, scheitert ein erfolgreiches Krisenmanagement letztlich auch dann, wenn die dritte Phase, Ressourcen zur Krisenbewältigung zu mobilisieren, nicht als weitere notwendige Bedingung erfolgreich bewältigt wird. Gerade bei einem frühzeitigen bzw. präventiven Krisenmanagement ist der Erfolg des RPM-Prozesses zu großen Teilen vom Management zu verantworten.

Nach dem Einbruch einer Krise auf ein Unternehmen, ist es naturgemäß einfacher, die letzen zwei Phasen entsprechend bei Mitarbeitern und anderen Stakeholdern durchzusetzen. Da beispielsweise die Priorität und Ressourcenmobilisation von Maßnahmen nach dem 11. September 2001 jedem Stakeholder plötzlich klar war, ist hierbei insbesondere die vorbildliche Durchführung des RPM-Prozess der Deutschen Lufthansa AG vor dem 11. September 2001 bzgl. der mittelfristigen konjunkturellen und langfristigen Strukturkrise als besonderer Krisenmanagementerfolg vorrangig zu betonen. Das Lufthansa-Management hat die Gefahren beider Krisen frühzeitig erkannt, ihr die richtige Priorität eingeräumt und notwendige Ressourcen (z.B. für das Kostensenkungsprogramm „D-Check") mobilisiert. Zudem hat die Deutsche Lufthansa AG nach dem 11. September 2001 die plötzliche Sensibilität und Opferbereitschaft der Stakeholder gewinnbringend für ein Krisenmanagement der anderen Krisen erfolgreich genutzt.

Bei dem spezifischen Krisenmanagement der Terror-Attentate erreichte die Deutsche Lufthansa AG durch das sofortige Involvement des Top-Management ein hohes Maß sowohl an Innen- als auch an Außenwirkung. Intern wurde so jedem Mitarbeiter die Tragweite der Ereignisse und der kommenden Krise in der Krise deutlich, gleichzeitig wurde jedoch somit auch das Vertrauen in das Management und die Zukunft des Unternehmens gestärkt, da das Top-Management als aktiv gegensteuernd wahrgenommen wurde. Hiermit übernahm das Management sofort seine Vorbildfunktion und führte seine Mitarbeiter aus dem Schockzustand nach den Anschlägen schnell zu aktiven und entschlossenen Handeln. Extern wurde damit ebenfalls bei der Öffentlichkeit und den Kunden Stabilität und Vertrauen in das Management und insbesondere in die Deutsche Lufthansa AG und ihre Leistungen wieder hergestellt. Durch diese schnelle Reaktion und der aktiven Kommunikation von Betroffenheit und entschlossenem Handeln gelang es dem Management der Deutschen Lufthansa AG eine zentrale Rolle in der medialen Bewältigung der Ereignisse des 11. Septembers 2001 in Deutschland einzunehmen.

Diese erfolgreiche Wandlung vom Betroffenen zum Manager der Krise ist zwar existentiell in der Zugehörigkeit der Deutschen Lufthansa AG zur Luftfahrtbranche begründet, aber die sofortige und umfassende Präsenz des Top-Management insbesondere in den deutschen Medien war ein wichtiger Bestandteil zur Erlangung dieser herausragenden Rolle. Vor allem die Konzentration der Kommunikation auf die Sicherheit im Luftverkehr und nicht so sehr auf vorrangige Lufthansa-Interessen selbst, brachte ihr in Deutschland eine hohe Glaubwürdigkeit und insgesamt einen deutlichen Ansehensgewinn bei ihren deutschen und internationalen Kunden. Dieser Vertrauens- und Imagegewinn, unterstützt durch die erhöhten Sicherheits- und Kontrollmaßnahmen, war für die Deutsche Lufthansa AG von zentraler Bedeutung und verstärkt in der Öffentlichkeit nochmals das Vertrauen in das erfolgreiche Krisenmanagement der Deutsche Lufthansa AG.

Besonders erfolgreich war ebenfalls die zeitnahe Erstellung und Implementierung von Krisenszenarien. Diese dienten nicht nur dazu, mögliche Krisenausgänge zu prognostizieren, sondern auch die daraus abzuleitenden Implikationen für die Lage des Unternehmens und die einzuleitenden Maßnahmen besser spezifizieren zu können. Bei der Erstellung der Szenarien waren die Erfahrenheit und das Wissen um die Besonderheiten der Luftfahrtbranche der an der Konzeption Beteiligten von besonderer Bedeutung.

Hinzu kam, dass Sofortmaßnahmen bereits geübt waren und somit schneller umgesetzt werden konnten. Zum Erfolg trug auch hier die Erfahrung der daran Beteiligten bei, welche teilweise schon jahrelang im Unternehmen tätig waren. Die Krisenerfahrung der damaligen Lufthansa Vorstände Weber und Mayrhuber war ein besonderer Vorteil für die Deutsche Lufthansa AG. Neben dem langjährigen Konzernlenker Weber verantwortete auch der heutige Vorstandsvorsitzende Mayrhuber bereits in den Sanierungsteams Anfang der 90'er Jahre die damalige erfolgreiche Bewältigung der Lufthansa Krise (vgl. Machatschke 2001, S. 17). Zudem hatten diese zwei Schlüsselpersonen der Krisenbewältigung nach dem 11.9.2001 bereits aus dem Krisenmanagement des Golf Krieges viel gelernt und verfügten somit neben Ihrer exzellenten Unternehmens- und Marktkenntnis über eine besondere Krisenkompetenz.

Die kurzfristigen Erfolge der Szenarien und der daraus abgeleiteten Handlungen, wie zum Beispiel der Kapazitätsabbau wird in Abbildung 10-14 besonders deutlich. Bereits 16 Wochen nach den Anschlägen des 11. Septembers 2001 gelang es der Deutschen Lufthansa AG den Break-even Sitzladefaktor zu senken.[2] Im Vergleich zu der Krise während des Golfkrieges 1991, wo dieser Turnaround zeitlich noch knapp neun Monate in Anspruch nahm, ein klares Zeichen für gelungenes Krisenmanagement und Lerneffekten aus vergangenen Krisen. Beigetragen hatten hierzu nicht zuletzt die Krisenszenarien, welche auf Grundlage der Erfahrung des Golfkrieges erstellt wurden. Diese machten die multiple Krise nach dem 11. Septembers 2001 für die Deutsche Lufthansa AG berechenbarer und damit einfacher zu bewältigen.

Entwicklung von Angebot und Nachfrage im Vorjahres-Wochenvergleich
(Quelle: Deutsche Lufthansa AG)

Abbildung 10-14

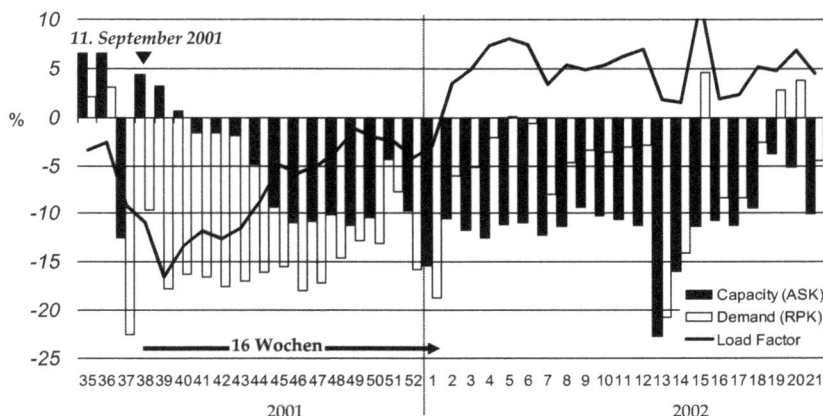

Aus finanzieller Sicht waren die Kostenreduktionsprogramme „D-Check" und „D-Check akut" ein großer Erfolg. War „D-Check" als Antwort auf die aufkommende Konjunkturkrise Ende 2000 konzipiert worden, erwies es sich als exzellente Krisenvorbereitung für die plötzliche Krise des 11. Septembers 2001. Durch die schnelle Implementierung von „D-Check akut" auf Basis des vorliegenden Programms „D-Check" gelang es der Deutschen Lufthansa AG, einen deutlichen Wettbewerbsvorteil gegenüber ihren Konkurrenten zu erlangen. Dies zeigt zudem die Interdependenzen zwischen dem Management der mittelfristigen, schleichenden Konjunkturkrise und dem der plötzlichen und kaum vorhersehbaren Krise des 11. Septembers 2001.

Der Umfang und die Entschlossenheit, mit welcher diese Kostensenkungsprogramme umgesetzt wurden, zeigen anschaulich, wie mit Unterstützung des Management, der Mitarbeiter und der Partner ein finanzieller Turnaround zu schaffen ist. Bis in den Herbst 2002 konnten so rund 500 Mio. Euro eingespart werden. Dabei wurden diese Einschnitte von allen Mitarbeitern der

---

2) Dieser Erfolg des gelungenen Kapazitätsmanagement führte jedoch u.a. auch dazu, dass eigene Flugbegleiter teilweise den Ernst der Krise nicht verstanden, weil sie Ihren Dienst stets in gut gefüllten Flugzeugen ausführten und die vielen stillgelegten Flugzeuge nicht wahrnahmen.

Deutschen Lufthansa AG mitgetragen, was sicherlich ein Schlüssel zum Erfolg war und auch zum besten operativen Ergebnis im Konkurrenzvergleich beitrug (vgl. Abbildung 10-15).

Abbildung 10-15

Operative Ergebnisse von Januar bis September 2002 der verschiedenen Airlines
(Quelle: Deutsche Lufthansa AG)

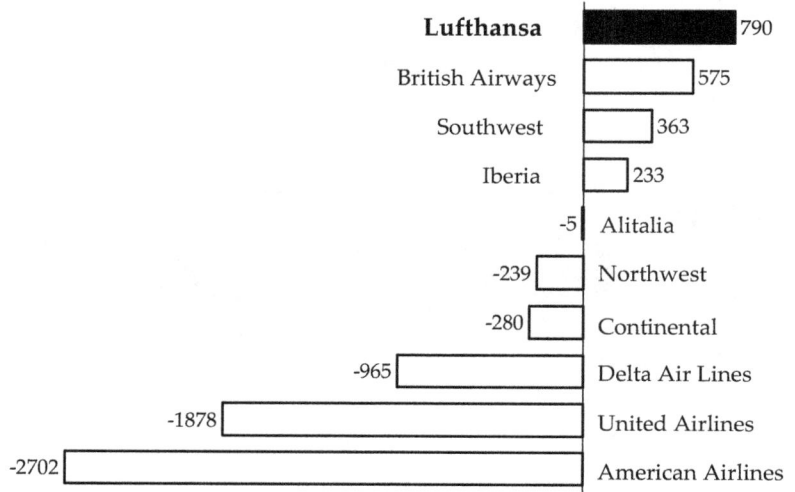

Insgesamt konnte die Deutsche Lufthansa AG so, wie Abbildung 10-16 zeigt, allein an Personalkosten in nur sechs Monaten 151 Mio. Euro (minus neun Prozent) einsparen. Auch langfristig haben diese Einsparungen einen positiven Effekt auf die Personalkosten, welche eine wichtige Rolle bei der Erreichung der ehrgeizigen Kostenreduktionsziele spielen.

Abbildung 10-16

Erfolge der Kostenreduktion im Personalbereich
(Quelle: Deutsche Lufthansa AG)

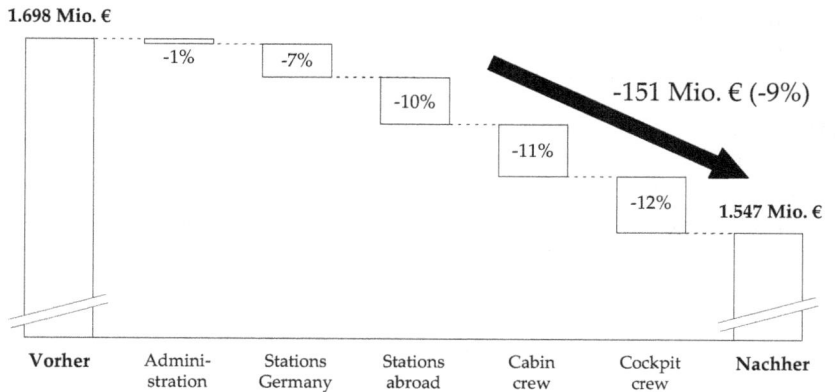

Bei der notwendigen Flexibilisierung hatte die Deutsche Lufthansa AG bereits vor dem 11. September 2001 gute Erfolge erzielen können, welche sich in der den Anschlägen folgenden multiplen Krise als besonders wertvoll erwiesen. Nicht nur das Engagement und die Bereitschaft der Mitarbeiter waren vorhanden, weitere Schritte zur Flexibilisierung, z.B. der Arbeitszeiten, mit zu tragen, auch eine hohe Flexibilität hinsichtlich der Flottenanpassung musste erreicht werden. Zu diesen Planungen gehörte ebenfalls die schnelle und zeitnahe Anpassung an die sich ändernde Nachfrage, als auch die mittel- und langfristige Kapazitätsplanung (vgl. Abbildung 10-17). Besondere Bedeutung erhalten hier die in der Luftfahrtbranche besonders langen Vorlaufzeiten, welche z.B. zwischen Kauf und Indienststellung eines neuen Flugzeuges liegen. Hier zeigte die Deutsche Lufthansa AG mit ihrem Krisenmanagement, der antizyklischen Bestellung von neuen Flugzeugen und der hohen Flexibilität der Kapazitätsanpassung, eine besonders vorausschauende Handlungsweise.

Kapazitätsanpassungen der Flugzeugflotte entsprechend der Nachfrageentwicklung
(Quelle: Hätty, Hollmeier 2003, S. 55)

Abbildung
10-17

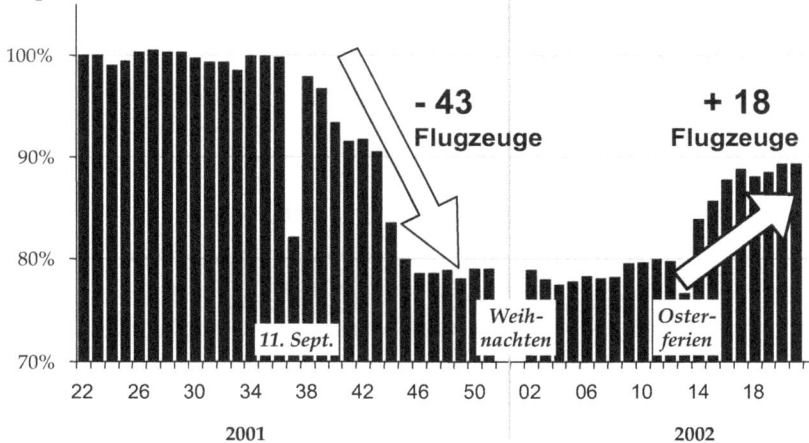

Während die akute Krisenbewältigung nach dem 11.9.2001 in vielerlei Hinsicht als vorbildlich zu bewerten ist und auch die frühe Implementierung von Gegenmaßnahmen auf die Konjunkturkrise einen großen Erfolg darstellen, könnte das spezielle Krisenmanagement der langfristigen Strukturkrise durchaus verbessert werden. Obwohl die meisten Ursachen und Wirkungen dieser Strukturkrise letztlich nicht oder lediglich kaum vom Management einer Fluggesellschaft allein zu beeinflussen sind, sollten gezielt und entschieden wirkungsvolle Gegenmaßnahmen identifiziert und systematisch umgesetzt werden. Neben dem einmaligen Zusammentreffen mehrerer AEA-Fluggesellschaften unter dem Motto „Toward an efficient european airtransport system" bzw. der herkömmlichen Lobbyarbeit des Lufthansakonzerns, ist an dieser

Stelle bspw. die Initiative Luftverkehr für Deutschland als organisierter Schritt auf nationaler Ebene zu nennen[3]. Hierbei versucht die Deutsche Lufthansa AG mit den flugverkehrsintensivsten Bundesländern Nordrhein-Westfalen, Hessen und Bayern den komparativen Kostennachteil des Standortes Deutschland zu verbessern.

Abbildung
10-18

Erfolge der Deutschen Lufthansa Krisenbewältigung

(Quelle: Eigene Darstellung)

Zusammenfassung

▨ Schnelle Krisenreaktionen und vollständiges Umsetzen des RPM-Prozesses

▨ Krisenerfahrenes und -kompetentes Top-Management

▨ Hohe Innen-/Außenwirkung durch sofortiges Involvement des Top-Management

▨ Schnelle Überwindung des Schockzustandes; aktive/entschlossene Handlungen

▨ Schnelle und adäquate Kommunikationspolitik für einzelne Stakeholder

▨ Vertrauens- und Imagegewinn bei den Kunden in die Marke Deutsche Lufthansa

▨ Schnelle Erhöhung der Sicherheits- und Kontrollmaßnahmen

▨ Zeitnahe Erstellung und Implementierung von Krisenszenarien

▨ An den Krisenszenarien angepasste Kapazitätsreduktion und Flexibilisierung

▨ Kurzfristiges Cashflow-Management mit Ausgabe-/Investitionsstopp

▨ Erfolgreiche Kostenreduktion durch „D-Check"- und „D-Check akut"

▨ Beteiligung und Mobilisation aller Mitarbeiter für die Krisenbewältigung

▨ Flexibilisierungen im Personalbereich, ohne Mitarbeiter zu entlassen

▨ Verstärkte Zusammenarbeit mit Dritten und Suche nach besseren Lösungen

▨ Antizyklische Kapazitätsausweitungen / Flugzeugbestellungen

---

3) Diese steht unter der Schirmherrschaft des Bundesverkehrsministers und versucht den Standort Deutschland, welcher einen Kostennachteil von ca. 20 Prozent aufweist, im Flugverkehr international wettbewerbsfähiger zu machen. Die Flughäfen der Air France und British Airways sind bspw. nicht nur günstiger, sondern weisen umfangreichere Wachstumsmöglichkeiten auf und haben ein größeres Catchment bzw. Einzugsgebiet.

Implikationen und neue Herausforderungen

Die Anschläge des 11. Septembers 2001 machten deutlich, wie eng die Verknüpfungen innerhalb der internationalen Märkte sind und dass Ereignisse wie diese Terroranschläge alle Unternehmen betreffen können. Besonders die Luftfahrtbranche war und ist anfällig für solche externen Einflüsse, da sie einerseits besonders kapitalintensiv ist und ihre Möglichkeiten der Flexibilisierung stark beschränkt sind, andererseits ein freier Wettbewerb durch die Einflussnahmen der Staaten auf die Unternehmen (insbesondere auf die ehemaligen Staats- bzw. halbstaatlichen Airlines) behindert wird. Die starke konjunkturelle Abhängigkeit der Airline-Industrie ist ein weiterer Faktor, welcher die besondere Krisenanfälligkeit dieser Branche nochmals unterstreicht.

Dies führte auch dazu, dass die Airline-Industrie bei gleichzeitiger Konjunktur- und Strukturkrise besonders hart von den Auswirkungen des 11. Septembers 2001 getroffen wurde, da nicht nur eine der drei großen Volkswirtschaften – USA, Asien und Europa –, sondern alle drei gemeinsam von der Rezession betroffen waren (vgl. Hätty, Hollmeier 2003, S. 52). Dies war seit 1974 das erste Mal, dass die Triade-Märkte sich in einem simultanen konjunkturellen Downturn wieder fanden (vgl. Abbildung 6-2).

Die Mehrfachkrise nach dem 11. September 2001 stellt eine besondere Herausforderung an das Krisemanagement der betroffenen Unternehmen dar, insbesondere da sich die Krisen nicht immer klar voneinander abgrenzen lassen und bestehende Interdependenzen und Verstärkungseffekte zwischen Krisen die Beherrschbarkeit solcher multiplen Krisen erschweren. Gerade die Ereignisse des 11. Septembers 2001 verdeutlichten, welche Dynamik eine solche Krise in der Krise erzeugen kann, und dass insbesondere die Multidimensionalität einer solchen Mehrfachkrise viele Unternehmen bzw. ihr Krisenmanagement an die Grenzen bringen kann.

Einfache Krisenpläne, wie sie in vielen Unternehmen bestehen, reichen im Zusammenhang mit Mehrfachkrisen nicht aus, da sie sich nur auf das Management einer Krise beziehen, und die Wechselwirkungen und Interdependenzen zwischen den verschiedenen Krisen völlig außer Acht lassen. Bspw. verstärken unterlassene Gegenmaßnahmen und Mängel im mittel- (Konjunktur-Krise) und langfristigen (Struktur-Krise) Krisenmanagement die Auswirkungen eines kurzfristigen dramatischen Ereignisses wie den Terror-Anschlägen vom 11. Septembers 2001.

In der Luftfahrtbranche bedeutet dies, dass Unternehmen, welche auf die schleichende Krise, ausgelöst durch den Downturn in der Konjunktur Ende 2000, und/oder in der grundlegenden Strukturkrise schlecht vorbereitet waren bzw. nicht rechtzeitig entschlossen und effektiv gegensteuerten, besonders hart getroffen wurden. Dies liegt neben dem noch nicht begonnenen, bzw. ungezielten und ineffizienten Krisenmanagement auch in der Krisentypologie des 11. Septembers 2001 – eines plötzlichen und kaum vorhersehbaren dramatischen Ereignisses – begründet. Andere Unternehmen wiederum, wie insbesondere die Deutsche Lufthansa AG, erreichten durch eine gute Prävention und ein aktives Krisenmanagement der mittel- und langfristigen Krisen einen klaren Wettbewerbsvorteil in der Krisenbewältigung der Anschläge des 11. Septembers 2001. Ausgewählte Interaktionseffekte der multiplen Krisen nach dem 11.9.2001 in der Luftfahrtbranche sind in Abbildung 10-19 aufgeführt.

Abbildung
10-19

Ausgewählte Interaktionseffekte der multiplen Krise nach dem 11.9.2001
(Quelle: Eigene Darstellung)

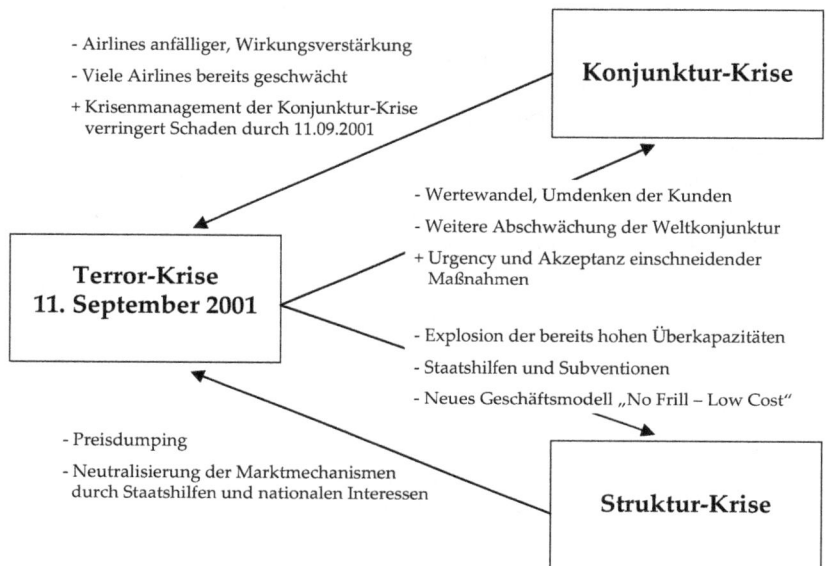

Negativ verstärkende Kriseneffekte lassen sich durch ein erfolgreiches Management wirkungsvoll eindämmen, während positive Interaktionseffekte zwischen Krisen gewinnbringend zur Krisenbewältigung einer gesamten Mehrfachkrise eingesetzt werden können (z.B. das Verständnis und die Akzeptanz von Stakeholdern für einschneidende Maßnahmen). Dies wird aussagekräftig durch das in Abbildung 10-15 ausgewiesene beste operative Branchenergebnis der Deutschen Lufthansa AG im September 2002 illustriert. Die vorteilhafte Eindämmung von negativen bzw. Nutznießung von positiven Wechselwirkungen zwischen Krisen war ein Erfolgsfaktor dafür, dass die Deutsche Lufthansa AG letztlich mit einer gestärkten Wettbewerbsposition aus der Mehrfachkrise nach dem 11. September 2001 hervorgegangen ist.

Als praxisrelevanter Beitrag zur Krisentheorie erweist sich der RPM-Prozess als einfach nachzuvollziehender und wirkungsvoller Ansatz. Die drei identifizierten Schwachstellen eines erfolgreichen RPM-Prozess-Management – psychologische, strukturelle und interessenspolitische Hemmnisse – scheinen auch in der Luftfahrtbranche effektive Ansatzpunkte eines erfolgreichen Krisenmanagement zu sein. Wie bereits erläutert, ist ein frühzeitiges und erfolgreiches Durchlaufen des RPM-Prozesses einer spezifischen Krise zudem i. d. R. ein wirkungsvoller Wettbewerbsvorteil bei dem Management dieses Prozesses bei anderen Krisen (bzw. einer Mehrfachkrise).

Ein gutes Krisenmanagement ist zudem auf solche Ereignisse wie den 11. September 2001 vorbereitet und hat Krisenreaktionspläne und die Zusammensetzung von Krisenteams im Vorgriff erstellt und eingeübt. Nur dann kann im Ernstfall schnell und ohne Zeitverzug reagiert werden. Dies hilft unnötige Kosten zu sparen (z.B. durch das rechtzeitige Annullieren von Flügen) und gibt dem Management Zeit, die Kunden, die Mitarbeiter und die Öffentlichkeit zu informieren. Diese zeitnahe Reaktion ist besonders wichtig. Es kann am Beispiel der Deutschen Lufthansa AG gezeigt werden, dass trotz vorliegender Krisenpläne und einer schnellen Einleitung der Maßnahmen deren zeitnahe und konsequente Umsetzung von zentraler Bedeutung ist. Abbildung 10-20 zeigt die Zeitpunkte des Beschlusses zur Freistellung von Flugzeugen und die tatsächlich erfolgte Freisetzung. Hier liegen nach Einschätzungen der Deutschen Lufthansa AG weitere Einsparmöglichkeiten, schneller und damit besser Krisenpläne innerhalb des Krisenmanagement umzusetzen.

Reaktions- und Umsetzungszeiten bei Kriseneintritt

(Quelle: Deutsche Lufthansa AG)

Abbildung
10-20

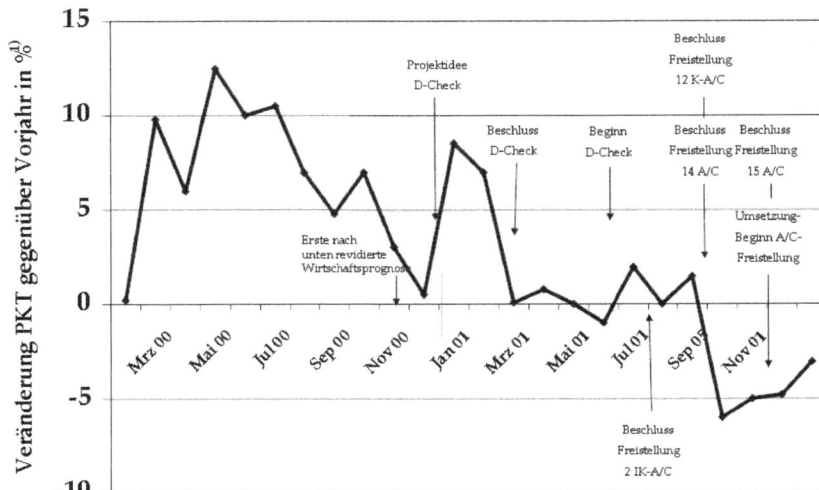

1)Basis: AEA-Gesellschaften Quelle: AEA, CE-Analyse

Als besonders wichtig hat sich herausgestellt, dass von Beginn an die Involvierung des Top-Management und des Vorstandsvorsitzenden unbedingt nötig ist, um das Vertrauen in das Krisenmanagement sowohl innerhalb als auch außerhalb des Unternehmens zu erhöhen. Schließlich zeigt diese Präsenz, dass die Probleme erkannt wurden, und das ganze Unternehmen sich darauf konzentriert, an ihrer Lösung zu arbeiten. Gleichzeitig wird durch die offensive Kommunikationsstrategie das Vertrauen in die Handlungen des Management gestärkt. Dies erleichtert, später notwendige Einschnitte und Veränderungen durchzusetzen.

Wichtig dabei ist, dass diese Kommunikation auch im Verlauf der Krise offensiv und umfassend bleibt, um gewonnenes Vertrauen nicht wieder zu verlieren. Gelingt es, wie der Deutschen Lufthansa AG nach den Anschlägen des 11. Septembers 2001, das Unternehmen nicht allzu sehr mit dem Ereignis selbst, vielmehr mit der (erfolgreichen) Bewältigung dessen in Verbindung zu bringen, bedeutet dies einen besonderen Imagegewinn für das Unternehmen. Der Deutschen Lufthansa AG gelang dies, indem sie nicht das Unternehmen selbst in das Zentrum ihrer Werbemaßnahmen nach dem 11. September 2001 rückte, sondern die allgemeine Stärkung des Luftverkehrs. Damit vermied sie eine zu starke Verbindung der bestehenden Ängste der Kunden nach den Anschlägen mit dem Unternehmen, erreichte jedoch, dass ihr eine Meinungsführerschaft bei der Bewältigung der Folgen zugesprochen wurde.

Neben der Kommunikationsstrategie ist die Reduktion der Kosten von zentraler Bedeutung. Hierbei zeigte sich, dass die Deutsche Lufthansa AG besonders schnell und effektiv Kosten einzusparen vermochte, da sie durch das bereits vor den Anschlägen eingeleitete Programm „D-Check" – als Reaktion auf die schleichende konjunkturelle Krise – eine Evaluierung des Unternehmens und der Kosten vorgenommen hatte. Dies ermöglichte ihr nun nach den Anschlägen, diese Untersuchungen als Grundlage ihrer sofort eingeleiteten zusätzlichen oder temporär vorgezogenen Kostenreduktionsmaßnahmen heranzuziehen.

Für eine allgemeine Krisenprävention bedeutet dies, dass eine kontinuierliche oder mindestens zyklische Bestandsaufnahme und Einsparungspotenziale aufdeckende Evaluierung des gesamten Unternehmens hilfreich ist, um für den Krisenfall eine Grundlage für schnelle und effektive Entscheidungen zu generieren. Solche Programme (wie bspw. „D-Check") können in der unternehmerischen Praxis aufgrund der Größe sowie immenser Ressourcenbindung nicht kontinuierlich realisiert werden. Deshalb ist zumindest die kontinuierliche Kultivierung eines Kostenbewusstseins eine wichtige präventive Maßnahme für ein proaktives Krisenmanagement, da Kostenoptimierungen bzw. komparative Kostenvorteile die Angriffsfläche für die Folgen fast jeder möglichen Krisenart effektiv einzudämmen vermögen und sozusagen auch eine „Explosion" von negativen Interaktionseffekten zwischen Krisen in Krisen wirkungsvoll unterbinden kann.

Eine besonders effektive und künftig an Bedeutung zunehmende Massnahme zur Krisenprävention stellt die Flexibilisierung eines Unternehmens dar. Der Aufbau einer versatilen Organisation, welche bspw. Produktionsschocks von bis zu 30 Prozent aufzufangen vermag, kann ein bedeutender Wettbewerbsvorteil während der Krisenbewältigung darstellen. Die Flexibilisierung der Arbeitszeiten, bspw. mit Lebensarbeitszeitkonten, kann aufgrund der flexiblen Atmung der Unternehmensorganisation nicht nur wie im vorgestellten Bsp. der Deutschen Lufthansa AG Kündigungen verhindern, sondern auch die Ressourcen bei Bedarf temporär zielgerichtet für Krisenbewältigungsmaßnahmen bündeln.

Bei der Kostenreduktion muss allerdings ferner der Verlauf der Krise beachtet werden, um im Falle eines aufkommenden Turnarounds nicht weitere Kunden durch zu langsame Kapazitätserweiterungen zu verlieren. Damit der Verlauf richtig eingeschätzt werden kann ist es unumgänglich, Krisenszenarien aufzustellen und im zeitlichen Verlauf gegebenenfalls zu aktualisieren. Hierzu sind allerdings eine besondere Kenntnis des Unternehmens und des Marktes äußerst wichtig, welche häufig nur von erfahrenen und mit dem Unternehmen besonders vertrauten Mitarbeitern eingebracht werden können.

Dies unterstreicht nochmals, dass bei der Zusammensetzung des Krisenteams auf die Erfahrung innerhalb des Unternehmens und der Branche besonderer Wert gelegt werden sollte, um von den Lerneffekten dieser Mitarbeiter bei der Krisenbewältigung profitieren zu können. Zudem sollte eine Unternehmung versuchen, diese Erfahrungen von spezifischen Personen in den Wissenspool des Unternehmens zu transferieren beziehungsweise dort zu verankern. Hierzu dienen unter anderem wiederum Krisenszenarien, Krisen-Notfallpläne und Kriseninstrumentarien.

Eine anschauliche Illustration der gestiegenen Anfälligkeit der weltweit verflechteten Wirtschaft stellen die Ereignisse vom 11. September 2001 und die darauf folgenden schweren globalen Auswirkungen dar. Nicht nur, dass die Luftfahrtbranche durch den Einsatz der Flugzeuge als Waffen der Terroristen und der Angst der Menschen vor weiteren solcher Anschläge besonders hart getroffen wurde, auch der mit den regional eingegrenzten Anschlägen einhergehende große wirtschaftliche Schaden verstärkte die Krise der Airlines auf Grundlage von strukturellen Branchenproblemen und eines weltweiten konjunkturellen Downturns.

Dies bedeutet für die künftige Unternehmenspraxis, dass trotz steigender (subjektiv empfundener) Sicherheit bei Technologie, Wirtschaft und Politik die Krisenanfälligkeit von einzelnen Wirtschaftseinheiten als sehr hoch einzustufen ist. Das inhärente Risiko der interdependenten Wirtschafts-, Handels- und politischen Systeme für den Erfolg bzw. mitunter sogar den Fortbestand einzelner Unternehmen muss in Zukunft ohne Zweifel stärker und proaktiv von der Unternehmensführung gemanagt werden. Es reicht heute nicht mehr eine Krise erfolgreich zu überwinden – vielmehr müssen kontinuierlich und vermehrt parallel Krisen bzw. Mehrfachkrisen gemeistert werden.

Nachdem beispielsweise die Deutsche Lufthansa die kurzfristige Terror-Krise erfolgreich bewältig hatte, beschäftigen bereits SARS oder der bevorstehende nächste Golfkrieg dessen Krisenmanagement. Dieses Beispiel bestätigt zudem die Vermutung, dass in Zukunft die Häufigkeit von Krisen eher steigt als fällt (vgl. Fürst et al. 2004, S. 3) und das Krisenmanagement künftig verstärkt in die allgemeine Managementfunktion integriert werden sollte bzw. dort inhaltlich wie temporär einen größeren Stellenwert erhält. Im skizzierten Fallbeispiel der Deutschen Lufthansa AG wurde in diesem Sinne ein großer Teil der erfolgreichen Krisenbewältigung der Terror-Attentate im Rahmen der Konzernlinie bzw. dessen Führungsstruktur gemanagt.

Auch wenn die Deutsche Lufthansa AG im nachvollzogenen Fallbeispiel nicht systematisch das in Kapitel 5 entwickelte Konzept des 3D-Krisenmanagement anwandte, hat sie die erfolgsrelevanten Interaktionseffekte zwischen den einzelnen Krisen wirkungsvoll eingedämmt und dadurch mit dem Best Practice-Krisenmanagement der Luftfahrtbranche das beste operative Ergebnis der Bewältigung der Mehrfachkrise nach dem 11. September 2001 erzielt. Somit bleibt abschließend festzuhalten, dass das in vorliegendem Werk eingeführte Konzept des 3D-Krisenmanagement im krisenanfälligen neuen Jahrtausend die geeignete Antwort für die erfolgreiche Bewältigung von Krisen in Krisen ist.

Abbildung 10-21 fasst abschließend extrahierte Erfolgsfaktoren und wichtige Erkenntnisse aus dem ausführlichen Fallbeispiel sowie künftige Herausforderungen zusammen.

Erkenntnisgewinn und neue Herausforderungen

(Quelle: Eigene Darstellung)

Abbildung

10-21

Zusammenfassung

- Durchlaufen des RPM-Prozess Voraussetzung für erfolgreiche Krisenbewältigung
- Wichtigkeit der Kostenreduktion und der Kommunikationsstrategie
- Kontinuierliche / zyklische Überprüfung hinsichtlich Einsparpotenzialen
- Offensive und glaubwürdige Kommunikation der Maßnahmen
- Top-Management ist wichtige Erfolgsdeterminante
- Krisenszenarien sind ein Erfolgsfaktor für die Krisenbewältigung
- Hoher Wirkungsgrad eines Ereignisses auf globale Wirtschaft / gesamte Branche
- Steigende Krisenanfälligkeit durch Interdependenz hoch entwickelter Systeme
- Mehrfachkrisen neue Herausforderung für das Krisenmanagement
- Verstärkungseffekte zwischen Krisen müssen explizit Berücksichtigung finden
- Konventionelles Krisenmanagement fokussiert lediglich einzelne Krise isoliert
- 3D-Krisenmanagement adäquates Konzept zur Bewältigung von Mehrfachkrisen

Teil III

Fallstudienkonzeptionen

Fallstudienkonzepte zum 11. September 2001

Konzeption und Anwendungsempfehlungen

In diesem abschließenden Kapitel werden dem Leser Fallstudienkonzepte zum eigenständigen Erschließen der komplexen Entscheidungssituation in Folge der Anschläge des 11. Septembers 2001 bereitgestellt. Hiermit wird dem Anspruch des Buches gerecht, Managern und anderen Entscheidungsträgern von Organisationen und öffentlichen Institutionen sowie Studenten unterschiedlicher Fachrichtungen die Grundlagen für ein erfolgreiches Management von Krisen in Krisen am praktischen Beispiel eines fächerübergreifenden und weltweit gesellschaftsrelevanten Ereignisses temporär differenziert zu vermitteln. Dabei kann zu verschiedenen Zeitpunkten in die Rolle eines Lufthansa – Managers eingetaucht werden und somit unterschiedlichen Kenntnisständen und Anforderungsniveaus bei der Bearbeitung Rechnung getragen werden. Die größte Herausforderung stellt ohne Zweifel die Bearbeitung der ersten Fallstudienkonzeption direkt nach den Attentaten bzw. nach deren unmittelbaren Folgen dar. Der modulare Aufbau des vorliegenden Buches erlaubt es einem Fallstudienbearbeiter durch gezieltes Lesen einzelner Kapitel die notwendigen Informationen zu generieren, auf dessen Basis er Strategien und Maßnahmen eines Airline-Managers zur Krisenbewältigung nach dem 11. September 2001 planen und simulieren kann.

Diese können folgend im weiteren Studium des Buches mit den real durchgeführten Maßnahmen der Deutschen Lufthansa AG verglichen und bzgl. ihrer Erfolgsaussichten evaluiert werden. All dies soll dem Leser helfen, die im theoretischen Teil dieses Buches gewonnenen Erkenntnisse zu vertiefen und in die Praxis zu transferieren, um so ein umfassendes Verständnis der Komplexität und Vielschichtigkeit des Management von Mehrfachkrisen zu erlangen. Auf diese Weise können sowohl erste als auch weitergehende „Erfahrungen" generiert werden.

Vorständen, dem Top-Management, sehr fortgeschrittenen und erfahrenen Krisenmanager sowie Nachwuchsführungskräften sei die Bearbeitung der ersten Fallstudienkonzeption empfohlen, welche die anspruchsvollste Problemstellung darstellt, da sie die Krisenbewältigung unmittelbar nach Eintritt der Terror-Anschläge mit geringster Informationsausstattung auf höchstem Verantwortungsniveau bearbeitet. Die zweite Fallstudienkonzeption eignet sich wiederum bestens für Manager, Entscheidungsträger im Allgemeinen sowie Studenten der Wirtschaftswissenschaften. Diese Aufgabenstellung beginnt im Unterschied zur ersten etwas verzögert und stellt zusätzlich die Informationen bereit, was unmittelbar die ersten drei Tage nach den Terroranschlägen bereits geschah. Die dritte Fallstudienkonzeption ist dazu konzipiert, erste Erfahrungen beim Management von Krisen in Krisen zu generieren, da bereits sowohl die unmittelbaren Auswirkungen der Anschläge als auch die ersten Krisenbewältigungsbemühungen sowie die Entwicklung der Flugbranche ein Quartal nach dem dramatischen Ereignis bekannt sind. Dabei wird die Gefahr wirkungsvoll eingedämmt, dass Fallstudienbearbeiter beim Versuch erste Fähigkeiten und „Erfahrungen" mit der Bewältigung von Krisen (in Krisen) zu erlangen, sprichwörtlich den „Wald vor lauter Bäumen" aufgrund komplexer akuter und operativer Details nicht mehr sehen und somit der mögliche Lernerfolg stark eingedämmt wird.

Es sei angemerkt, dass die Bearbeitung der Fallstudienkonzepte durchaus auch in dem Falle einen zusätzlichen praktischen Nutzen zu stiften vermag, in dem der Inhalt vorliegenden Buches bereits gelesen wurde oder teilweise bekannt ist. Zudem kann bspw. mit der Bearbeitung der dritten Fallstudienkonzeption am Anfang eines Seminars begonnen werden und darauf aufbauend zu dessen Ende durch Bewältigung der anspruchsvolleren Problemstellungen einer der anderen zwei Fallstudienkonzepte die Qualifikation speziell Mehrfachkrisen erfolgreich zu bewältigen weiter wirkungsvoll erhöht werden.

Da vorliegendes Werk besonders die künftig steigende Problemstellung der Krise in der Krise und somit die immer stärker zu bewältigende Anforderung bzw. Herausforderung des Management von Mehrfachkrisen vermitteln möchte, soll dem Bearbeiter der Fallstudienkonzepte Abbildung 11-1 als Hilfestellung dienen. Diese strukturiert die drei Krisen der Mehrfachkrise, in welcher sich die Luftfahrtbranche mit den Anschlägen des 11. Septembers 2001 befand.

Damit ein Fallstudienkonzept nach deren Auswahl isoliert bearbeitet werden kann, sind die folgenden drei Gliederungspunkte unabhängig voneinander bzw. ähnlich aufbereitet und somit nicht redundanzfrei. Daher ist lediglich das Lesen der ausgewählten Fallstudienkonzeption sinnvoll bzw. ergiebig.

Komparative Krisendimensionen der Krise nach dem 11.9.2001
(Quelle: Eigene Darstellung)

Abbildung
11-1

Bezeichnung	Terror-Krise	Konjunktur-Krise	Struktur-Krise
Zeitbezug	• Kurzfristig	• Mittelfristig	• Langfristig
Ursachen	• Terror-Attentate vom 11.9.2001	• Weltkonjunktur • Konjunkturelle Abhängigkeit der Flugbranche	• Globalisierung • Marktfragmentierung • Rechtl. Deregulierung • Dialektische Liberalisierung durch Einflussname der Nationalstaaten • Resistente Überkapazitäten
Vorhersagbarkeit	• Sehr schwierig • A priori Signale sehr schwach • Unerwartetes / überraschendes Eintreten	• Sehr einfach • Leicht zugängliche Frühindikatoren	• Sehr einfach • Großer Einfluss branchenexogener Determinanten
Einwirkung	• Plötzlich • Schockartig • Direkt • Sehr massiv	• Schleichend • Zyklisch • Direkt • Groß	• Schleichend • Sprunghaft • Indirekt • Groß • Teilw. ambivalent
Prognosefähigkeit des Verlaufs	• Einfach • Erstmaligkeit und Einzigartigkeit des Ereignisses • Erfahrungen aus dem Golfkrieg 1990	• Sehr einfach • Vorhandene Lerneffekte • Starke Abhängigkeit der Flugnachfrage von allg. wirtschaftlicher Entwicklung	• Schwierig • Komplexe und vielschichtige Wirkungszusammenhänge • Volative Eigeninteressen einzelner Staaten
Handlungsbedarf	• Unmittelbar • Groß • Opperativ • Einsichtig • Starke und unmittelbare Akzeptanz und Opferbereitschaft der Stakeholder	• Akut • Normal • Vorrangig strategisch • Keine direkt erfahrbare Bedrohung • Fehlende Akzeptanz und Opferbereitschaft der Stakeholder	• Nicht akut • Gering • Strategisch • Unklar • Keine direkt erfahrbare Bedrohung • Fehlende Akzeptanz und Opferbereitschaft der Stakeholder
Beherrschbarkeit	• Schwierig	• Einfach	• Sehr schwierig
Kritische Problembereiche	• Lähmender Schock • Zeitdruck / Adaptionszeiten • Maßnahmeneffektivität • Fehlende Erfahrung in der Krisenbewältigung • Krisenprävention	• Maßnahmenakzeptanz der Stakeholder • Qualität des strategischen Managements	• Problembewusstsein • Ansatzpunkte effektiver Gegenmaßnahmen • Latente Preiskriegsgefahr • Lobbyismus

11.2 Fallstudienkonzeption I

Aufgabenstellung

Krisenbewältigung unmittelbar nach dem 11.9.2001.

Zielgruppen

Vorstände, Top-Management, erfahrene Krisenmanager und Führungskräfte-nachwuchs.

Fallstudienbearbeitung

Erarbeiten Sie sich ggfs. zuerst die theoretischen Grundlagen im ersten Teil (Kapitel 2 bis 5), bevor Sie mit Kapitel 6.1 Rahmenbedingungen und Gegebenheiten in der Luftfahrtbranche vor dem 11. September 2001 kennen lernen. Evaluieren Sie zu diesem Zeitpunkt die Ausgangssituation aus Sicht eines Verantwortlichen der Deutschen Lufthansa AG. Konzentrieren Sie sich dabei neben den wettbewerblichen Aktivitäten ihrer Konkurrenten u.a. auch auf die konjunkturellen und regulatorischen Rahmenbedingungen. Beachten Sie ebenfalls die Einbindung in eines der großen Allianz-Netzwerke. Nun lesen Sie Kapitel 6.2, welches Ihnen die Anschläge des 11. Septembers 2001, die Zielobjekte und die Besonderheiten der Anschläge verdeutlichen.

Zu diesem Zeitpunkt besitzen Sie den Wissenstand eines Airline-Managers, der gerade über die Vorgänge in New York und Washington informiert wird. Dem Führungskräftenachwuchs sei empfohlen, davon auszugehen, dass sich innerhalb des einjährigen Zeithorizontes der zu bearbeitenden Fallstudie eine Erholungstendenz abzeichnet und keine weiteren – in ihrem Ausmaß denen des 11. Septembers 2001 entsprechenden – Anschläge oder sonstige dramatische Ereignisse zu erwarten sind. Für die anderen Fallstudienbearbeiter trifft diese Prämisse nicht zu. Des Weiteren müssen diese neben neuen terroristischen Anschlägen jederzeit auch mit dem Eintreten anderer dramatischer exogener Ereignissen, wie bspw. SARS oder einem Golfkrieg, rechnen.

Ausgehend von der beschriebenen Situation erarbeiten Sie ein Krisenmanagement für die Deutsche Lufthansa AG. Planen Sie dabei ebenfalls die sofortigen (bis 3 Tage), die mittelfristigen (bis 3 Monate) und die längerfristigen Auswirkungen (bis 1 Jahr) der Reaktionen und Maßnahmen Ihrer Entscheidungen zur Krisenbewältigung. Berücksichtigen Sie dabei auch insbesondere strategische Aspekte, welche die taktischen und operativen Maßnahmen der akuten Bewältigung der Terror-Anschläge innerhalb der ersten sechs Monate überdauern.

Vergleichen Sie anschließend Ihre Ergebnisse mit den tatsächlichen Entwicklungen und den in der Praxis durchgeführten Maßnahmen (Kapitel 7, 8 und 9) sowie in Kapitel 10 die Zusammenfassung und die Evaluation der erfolgreichen Krisenbewältigung der Deutschen Lufthansa AG nach den Terror-Attentaten des 11.9.2001 in der krisengeschüttelten Luftfahrtbranche.

Reflektieren Sie abschließend über die Herausforderungen, welche das Management von Mehrfachkrisen an eine Führungskraft und Manager im Allgemeinen stellt (lesen Sie dabei evtl. noch einmal das Kapitel 5) und wie Sie dieses spezifische Know-how bei den Mitarbeitern Ihres Verantwortungsbereiches gezielt fördern können.

Vorständen, dem Top-Management sowie sehr erfahrenen Krisenmanagern sei im Sinne der unter Kapitel 3.2.1 bzw. in Abbildung 3-1 aufgeführten Phase des Lernens aus einer Krise zusätzlich empfohlen, Konzepte zu entwickeln, mittels derer die aus der eigenen Bearbeitung der Fallstudie neu erlernten Erkenntnisse als Feedback in die Organisation verankert werden können, um die strukturelle Bewältigungskompetenz künftiger Krisen in Krisen für das Unternehmen nachhaltig zu erhöhen.

11.3 Fallstudienkonzeption II

Aufgabenstellung

Übernahme der Krisenbewältigung wenige Tage nach dem 11.9.2001.

Zielgruppen

Manager und sonstige Entscheidungsträger in privatwirtschaftlichen und öffentlichen Organisationen sowie Studenten der Wirtschaftswissenschaften.

Fallstudienbearbeitung

Erarbeiten Sie sich ggfs. zuerst die theoretischen Grundlagen im ersten Teil (Kapitel 2 bis 5), bevor Sie mit Kapitel 6.1 Rahmenbedingungen und Gegebenheiten in der Luftfahrtbranche vor dem 11. September 2001 kennen lernen. Evaluieren Sie zu diesem Zeitpunkt die Ausgangssituation aus Sicht eines Verantwortlichen der Deutschen Lufthansa AG. Konzentrieren Sie sich dabei neben den wettbewerblichen Aktivitäten ihrer Konkurrenten u.a. auch auf die konjunkturellen und regulatorischen Rahmenbedingungen. Beachten Sie ebenfalls die Einbindung in eines der großen Allianz-Netzwerke. Nun lesen Sie zuerst Kapitel 6.2, welches Ihnen die Anschläge des 11. Septembers 2001, die Zielobjekte und die Besonderheiten der Anschläge verdeutlichen, bevor Sie die Entwicklungen innerhalb der ersten Tage nach den Attentaten in Kapitel 7 verfolgen.

Die skizzierte Lektüre reflektiert in Form einer deskriptiven Situationsanalyse den Informationsstand und Bezugsrahmen eines Managers bzw. Entscheidungsträgers der Deutschen Lufthansa AG ca. drei Tage nach den Terrorattentaten.

Zu diesem Zeitpunkt besitzen Sie somit den Wissenstand eines Airline-Managers, dem wenige Tage nach den Anschlägen in New York und Washington die Verantwortung für die Krisenbewältigung der Deutschen Lufthansa AG übertragen wird. Dabei können Sie davon ausgehen, dass sich innerhalb des annähernd einjährigen Zeithorizontes der zu bearbeitenden Fallstudie eine Erholungstendenz in der Luftfahrtbranche abzeichnet und keine weiteren – in ihrem Ausmaß denen des 11. Septembers 2001 entsprechenden – Anschläge oder sonstige dramatische Ereignisse (z.B. SARS oder Golfkrieg) zu erwarten sind.

Ausgehend von der beschriebenen Situation erarbeiten Sie das weitere Krisenmanagement für die Deutsche Lufthansa AG. Planen Sie dabei ebenfalls die Fortführung der bereits bekannten unmittelbaren (bis 3 Tage), mittelfristigen (bis 3 Monate) und längerfristigen (bis 1 Jahr) Auswirkungen der Reaktionen Ihrer Maßnahmen zur Krisenbewältigung. Berücksichtigen Sie dabei auch insbesondere strategische Aspekte, welche die taktischen und operativen Maßnahmen der akuten Bewältigung der Terror-Anschläge innerhalb der ersten sechs Monate überdauern.

Vergleichen Sie anschließend Ihre Ergebnisse mit den tatsächlichen Entwicklungen und den in der Praxis durchgeführten Maßnahmen (Kapitel 8 und 9) und in Kapitel 10 die Zusammenfassung und die Evaluation der erfolgreichen Krisenbewältigung der Deutschen Lufthansa AG nach den Terror-Attentaten des 11.9.2001 in der krisengeschüttelten Luftfahrtbranche.

Lesen Sie anschließend noch einmal das Kapitel 5 und reflektieren Sie über Ihren Erkenntnisgewinn sowie die Herausforderungen, welche die zunehmende Bewältigung von Mehrfachkrisen an einen Manager stellt.

11.4 Fallstudienkonzeption III

Aufgabenstellung

Übernahme der Krisenbewältigung ein Quartal nach dem 11.9.2001.

Zielgruppen

Fortbildungsinteressierte und Studenten jeglicher Fachrichtungen.

Fallstudienbearbeitung

Erarbeiten Sie sich ggfs. zuerst die theoretischen Grundlagen im ersten Teil (Kapitel 2 bis 5), bevor Sie mit Kapitel 6.1 Rahmenbedingungen und Gegebenheiten in der Luftfahrtbranche vor dem 11. September 2001 kennen lernen. Evaluieren Sie zu diesem Zeitpunkt die Ausgangssituation aus Sicht eines Verantwortlichen der Deutschen Lufthansa AG. Konzentrieren Sie sich dabei neben den wettbewerblichen Aktivitäten ihrer Konkurrenten u.a. auch auf die konjunkturellen und regulatorischen Rahmenbedingungen. Beachten Sie ebenfalls die Einbindung in eines der großen Allianz-Netwerke. Nun lesen Sie zuerst Kapitel 6.2, welches Ihnen die Anschläge des 11. Septembers 2001, die Zielobjekte und die Besonderheiten der Anschläge verdeutlichen, bevor Sie die Entwicklungen innerhalb der ersten Tage nach den Attentaten in Kapitel 7 verfolgen. Dem Kapitel 8 entnehmen Sie folgend die Entwicklungen und Krisenbewältigungsmaßnahmen der ersten drei Monate nach den Anschlägen.

Die skizzierte Lektüre reflektiert in Form einer deskriptiven Situationsanalyse den Informationsstand und Bezugsrahmen eines Managers bzw. Entscheidungsträgers der Deutschen Lufthansa AG drei Monate nach den Terrorattentaten.

Somit besitzen Sie zu diesem Zeitpunkt den Wissensstand eines Airline-Managers, dem ein Quartal nach den Anschlägen in New York und Washington die Verantwortung für die Krisenbewältigung der Deutschen Lufthansa AG übertragen wird. Dabei können Sie davon ausgehen, dass sich innerhalb des neunmonatigen Zeithorizontes der zu bearbeitenden Fallstudie in der Luftfahrtbranche eine Erholungstendenz abzeichnet und keine weiteren – in ihrem Ausmaß denen des 11. Septembers 2001 entsprechenden – Anschläge oder sonstige dramatische Ereignisse (z.B. SARS oder Golfkrieg) zu erwarten sind.

Ausgehend von der beschriebenen Situation führen Sie das Krisenmanagement für die Deutsche Lufthansa AG weiter. Planen Sie dabei ebenfalls sowohl die Fortführung der bereits bekannten mittelfristigen (bis 3 Monate) und längerfristigen (bis 1 Jahr) Auswirkungen der Reaktionen Ihrer Maßnahmen zur Krisenbewältigung. Berücksichtigen Sie dabei auch insbesondere strategische Aspekte, welche die taktischen und operativen Maßnahmen der akuten Bewältigung der Terror-Anschläge innerhalb der ersten sechs Monate überdauern.

Vergleichen Sie anschließend Ihre Ergebnisse mit den tatsächlichen Entwicklungen und den in der Praxis durchgeführten Maßnahmen (Kapitel 9) sowie in Kapitel 10 mit der Zusammenfassung und der Evaluation der erfolgreichen Krisenbewältigung der Deutschen Lufthansa AG nach den Terror-Attentaten des 11.9.2001 in der krisengeschüttelten Luftfahrtbranche.

Versuchen Sie danach ohne Hilfe vorliegender Abhandlung die drei Krisen der Mehrfachkrise nach dem 11. September für die Luftfahrtbranche sowie deren Interaktionseffekte auf einem Stück Papier zu skizzieren.

Entwickeln Sie danach aus einem anderen Ihnen bekannten Kontext eine Krise in der Krise (2-dimensionale Mehrfachkrise) und versuchen Sie die Interaktionseffekte zwischen den beiden Krisen zu konzeptionalisieren und einzuschätzen. Entwickeln Sie in Anlehnung an das in Kapitel 5 vorgestellte 3D-Krisenmanagement für jede der zwei Krisen jeweils eine Gegenmaßnahme (wenn möglich) für deren Ursache, deren Wirkungen auf das betroffene Objekt (z.B. ein Unternehmen) und deren Wechselwirkung mit der anderen Krise.

Literaturverzeichnis

Adams, H. W.; Rademacher, H. (1990): *Sonderorganisation Notfall*, in: Adams, H.W. (Hrsg.): Sicherheitsmanagement – Die Organisation der Sicherheit im Unternehmen, Frankfurter Allgemeine Zeitung, Frankfurt, S. 307-322.

Alpert, Lukas (2002): *Ground Zero – Auch die Leere zieht die Menschen an*, http://www.heute.t-online.de/ZDFheute/artikel/22/0,1367,POL-0-2013270, 00.html (Stand 16.04.2003).

Apitz, Klaas (1987): *Konflikte, Krisen, Katastrophen – Präventivmaßnahmen gegen Imageverlust*, Gabler, Frankfurt am Main.

Baily, Martin N. (2001): *Stirred but not shaken – the economic repercussions*, in: Hoge, J. F.; Rose, G. (Hrsg.): How did this happen? terrorism and the new war, PublicAffairs, New York, S. 269-282.

Behrens, S.; Winter, H. (2002): *Große Airlines gewinnen an Höhe*, in: Die Welt, 10. März 2001, http://www.welt.de/daten/2002/03/10/0310fi319307.htx ?search=behrens+winter (Stand 08.07.2002).

Berg, Hartmut; Schmitt, Stefan (2001): *Globalisierung: Begriff – Ursachen – Wirkungen*, in: Zentes, Joachim; Swoboda, Bernhard; Morschett, Dirk (Hrsg.): Kooperationen, Allianzen und Netzwerke: Grundlagen – Ansätze – Prespektiven, Gabler, Wiesbaden.

Bergauer, Anja (2001): *Erfolgreiches Krisenmanagement in der Unternehmung: eine empirische Analyse*, Erich Schmidt Verlag, Berlin.

Berggötz, Sven Olaf (2002): *Jack Ryan's Amerika: Tom Clancy und das außenpolitische Krisenmanagement in den USA*, in: Sielke, Sabine (Hrsg.): Der 11. September 2001: Fragen, Folgen, Hintergründe, Peter Lang, Frankfurt am Main.

Birnbaum, Norman (2001): *Die formierte Öffentlichkeit*, in: Hoffmann, Hilmar; Schoeller, Wilfried F. (Hrsg.): Wendepunkt 11. September 2001: Terror, Islam und Demokratie, DuMont, Köln.

Birbaumer, N.; Schmidt, R. (1999): *Biologische Psychologie*, Springer Verlag, Berlin.

Bisignani, Giovanni (2002): *IATA – A review of air transport following september 11*, http://iata.org (Stand 17.12.2002).

Bolzinger, A. (1982): *Le concept clinique de crises*, Bulletin de psychologie Jg. XXV, Nr. 355, S. 475-480.

Bracken, Paul (2002): *Das Undenkbare neu denken. Neue Prioritäten der nationalen Sicherheit*, in: Talbott, S.; Chanda, N. (Hrsg.): Das Zeitalter des Terrors, Econ, München, Berlin, S. 162-179.

Brück, Tilman (2002): *Die ökonomischen Folgen des neuen globalen Terrorismus*, in: Zimmermann, Klaus F. et.al. (Hrsg.): *Wochenbericht DIW 37/2002*, Duncker & Humblot, Berlin, S. 619-624.

Burkart, R.; Probst, S. (1991): *Verständigungsorientierte Öffentlichkeitsarbeit: eine kommunikationstheoretisch begründete Perspektive*, in: Publizistik, Jg. 36, Nr. 1, S. 56-76.

Burtscher, Johannes Georg (1996): *Wertorientiertes Krisenmanagement: ein integriertes Konzept zur Vermeidung und Bewältigung von Unternehmenskrisen*, St. Gallen.

Caponigro, J. R. (1998): *The Crisis Counsellor: The executive's guide to avoiding, managing and thriving on crisis that occur in all businesses*, McGraw Hill, Michigan.

Caplan, G.; Felix, R. H. (1964): *Principles of Preventative Psychiatry*, Basic Books, New York.

Coombs, W. Timothy (2001): *Teaching the crisis management / communication course*, Public Relations Review, Jg. 27, S. 89-101.

Daufenbach, Claus (2002): *Ground Zero & Vietnam: Wahrnehmung, Trauma und kollektive Erinnerung*, in: Sielke, Sabine (Hrsg.): Der 11. September 2001: Fragen, Folgen, Hintergründe, Peter Lang, Frankfurt am Main.

Davies, David (2002): *World Trade Center lessons – risk management lessons from the World Trade Center*, Computer Law & Security Report, Jg. 18, Nr. 2, S. 117-119.

Deutsche Lufthansa AG (2001 a): *Lufthansa Geschäftsbericht 2001*, Köln.

Deutsche Lufthansa AG (2001 b): *Lufthansa-Anzeigen nach dem Terror-Anschlag in den USA weltweit ausgesetzt*, Pressemitteilung vom 17.01.2002, http://www.dlh.com, (Stand 05.03.2003).

Deutsche Lufthansa AG (2001 c): *Nach Terroranschlägen wird Lufthansa erwartetes Ergebnis nicht mehr erreichen*, Pressemitteilung vom 19.01.2002, http://www.dlh.com, (Stand 05.03.2003).

Deutsche Lufthansa AG (2002): *Quartalsbericht 1. Halbjahr 2002*, http://www.lufthansa-financials.de/servlet/PB/menu/1012268_ll/index.html (Stand 14.04.2003).

Deutsche Lufthansa AG (2003): *Jahresabschluss 2002 – Manuskriptfassung*.

Doganis, Rigas (2001): *The airline business in the 21st century*, Routledge, New York.

Dogherty, R. A. (1992): *Crisis Communication: What every Executive Needs to Know*, Walker publishing, New York.

Done, Kevin (2002): *Landing fees key to business plan*, in: Financial Times, Artikel vom 11.12.2002, S. 20.

Droege & Comp. (2003): *Restrukturierungsmanagement – In der Krise liegt die Chance*, Deutscher Wirtschaftsdienst, Köln.

Easterbrook, Gregg (2001): *The All-Too-Friendly Skies: Security as an afterthought*, in: Hoge, J. F.; Rose, G. (Hrsg.): How did this happen? terrorism and the new war, PublicAffairs, New York, S. 163-181.

Everly, Jr., George S.; Flannery, Jr., Raymond B.; Mitchell, Jeffrey T. (2000): *Critical Incident Stress Management (CISM): A Review of the literature*, Aggression and Violent Behaviour, Jg. 5, Nr. 1, S. 23-40.

Faulhaber, Peter (2001): *Turnaround-Management in der Praxis: Umbruchsphasen nutzen – neue Stärken entwickeln*, Campus, Frankfurt am Main.

Fearn-Banks, K. (2002): *Crisis Communication: A Case Book Approach*, Lawrence Erlbaum Associates, New York.

Feinberg, Lotte E. (2002): *Homeland security: implications for information policy and practise – first appraisal*, Government Information Quarterly, Jg. 19, S. 265-288.

Finke, Renate (2002): *Reisemarkt in Turbulenzen – Struktur und Perspektiven des deutschen Auslandsverkehrs 2001/2002*, Analyse der Dresdner Bank zur CMT Stuttgart 2002, http://www.dresdner-bank.de/meta/kontakt/01_econo mic_research/14_branchen_maerkte/03_bm_200201.pdf (Stand 10.02.2003).

Finkin, Eugene F. (1987): *Successful corporate turnarounds – A guide for board members, financial managers, financial institutions, and other creditors*, Quorum Books, London.

Flottau, Jens; Baulig, Christian; Prüfer, Tillmann (2002): *Ryanair: Angriff des Billigheimers*, Financial Times Deutschland, 29.01.2002, http://www.ftp.de/ub/di/13179349.html (Stand 27.03.2003).

Frese, E. (1980): *Handwörterbuch der Organisation*, Poeschel, Stuttgart.

Fürst, Ronny A. (2004): *Preiswettbewerb in Krisen – Auswirkungen der Terror-Attentate des 11. Septembers auf die Luftfahrtbranche*, Gabler, Wiesbaden.

Fürst, Ronny A.; Heil, Oliver P.; Sattelberger, Thomas; Busch, Jan (2004): *Multiple Krise*, Arbeitspapier Johannes Gutenberg-Universität, Mainz.

Gabele, E. (1981): An*satzpunkte für ein betriebswirtschaftliches Krisenmanagement*, Zeitschrift für Organisation, Nr. 3, S. 150-158.

Gerste, Ronald D. (2002): *Defining Moments – Amerikas Schicksalstage: Vom 4. Juli 1776 bis 11. September 2001*, Verlag Friedrich Pustet, Regensburg.

Gonzáles-Herrero, Alfonso; Pratt, Cornelius B. (1998): *Marketing Crisis in Tourism: Communication Strategies in the United States and Spain*, Public Relation Review, Jg. 24, Nr. 1, S. 83-97.

Goodrich, J. N. (2002): *September 11, 2001 attack on America: a record of immediate impacts and reactions in the USA travel and tourism industry*, Journal of Tourism Management, Jg. 23, Nr. 6, S. 573-580.

Gorsen, Peter (2001): *Ästhetik der Gewalt. Medienanalytische Reaktionen der ersten Stunde*, in: Hoffmann, Hilmar; Schoeller, Wilfried F. (Hrsg.): Wendepunkt 11. September 2001: Terror, Islam und Demokratie, DuMont, Köln.

Grenz, Thorsten (1987): *Dimensionen und Typen der Unternehmenskrise. Analysemöglichkeiten auf der Grundlage von Jahresabschlussinformationen*, Lang Verlag, Frankfurt am Main, Berlin.

Grüber, Bernd (2001): *Schnellkurs Krisenmanagement*, Lexika Verlag, Würzburg.

Hätty, H.; Hollmeier, S. (2003): *Airline strategy in the 2001 / 2002 crisis – the Lufthansa example*, in: Journal of Air Transport Management, Jg. 9, Nr. 1, S. 51-55.

Heath, Robert (1998): *Dealing with the complete crisis – the crisis management shell structure*, Safety Science, Jg. 30, S. 139-150.

Heath, Robert (1998): *Working under pressure: crisis management, pressure groups and the media*, Safety Science, Jg. 30, S. 209-221.

Herbst, Dieter (1999): *Krisen meistern durch PR: ein Leitfaden für Kommunikationspraktiker*, Luchterhand, Neuwied, Kriftel.

Hiller, Christian von (2001): *Die Pleite der Swissair war erst der Anfang*, in: Frankfurter Allgemeine Sonntagszeitung, 07. Oktober 2001, Nr. 40.

Hoffmann, Bruce (2001): *Die Anschläge im Kontext*, in: Hoffmann, Hilmar; Schoeller, Wilfried F. (Hrsg.): Wendepunkt 11. September 2001: Terror, Islam und Demokratie, DuMont, Köln.

Hoge, James F.; Rose, Gideon (2001): *Introduction*, in: Hoge, J. F.; Rose, G. (Hrsg.): How did this happen? terrorism and the new war, PublicAffairs, New York.

Irvine, B. Robert; Millar, P. Dan (1996): *The Nature of Business Crisis in the 1990's*, Working Paper, The 5th annual Conference on crisis management, University of Nevada, Las Vegas.

Isenberg, D. J. (1981): *Some Effects of Time Pressure on Vertical Structure and Decision-Making Accuracy in Small Groups*, OBHP, Jg. 27, S. 119-134.

Jenkins Brian M. (2001): *The organization men – anatomy of a terrorist attack*, in: Hoge, J. F.; Rose, G. (Hrsg.): How did this happen? terrorism and the new war, PublicAffairs, New York, S. 1-14.

Kantor, Peter (2002): *Terroranschläge und Preiskampf mit Low Cost Carriern zwingen Airlines zu Sparkurs und Kooperationen*, Wiener Zeitung am 22.04. 2003, http://www.abta.at/abta/presse/press_1.php?nr=17 (Stand 27.03.2003).

Kenter, M. (1990): *Zur Notwendigkeit betrieblicher Frühwarnsysteme: Krisenprophylaxe für unruhige Zeiten*, in: Gablers Magazin, Jg. 4, Nr. 2, S. 38-42.

Khandwalla, Pradip K. (1992): *Innovative corporate turnarounds*, Sage Publications Ltd, London.

Kim, Linsu (1998): *Crisis Construction and Organizational Learning: Capability Building in Catching-up at Hyundai Motor*, Organization Science, Jg. 9, Nr. 4, S. 506-521.

Knigge, Michael (2002): *Mega-Pleite am Himmel*, in: Deutsche Welle Online, Artikel vom 09.12.2002, http://www.dw-world.de (Stand 27.03.2003).

Kosiol, E. (1980): *Kollegien*, in: Grochla, E. (Hrsg.): Handwörterbuch der Organisation, Poeschel, Stuttgart, Sp. 1013-1019.

Kovoor-Misra, Sarah; Clair, Judith A.; Bettenhausen, Kenneth L. (2001): *Clarifying the Attributes of Organizational Crisis*, Technological Forecasting and Social Change, Jg. 67, S. 77-91.

Kroeber-Riel, W.; Weinberg, P. (1996): *Konsumentenverhalten*, Vahlen, München.

Krummenacher, Alfred (1981): *Krisenmanagement: Leitfaden zum Verhindern und Bewältigen von Unternehmungskrisen*, Verlag Industrielle Organisation, Zürich.

Krystek, U. (1987): *Unternehmensrisiken – Beschreibung, Vermeidung und Bewältigung überlebenskritischer Prozesse im Unternehmen*, Gabler, Wiesbaden.

Linde, Frank (1994): *Krisenmanagement in der Unternehmung: eine Auseinandersetzung mit den betriebswirtschaftlichen Gestaltungsaussagen zum Krisenmanagement*, Verlag für Wissenschaft und Forschung, Berlin.

Löhneysen, Gisela von (1982): *Die rechtzeitige Erkennung von Unternehmenskrisen mit Hilfe von Frühwarnsystemen als Voraussetzung für ein wirksames Krisenmanagement*, Dissertation, Universität Göttingen.

Lufthans, F. (1995): *Organizational Behaviour*, McGraw-Hill, New York.

Mahajan, Rahul (2002): *The New Crusade – America's war on terrorism*, Monthly Review Press, New York.

Machatschke, Michael (2001): *Wieder im Cockpit*, in: Manager-Magazin, 11/2001, S. 17.

Machatschke, Michael (2002): *Not-Landung*, in: Manager-Magazin, 02/2002, S. 90-98, http://www.manager-magazin.de/unternehmen/artikel/0,2828,181596, 00.html (Stand 08.07.2002).

Marconi, Joe (1994): *Unternehmen unter Beschuss: erfolgreiches Krisenmanagement*, mvg-Verlag, München.

Meyers, G. C.; Holusha, J. (1986): *When It Hits the Fan: Managing the Nine Crisis Business*, Unwin Hyman, London.

Michaels, D. (2001): *Fluggesellschaften zwischen Steig- und Orientierungsflug*, in: Handelsblatt, 11. Juni 2001.

Mitroff, I. I.; Pearson, C. M. (1993): *Crisis Management: a diagnostic guide for improving your organisation's crisis-preparedness*, Jossey-Bass Publishers, San Francisco, CA.

Müller, Rainer (1986): *Krisenmanagement in der Unternehmung: Vorgehen, Massnahmen und Organisation*, Lang Verlag, Frankfurt am Main.

Murray, V. (1995): *Rückentwicklung von Organisation und Führung*, in: Handwörterbuch der Führung, Schäffer-Poeschel, Stuttgart.

Nieschlag, Robert; Dichtl, Erwin; Hörschgen, Hans (1997): *Marketing*, 18. Auflage, Duncker und Humblot, Berlin.

O.V. (1998): *Entwicklung und Probleme der Liberalisierung im Luftverkehr*, http://www.jura.uni-tuebingen.de/~ronellen/archiv/seminare/ss98/thema16.doc (Stand 14.01.2003).

O.V. (1999): *Airline-Allianzen geraten in den USA zunehmend unter Druck*, Berninger, Heiner (Hrsg.): Artikel vom 13. April 1999, TVG Touristik Verlagsgesellschaft mbH, Zürich.

O.V. (2001 a): *Die Folgen der Attentate in den Vereinigten Staaten für die Luftverkehrsbranche*, Kommission der Europäischen Gemeinschaften (Hrsg.): KOM(2001) 574, Brüssel.

O.V. (2001 b): *Overview of EU action in response to the events of the 11 September and assessment of their likely economic impact*, Kommission der Europäischen Gemeinschaften (Hrsg.): COM(2001) 611, Brüssel.

O.V. (2001 c): *Delta: Erwartungen der Analysten nicht erfüllt*, Berninger, Heiner (Hrsg.): Artikel vom 18. Mai 2001, TVG Touristik Verlagsgesellschaft mbH, Zürich.

O.V. (2001 d): *September 11: Chronology of terror*, CNN.com: September 12, 2001, http://europe.cnn.com/2001/US/09/11/chronology.attack/index.html (Stand 10.02.2003).

O.V. (2001 e): *American Psyche Reeling From Terror Attacks*, Survey Report vom 19.11.2001, Pew Research Centre for the People & the Press.

O.V. (2001 f): *Luftpool bietet 150 Millionen Dollar an*, in: Frankfurter Allgemeine Zeitung, 11. Oktober 2001, Nr. 236.

O.V. (2001 g): *Staatsgarantien für Fluglinien werden verlängert*, in: Frankfurter Allgemeine Zeitung, 17. Oktober 2001, Nr. 241.

O.V. (2001 h): *Die Luftfahrtindustrie fordert einen höheren Verteidigungsetat*, in: Frankfurter Allgemeine Zeitung, 06. November 2001, Nr. 258.

O.V. (2001 i): *Die Airline-Industrie durchfliegt derzeit heftige Turbulenzen*, Berninger, Heiner (Hrsg.): Artikel vom 14. Dezember 2001, TVG Touristik Verlagsgesellschaft mbH, Zürich.

O.V. (2001 j): *Die Schweiz muss Milliarden investieren*, in: Frankfurter Allgemeine Zeitung, 15. Oktober 2001, Nr. 239.

O.V. (2001 k): *British Airways gerät tief in die Krise*, in: Frankfurter Allgemeine Zeitung, 07. November 2001, Nr. 259.

O.V. (2001 l): *Gewinneinbruch bei Air France*, in: Frankfurter Allgemeine Zeitung, 28. November 2001, Nr. 277.

O.V. (2001 m): *Die Banken helfen Swissair aus der Klemme*, in: Frankfurter Allgemeine Zeitung, 01. Oktober 2001, Nr. 228.

O.V. (2001 n): *Easyjet und Ryanair sind die Gewinner in der Krise*, in: Frankfurter Allgemeine Zeitung, 26. Oktober 2001, Nr. 249.

O.V. (2001 o): *Ryanair plant weitere Drehkreuze in Deutschland*, in: Frankfurter Allgemeine Zeitung, 23. November 2001, Nr. 273.

O.V. (2001 p): *Ryanair mit 30 Prozent Gewinnsteigerung*, in: Frankfurter Allgemeine Zeitung, 30. Oktober 2001, Nr. 252.

O.V. (2001 q): *Preiskampf im europäischen Fluggeschäft*, in: Frankfurter Allgemeine Zeitung, 28. November 2001, Nr. 277.

O.V. (2001 r): *Passagierzahlen eingebrochen*, in: Die Welt, 12. Oktober 2001.

O.V. (2001 s): *Nach der Tagung des Europäischen Rates vom 21. September: die Lage der europäischen Tourismusbranche*, Kommission der Europäischen Gemeinschaften, Bericht vom 13.11.2001, KOM (2001) 668 endgültig, Brüssel.

O.V. (2001 t): *Auswirkungen der Terroranschläge auf die Weltwirtschaft*, SECO – Staatssekretariat für Wirtschaft, http://www.seco-admin.ch (Stand 04.02.2003).

O.V. (2001 u): *Ankündigung von Entlassungen bei Lufthansa erhöht Druck auf Personal*, in: Die Welt, 22. November 2001.

O.V. (2002 a): *Kritik am Krisenmanagement der US-Airlines-Branche*, Berninger, Heiner (Hrsg.): Artikel vom 30. März 2002, TVG Touristik Verlagsgesellschaft mbH, Zürich.

O.V. (2002 b): *Sicherheit im weitesten Sinne*, Europäische Union, Brüssel, http://europa.eu.int/eur-lex/de/index.html (Stand 11.11.2002).

O.V. (2002 c): *Erstmals seit vier Jahren weniger Passagiere bei Lufthansa*, in: Die Welt, 18. Januar 2002, http://www.welt.de/daten/2002/01/18/0118un 308740.htx?search=Passagierzahlen+november+oktober+september (Stand: 08.07.2002).

O.V. (2002 d): *Passagierzahlen bei der Lufthansa weiter rückläufig*, in: Die Welt, 12. Februar 2002, http://www.welt.de/daten/2002/02/12/0212un313780. htx?search=Passagierzahlen+lufthansa+januar (Stand 08.07.2002).

O.V. (2002 e): *Lufthansa bietet wieder mehr Flüge an*, in: Die Welt, 13. März 2002, http://www.welt.de/daten/2002/03/18/0318wi321026.htx? search= Passagierzahlen+lufthansa+februar (Stand: 08.07.2002).

O.V. (2002 f): *Vertrauen in turbulenter Zeit. Ein Beispiel für Public-Issue-relevante Unternehmenskommunikation*, in: Website der Deekeling Identity & Change GmbH, http://www.deekeling.de/coco/273_326.html (Stand: 08.07.2002).

O.V. (2002 g): *One Year Later: New York More troubled, Washingtonians More On Edge – The Personal Toll Persists, Policy Opinions Change*, Survey Report vom 5.11.2002, Pew Research Centre for the People & the Press.

O.V. (2002 h): *LH-Konzernvorstand Wolfgang Mayrhuber: „Wir wandeln auf schmalem Grat"*, Berninger, Heiner (Hrsg.): Artikel vom 24. Oktober 2002, TVG Touristik Verlagsgesellschaft mbH, Zürich.

O.V. (2002 i): *Airlines gewinnen an Höhe: Terroranschläge haben Problem der Überkapazitäten verschärft*, in: Wiesbadener Kurier vom 05.09.2002; http://www.wiesbadener-kurier.de/politik/11september/objekt.php3?artikel_id =966807 (Stand 16.04.2003).

O.V. (2002 j): *5. Hamburger Aviation-Konferenz: Im Zeichen der Krise*, Berninger, Heiner (Hrsg.): Artikel vom 01. März 2002, TVG Touristik Verlagsgesellschaft mbH, Zürich.

O.V. (2002 k): *Lufthansa legt in der Schweiz kräftig zu*, Berninger, Heiner (Hrsg.): Artikel vom 25. Oktober 2002, TVG Touristik Verlagsgesellschaft mbH, Zürich.

O.V. (2002 l): *Lufthansa to create 2,500 new jobs*, GermanData (Hrsg.): http://www.germandata.com/pages/lufthansa.html (Stand 15.04.2003), GermanData, London.

O.V. (2002 m): *Europäische Fluglinien erleben einen Boom im Internet trotz düsteren Voraussagen nach dem 11. September,* Nielsen/NetRatings (Hrsg.): Nürnberg, http://www.nielsen-netratings.com (Stand 16.04.2003).

O.V. (2002 n): *BICC-Jahrbuch 2002 – Vor einer neuen Periode weltweiter Aufrüstung?,* Internationales Konversionszentrum (Hrsg.): http://www.bicc.de/general/survey2002/presseerklaerung_survey2002.html (Stand 14.04.2003).

O.V. (2002 o): *So will Opel weg vom Billig-Image,* in: Wirtschaftswoche Online, 22.02.2002, http://www.wiwo.com (Stand 20.04.2002).

O.V. (2002 p): *Terroranschläge – Lufthansa winkt Entschädigung,* in: Frankfurter Rundschau Online; 28.11.2002, http://www.frankfurter-rundschau.de/ (Stand 05.03.2003).

O.V. (2002 q): *Sündenbock für Unternehmen?,* in: n-tv.de, 11.09.2002, http://www.n-tv.de/3062063.html (Stand 05.03.2003).

O.V. (2002 r): *Größter Schaden,* in: Berliner Morgenpost, 11.09.2002, http://morgenpost.berlin1.de/archiv2002/020911/wirtschaft/story548020.html (Stand 13.02.2003).

O.V. (2003 a): *Info über Ryanair – Unternehmensgeschichte,* http://www.ryan air.com/german/updatedRstory.html (Stand 27.03.2003).

O.V. (2003 b): *Graphik: Manhattan nach den Anschlägen,* in: T-Online.de, http://dynamisch.t-news.t-online.de/dyn/zone/news/spez/sept/fs/tag-/fs-grafiken-des-terrors,photoNr=4.html (Stand 27.03.2003).

O.V. (2003 c): *Börsenchaos nach Anschlägen in den USA,* in: Sueddeutsche.de, http://www.sueddeutsche.de/index.php?url=wirtschaft/aktuell/23962 (Stand 27.03.2003).

O.V. (2003 d): *Nach den Anschlägen – Beben an den Börsen,* in: T-Online.de, http://dynamisch.t-news.t-online.de/dyn/zone/news/spez/sept/fina/ar/ar-boer sencrash.html (Stand 27.03.2003).

O.V. (2003 e): *RWE verstärkt Schutz für Atomkraftwerke,* in: Sueddeutsche.de, http://www.sueddeutsche.de/index.php?url=wirtschaft/aktuell/24204 (Stand 27.03.2003).

O.V. (2003 f): *US-Airlines schlittern in Finanzkrise,* in: Sueddeutsche.de, http://www.sueddeutsche.de/index.php?url=wirtschaft/aktuell/24477 (Stand 27.03.2003).

O.V. (2003 g): *Billig-Flieger auch für Konzerne attraktiv,* in: RP-Online, http://www.rp-online.de/news/wirtschaft/2003-0205/billigflieger_konzerne.html (Stand 10.04.2003).

O.V. (2003 h): *In Memory of the New York World Trade Center,* http://www.die-wolkenkratzer.de/top10wtc.html (Stand. 31.10.2003).

O.V. (2003 i): United States Department of Defense, http://www.pentagon.gov/ (Stand 1.11.03).

O.V. (2003 j): Terroranschläge am 11. September 2001 in den USA/Ablauf, http://de.wikipedia.org/wiki/Terroranschl%E4ge_am_11._September_2001_in_den_USA/Ablauf (Stand 30.10.03).

O.V. (2003 k): 11. September 2001, http://www.creatores.de/elf3smna.htm (Stand 01.10.03).

Pearson, Christine M.; Clair, Judith A. (1998): *Reframing Crisis Management*, Academy of Management Review, Jg. 23, Nr. 1, S. 59-76.

Pearson, Christine M. (2002): *A blueprint for crisis management*, Ivey Business Journal, Jan/Feb, London.

Pidgeon, N.; O'Leary, M. (2000): *Man-made disasters: why technology and organisations (sometimes) fail*, Safety Science, Jg. 34, S. 15-30.

Piepelow, Volker (1997): *Die europäischen Fluggesellschaftenn im Wettbewerb: eine Analyse mittels des Konzepts der „strategischen Gruppen"*, Lang, Frankfurt am Main.

Quarantelli, E. L. (1988): *Disaster Crisis Management. A Summary of Research findings*, Journal of Management Studies, Jg. 25, Nr. 4, S. 375-385.

Ramsay, Cameron G. (1999): *Protecting your business: form emergency planning to crisis management*, Journal of Hazardous Materials, Jg. 65, S. 131-149.

Reinecke, Wolfgang (1997): *Krisenmanagement: Richtiger Umgang mit den Medien in Krisensituationen*, Stamm Verlag, Essen.

Remer, A. (1989): *Organisationslehre. Eine Einführung*, De Gruyter, Berlin.

Sakurai, Heiko (2001): *Karikaturen & Glossen*, in Knüpfer, Uwe; Berke Wolfgang (Hrsg.): Der 11. September, Klartext Verlag, Essen, S. 98, 101.

Sattelberger, Thomas (1996): *Die lernende Organisation – Konzepte für eine neue Qualität der Unternehmensentwicklung*, 3. Auflage, Gabler, Wiesbaden.

Sattelberger, Thomas (2000): *Humans as brands. Relationship capital in service businesses*, efmd Forum 00/2, S. 22-26.

Sattelberger, Thomas (2005 a): *Tanz auf dem Vulkan... – ...oder Schicksalsgemeinschaft*, Präsentation, 04.03.2005, PoP 2005 – Power of People, Business Circle Management, Wien.

Sattelberger, Thomas (2005 b): *Coping with 9/11 and its Aftermath – Intelligent, Speedy & Responsible Crisis Management*, Präsentation, 22.02.2005, IESE Business School, University of Navarra, Barcelona.

Scherler, Patrik (1996): *Kommunikation mit externen Anspruchsgruppen als Erfolgsfaktor im Krisenmanagement eines Konzerns: Erfahrungen aus dem Fall Brent Spar (Greenpeace vs. Shell)*, Helbing & Lichthahn Verlag, Basel.

Schmidt, G. H. Eberhard (2000): *Handbuch Airlinemanagement*, Oldenbourg, München.

Schwalb, Christian (2002): *Die US – Wirtschaft ein halbes Jahr danach*, DeutschlandRadio, Manuskript vom 10.03.2002, 18:40 Uhr; http://www.dradio .de/cgi-bin/es/neu-hintergrundw/183.html (Stand 13.01.2002).

Schwarzecker, Josef (1993): *Kennzahlen: Krisenmanagement mit Stufenplan zur Sanierung*, Wirtschaftsverlag Ueberreuter, Wien.

Seifert, Jeffrey W. (2002): *The effects of September 11, 2001, terrorist attacks on public and private information infrastructures: a preliminary assessment of lessons learned*, Government Information Quarterly, Jg. 19, S. 225-242.

Seymour, Mike; Moore, Simon (2000): *Effective crisis management: worldwide principles and practice*, Cassell, London.

Slatter, Stuart St. P. (1984): *Two Corporate recovery: a guide to turnaround management*, Penguin Books Ltd, Harmondsworth.

Steinemann, H.; Schreyögg, G. (1990): *Management – Grundlagen der Unternehmensführung*, Gabler, Wiesbaden.

Talbott, Strobe; Cahnda, Nayan (2001): *The Age of Terror – America and the World After September 11*, Basic Books, New York.

Thamm, Berndt Gregor (2002): *Terrorismus*, Verlag deutsche Polizeiliteratur GmbH Buchvertrieb, Hilden/ Rhld.

Töpfer, Armin (1999): *Plötzliche Unternehmenskrisen – Gefahr oder Chance?: Grundlagen des Krisenmanagement, Praxisfälle, Grundsätze zur Krisenvorsorge*, Luchterhand Verlag, Neuwied.

Watkins, Michael D.; Bazerman, Max H. (2003): Predictable Surprises: The Disasters you should have seen coming, Harvard Business Review, Jg. 81, Nr. 3, S. 72-80.

Weber, Ph. (1980): *Krisenmanagement. Organisation, Ablauf und Hilfsmittel der Führung in Krisenlagen*, Huber Verlag, Frankfurt am Main, Bern.

Weidl, Bruno J. (1996): *Ökonomische Krise und Wege der Krisenbewältigung aus Sicht von Führungskräften: eine empirische Analyse*, Europäischer Verlag der Wissenschaften, Frankfurt am Main.

Weisæth, Lars; Knudsen, Jr., Øistein; Tønnessen, Arnfinn (2002): *Technological disasters, crisis management and leadership stress*, Journal of Hazardous Materials, Jg. 93, S. 33-45.

Wiezorek, Bernhard (1998): Strategien europäischer Fluggesellschaften in einem liberalisierten Weltluftverkehr, Diss. Dortmund, Peter Lang, Frankfurt am Main.

Woodcock, C. (1998): *Crisis Communications*, in: Merten, K.; Zimmermann, R. (Hrsg.): Handwörterbuch der Unternehmenskommunikation, Luchterhand, Neuwied, S. 150-163.

Zahn, Erich (1983): *Konzepte zur Krisenerkennung und Krisenvermeidung*, in: Gabele, v. E. (Hrsg.): Erfolgreiche Führung kleiner und mittlerer Unternehmen, Bayrische Verlagsanstalt Bamberg, S. 188-215.

Zimbardo, P.; Gerrig R. (1992): *Psychologie*, Springer, Berlin.

Zimmermann, Klaus F. (2002): Ökonomie und Terrorismus: ist die Globalisierung in Gefahr?, in: Sielke, Sabine (Hrsg.): Der 11. September 2001: Fragen, Folgen, Hintergründe, Peter Lang, Frankfurt am Main.

Stichwortverzeichnis

Numerisch

11. September 2001 97
2nd Tier 150
3D-Krisenbewältigung 57, 60, 62
3D-Krisendimensionen 63
3D-Krisenmanagement 55, 57–58, 62–64, 188–189
   Implikationen 64
3rd Tier 150

A

Absatz 171
Absatzrückgang 115
abschwächendes Wirtschaftsumfeld 69
Abschwächung der Wirtschaft 70
Abwanderung 73
Abwehrmaßnahmen 52
Abwehrmechanismen 44
ad hoc Organisation 36
Adaptions 156
Adaptionszeiten 130, 165
adaptive Reaktion 44
Adressaten 40–41, 174
AEA 119
Aer Lingus 75, 118
Aero Mexiko 146
Aeromexico 75
Affektive Komponente 50
Air Canada 75, 145
Air China 159
Air France 75, 92, 121, 146, 160, 182
Air India 159
Air New Zealand 75, 145
Air Transportation Act von 1979 77
Airbus A380 132
Airline 92
   Hub-Spoke 86
Airline Deregulation Act von 1978 77
Airline-Allianzen 117
Airline-Industrie 183
Airline-Markt 145
Airline-Produktion 120
Airlines 73, 79, 145, 167, 187
   amerikanische 77
Airlingus 146

Airports 86
AirTran 117
Aktien 141
   von Fluggesellschaften 142
Aktienmärkte 141
Aktionen 37
Aktionskomponente 40
Aktionspläne 37
aktive Kommunikation 178
Aktivitätsniveau 44
akute Bedrohung 61
akute Krisenbewältigung 175, 181
Akzeleratorwirkungen 21
Akzeptanz 46, 165, 184
Alarmbereitschaft 45
Alitalia 146
All Nippon 75
allgemeines Interesse 21
Allianzen 74–75, 145, 158
   Anteil am Weltluftverkehr 146
   globale 86, 92
Allianzführer 150
Allianzmitglieder 74
Allianzpartner 74
Allianzsysteme 73
Alternativpläne 29
ambivalenter Ausgang 18
Ambivalenz 48
America West 83, 116
American Airlines 75, 92, 102, 114, 146, 159, 164,
   167
American Airways 76
amerikanischer Kongress 117
amerikanisches Verteidigungsministerium 96
ANA 145
Analysten 78
Anfälligkeit von Unternehmen 2
Anforderungsniveau 193
Anforderungsprofile 63
Angebot 137, 145, 147, 153–154, 156, 175
Angebotsdichte 152
Angebotsstrukturen 73
Angriff 45
Angriffsfläche 186

Angst 44, 52, 99, 120, 144, 151, 167, 187
angstbesetzte Strecken 127
Anpassung des Personalbedarfs 170
Ansatzpunkte
    3D-Krisenbewältigung 58
Ansatzpunkte effektiver Gegenmaßnahmen 165
Ansatzpunkte für Gegenmaßnahmen
    Beeinflussbarkeit 59
Anschläge 16, 26, 167
Anschläge des 11. Septembers 2001 3, 77, 163, 183
Ansett 75, 159
Ansett Australia 145
Ansprache
    emotional 128
    persönliche 128
Anspruchsgruppen 41
Anstieg der Erdölpreise 70
Anstieg der Lebensmittelpreise 71
antizyklische Kapazitätsausweitungen 182
Antrag auf Gläubigerschutz nach „Chapter 11" 168
Anzeigen 104
Arbeitgeber 157–158
Arbeitnehmervertreter 157
Arbeitsaufgaben 36
Arbeitslosenquote 71
Arbeitslosigkeit 119
Arbeitsplätze
    Verringerung 134
Arbeitsplätze im Luftverkehrssektor 114
Arbeitsproduktivität 140
Arbeitszeiten
    Flexibilisierung 187
Arbeitszeitvertragssystem 157
Argumente 46
Asiana 159
Asiana Airlines 159
Asien-Krise 79
Association of European Airlines (AEA) 118
Attraktivität als Zielobjekt 95–96
AUA-Gruppe 145
Aufgabenbereich 37
Aufgabendelegation 39
Aufgabengebiet 36
Aufgabenmanagement 39
Aufgabenorientierung 47
Aufgabenteilung 62
Aufmerksamkeit
    verstärkte 27
Aufschwung 157–158
Aufwendungen 123
Aufwendungen für Personal 133

Ausfallbürgschaften 115
Ausgabensteigerungen 141
Ausgabenstopp 132, 182
Ausgebranntheitsgefühle 44
Aushandeln 46
Auslastung 82, 125, 133, 152, 167, 169, 176
Auslastungsgrad 118
Ausnahmesituation 25, 52
Außenpolitik 111
Außenstandsmanagement 135
Außenwirkung 177, 182
außergewöhnliche Situation 25
außertarifliche Mitarbeiter 134
Austrian 75
Ausweichflughäfen 103
Auswirkungen
    auf die Deutsche Lufthansa AG 169
    branchenübergreifende 166
    globale 140, 166
    indirekte 141
Autorisationen 77
Autorität 38
    formale 46

B

Barrieren 32
Bearbeitungsgeschwindigkeiten 140
Bedarf an Informationen 52
bedrohliche Umstände 48
Bedrohung 13, 33, 52, 76, 79, 92, 99, 102, 140
    durch (potenzielle) neue Wettbewerber 73
    neuartige 81
    substantielle 166
Beeinflussungsstrategien 47
begrenzte Anzahl an Optionen 43
Beherrschbarkeit 183
Beherrschbarkeit durch das Management 53
Belastungssituationen 48
Belegschaft 174
Benchmarking 128
Berater 131
Bereitschaft zum Aushandeln 47
Bereitschaft zum Umdenken 128–129
Berichterstattung 16, 111
Beschaffung 137
    krisenrelevanter Informationen 36
Beschaffungsengpässe 20
Beschäftigung 71
Beschleunigung 166
Besonderheiten der Luftfahrtbranche 178
Best Case-Scenario ("Frost") 136

Bestellzeiten 76
Bestimmtheit 46
Bestimmungsfaktoren 58
Bestrafung 46
Betreuung der betroffenen Kunden 173
betriebsbedingte Kündigungen 157
Betriebskapital (cash flow) 80
Betroffenheit 97, 110–111, 173, 178
   weltweite 99
Bewältigung 57
   von Krisen in Krisen 53
Bewältigungskompetenz 197
Bewältigungsmaßnahmen 64
Bewältigungsmuster 52
Bewältigungsstrategien
   neue 3
Bewältigungsversuche 48, 52
Bewusstwerden 129
Bezug auf höhere Autoritäten 46
Bilanzeffekte 24
Bilanzierungsskandale 142
Billigangebote 149
Billigflieger 73
Binnenverkehr 122
BIP 107
Bodenpersonal 133
Bombendrohung 102
Bordservice 84, 176
Bordserviceangebot 161
Bordverpflegung 76
Börsencrashs 142
Botschaft 174
Boykott
   von Shelltankstellen 21
Boykottverhalten 50
Branchentrend 122
Break-even 178
Brent Spar 21
British Airways 75–76, 85, 92, 112, 119–121, 130,
   136, 146, 160, 182
British Midland 75, 145
Bruttosozialproduktwachstum 71
Buchungen 167
   Business Class 113
   First Class 113
Buchungseinbruch 137
Buchungsrückgang 167, 169
Bündnis gegen den Terror 110
Business Class 123
Business Jets 150
Business-Flieger 85

Business-Kunden 82
Buzz 85

C

Carrier
   konventionelle 83
Cashflow 87, 123, 133, 151, 161
   Verbesserung 134
Cashflow-Management 182
Catering 154
Cathay 75
Cathay Pacific 146
Chancen 12, 129, 134, 152
Charter 150
Charter-Gesellschaften 81, 85, 90
Chartergesellschaften 149
Chefsache 173
Cockpit-Personal 133
Cockpit-Türen 116, 123, 174
Code-Sharing 175
Containment / Damage Limitation 30
Continental 75, 83, 112, 116
Continental Airlines 102, 114
Crisis Management Shell Structure (CMSS) 39
Crisis Management Team 172
Crossair 122, 160
Czech Airlines 146

D

DAT 122
Dauer 59
dauerhafte Flugangst 135
DAX 101
D-Check 87, 133, 161, 174, 182, 186
D-Check akut 133, 161, 179, 182
Deckung von kriegsähnlichen Ereignissen 170
Deckungsbeiträge 18, 76
Deckungssumme der Versicherungen 116
Defizite 24, 148
Deflationsprobleme 107
Delegation 40
Delta 75, 83, 112
Delta Airlines 78–79, 84, 146
Delta Express 84
Delta/Air France 75
Demonstrationszweck 127
Department of Transportation 116
Depression 129
Deregulierung 74, 77, 79, 82, 116
Deutsche Bundesregierung 118
Deutsche Flugsicherung 102

Deutsche Lufthansa AG 86, 88, 92, 101, 118, 123, 137, 145, 151, 171
  Krisenbewältigung 172
  Krisenbewältigungsmaßnahmen 135
  Kunden 125
  Wettbewerbsfähigkeit 158
Dezentralisierung 35
dialektische Liberalisierung 165
Dialogsuche 128
Dienstleistung der Personenbeförderung 76
Dienstleistungen 141
Differenzierung 33
Digitalkamera 23
Distribution 83
Distributionskosten 155, 175
Disziplin 126
Dow Jones 101
Dow-Jones-Index 142
Downsizing der Flotte 135
Downsizing der Frequenzen 135
Downturn 183
dramatisches Ereignis 4, 94, 123, 184
Dringlichkeit 59
  aus der eigenen Unternehmenssicht 59
Dringlichkeitsbewertung 62
Druck 73, 77, 80, 117, 128, 148
Dumping-Angebote 81
Dumpingpreise 155
Durchschnittserlöse 152–153
Durchsetzungskraft 37
Durchsetzungsvermögen 63
Dynamik 53, 183

E

Eastern 116
EasyJet 85, 90, 149–150
Economy-Bereich 85
Effekte von Krisen
  auf Involvement und Wahrnehmung 51
  gesamtwirtschaftliche 141
Effekttreiber 58
effiziente Bewältigung
  Ansatzpunkte 64
effizienter Ressourceneinsatz 63
Effizienz 87
Effizienzsteigerung 133
Eigeninteresse 47
Eigenkapitalstruktur 121
Einbeziehung 128
Einbeziehung von Dritten 46
Einbruch der Aktienkurse 70

Eindämmung 184
Einfuhrkontrolle 140
einheitliche Flugzeugflotte 83
Einnahmen 151
Einreisekontrolle 140
Einsparmaßnahmen 154
Einsparmöglichkeiten 133, 174, 185
Einsparpotenziale 175–176
  Überprüfung 189
Einsparungen 83, 174
Einsparungspotenzial 89, 154, 186
Einstellungen 40, 111–112, 131, 167
  Effekte von Krisen auf 49
Einstellungs-, Investitions- und Projektestopp 173
Einstellungsstopp 132–133
Einwirkungsobjekt 54
Elastizität 143
Embargo 104
emotionale Auswirkungen 144
emotionale Bindung 127
emotionale Leere 130
emotionales Engagement 50
Emotionen 46
  Intensität 52
Energiekosten 24
Engagement und die Ich-Beteiligung 50
Enron 24
Entlassungen 103, 134, 168
Entlassungswellen 112
Entschädigung der Opfer 115
Entscheidungen 34, 132
  antizyklische 137
  inhaltliche 33
  prozessuale 33
  Qualität der 35
  strategische 137
  strukturelle 33
Entscheidungsaufgabe 37
Entscheidungsbeteiligung 35
Entscheidungsbetroffene 35
Entscheidungsdruck 43
Entscheidungsfähigkeit
  Erhaltung 36
  Erhöhung 36
Entscheidungsfindung 39
Entscheidungskomponente 40
Entscheidungslegitimation 54
Entscheidungspotenzial 35
Entscheidungsprozess 29, 36
  schneller 38
Entscheidungssituation 11, 193

Entscheidungsspielraum 34
Entscheidungsträger 138, 198
Entscheidungsvorbereitende Planungsaufgaben 36
Entscheidungszwang 17
entschlossenes Handeln 177–178
Entschlossenheit 179
Entwicklung 74
    des internationalen Luftverkehrs 69
    kurzfristige 136
    von Angebot und Nachfrage 179
Ereignisse des 11. Septembers 2001 163
Erfahrung 165, 178, 187, 193
Erfolg 126, 181
Erfolg-/Risikobeteiligung 128
Erfolgsfaktor 159, 184, 188
    Zeit 57
Erfolgskontrolle 126
Erfolgskrise 19, 123
Erfolgspotenzial 18–19, 23
    erodiertes 23
Ergebnisausfall 125
Ergebnissicherung 132
Ergebnisverbesserung 134
erhöhte Aggression 45
Erholung 30, 126, 148
    des Marktes 169
Erholungsphase 30
Erholungstendenzen 147, 155, 161
Erinnerung an 52
Erkennen potenzieller Verbündeter 47
Erkenntnis des Unausweichlichen 48
Erlösausfälle 103–104
Erlöse 108
Erlöseinbußen 123
Erlösmanagement 135
Ernstfall 185
Ernsthaftigkeit 127
Erschöpfung 45
Ertragskraft 12
Ertragsprobleme 12
Ertragsschwäche 123
Ertragssteigerung 156
Europa 139
europäische Airlines
    Gesamtproduktionsvolumen 120
    Positionierung 81
Europäische Kommission 117–118
europäische Low-Cost-Anbieter 122, 149
europäische Luftverkehrsbranche 79, 120
Eurowings 161
EU-Wirtschaft 107

Evaluation 57
Exekution 130
Existenz 3
Existenzbedrohung 34
    der Unternehmung 12
Existenzgefährdung 18, 21, 125
Existenzrisiko 2
exogene Ursachen 22
Expansion 82
Expansionsstrategie 157
Expedia 159
externe Auslöser 16
externe Einflussfaktoren 26
externe Schocks 2, 20
externer Auslöser 166
EZB 108

F

Fähigkeiten 35
Faktorproduktivität 140
Fallstudienkonzeptionen 191
Federal Reserve 108
Feedback 197
Feedbacksysteme 128
Fehlinvestitionen 24
finanzielle Bedrängnis 167
finanzielle Lage 25
finanzielle Zusammenhänge 128
finanzielles Monitoring 135
Finanzierungsinstrumente 115
Finanzierungsplan 15
Finanzmärkte 141
    internationale 101
Finanzplanung 20
Finanzsektor 108
Finnair 75, 146
Firmenpleite 24
First Class 123
first Mover 150
First Mover Advantage 150
fiskalische Belastungen 140
Fixierung 46, 57
Fixkosten 154
Fixkostenanteil 76
flächendeckendes Netz 159
Flachheit der Struktur 38
Fleet Assigner 87
Flexibilisierung 127, 129, 174–175, 181–182, 187
    der Arbeit 175
    der Arbeitszeiten 170
    im Personalbereich 182

Flexibilität 88, 125–126, 176
flexible Krisenmanagement-Struktur 38
Florida Express 84
Flotten 169
Flottenabbau 135
Flugangebot 158, 161
Flugangst 125
Flugbetrieb 82, 168
Flugbetriebsverzögerungen 170
Flugbranche 72
Flugbuchungen 140
Flüge
   direkte 91
Fluggäste 153
Fluggesellschaften 73, 80, 115, 117, 122, 167
   amerikanische 102, 115, 118, 161, 167
   etablierte 81
   europäische 119
   No-Frill 164
   nordamerikanische 148
   Preiskriege 76
   renommierte 150
   staatliche 79
Flughafen 74, 172
   Gander 172
Flughäfen 123
   lokale 82
Flughafenbehörden 77
Flugkapazität
   Reduktion der 151
Fluglinien 77, 81
Flugnachfrage 72
Flugplan 89, 133, 137, 170, 175
   Kürzung 103
Flugpreisen 85
Flugprogramm 133, 152, 171
Flugreisen 77
Flugsicherheit 77
Flugtickets 117
Flugverkehr
   inneramerikanischer 167
   interkontinentaler 121
   internationaler 167
Flugzeugabstürze 26
Flugzeugauslastung 122
Flugzeuge 76–77, 79, 83, 85, 167–168
   als Waffen 187
   Ausstattung 154
   Rotation der 88
   Standzeiten der 154

Flugzeugflotten 86
   einheitliche 85
Flugzeug-Liegezeiten 124
Flugzeugnutzung 77
Flugzeugtyp 83
Fluktuation 133
Folgen von Stress
   emotionale Ebene 44
   kognitive Ebene 45
   physiologische Ebene 45
   Verhaltensebene 44
Forschung 74
Forschungsopportunitäten 64
Fortbestand 188
Fortbestand der gesamten Unternehmung 12
Fortbestand der Unternehmung 1
Fortbestehen des Systems 13
fragmentierter Markt 73
Fragmentierung der Märkte 164
Freiraum 128
Frequent-Flier-Programm 74
Freundlichkeit 46
Frontier 117
Frühaufklärung 31, 57
Früherkennung 30–31, 57
Früherkennungsinstrumentarien 17
Frühindikatoren 165
Frühwarnung 31
Frustrationen
   Auswirkungen in Krisensituationen 45
   Reaktion 45
Führung
   Bedeutung 45
Führungsansätze 126
Führungsfunktion 39
Führungskräfte 45, 127–128
   Verhalten 44
Führungskräftenachwuchs 7, 196
Führungskultur 65
Führungsperson 40
Führungspersönlichkeiten 35
Führungsqualitäten 63, 127
Führungsstärke 158
Führungsstil 15, 35, 125–126
Führungsstruktur 188
Führungsverhalten 47
   autoritär-direktiv 45
Funktionsfähigkeit 13
Funktionsfähigkeit der Unternehmung bedrohende
   Ereignisse 14
Furcht 44, 127

G

Gefahr 12, 32–33, 36, 52, 57, 80, 129, 142
Gefährdung 19, 166
Gefahren 177
    akute 58
    potenzielle 58
Gefahrenpotenzial 102
Gefahrenpotenziale 33
gefährliche Probleme 32
Gefühl 50, 98
    der Unsicherheit 107
    der Zusammengehörigkeit 127
Gegenleistung 46
Gegenmaßnahmen 23, 31, 181
    notwendige Bedingung 58
    zur Neutralisierung der Krisenfolgen 60
Gegensteuern 126
Gehalt 78
Gehälter 174
Gehaltskürzungen 174
Gehaltsreduzierung
    befristete 134
Gelegenheiten 12, 126, 152
gemeinsame Allianzmarke 74
generalisierte Prädisposition 49
generelles Umdenken 128
Gepäckfracht 123
Germanwings 149, 161
Gerüchte 41
Gesamtkosten 76
Geschäftsfelder 87, 141, 161
Geschäftsklima 70
Geschäftsmodelle 90, 184
Geschäftsreisende 78, 90
Gesundschrumpfung 80
Gewerkschaften 128, 133
Gewinn 78–79, 85, 121–122
Gewinndeterminante 76
Gewinneinbruch 24, 27, 118, 168
Gewinnmargen 82
Gewinnwarnungen 80
Gewinnziele 23
Gewinnzone 171
Gewinnzuwachs 85
Gewrkschaftsmacht 73
Glaube an die eigenen Stärken 128
Gläubigerschutz 103, 158
Glaubwürdigkeit 127, 134, 178
Gleichgewicht 128
globale wirtschaftliche Lage 139
globale Wirtschaftslage 72

Globalisierung 2, 53, 164–165
    der Finanzmärkte 71
Go 85
Golfkrieg 79, 85, 111, 139, 196
Golfkrise 131
Grenzkontrollen 143
Ground Zero 139
Grundlegendes Konzept 55
Gruppierungskriterien 59

H

Halifax 172
Handelsliberalisierung 2
Handelssysteme 188
Handlungsabsicht 50
Handlungsalternativen 43
Handlungsbereitschaft 50
Handlungsdruck 25
Handlungslosigkeit 25
Handlungsspielraum für Maßnahmen 31
Handlungsstrategien 52
Handlungszeitraum 18, 166
Handlungszwang 43
Hapag-Lloyd Express 150
Hemmnisse
    interessenspolitische 32, 185
    psychologische 32, 185
    strukturelle 32, 185
Hemnisse
    interessenspolitische 58
    psychologische 58
    strukturelle 58
Herrschaftsaufgaben 36
Heterogenität 76, 79
Hierarchie 36, 38
Hierarchiestufe 131
Hilflosigkeit 48, 52
Hindernis der Bedürfnisbefriedigung 45
Hinzulernen 128
historische Statistiken 135
Hoffnung 48, 130, 155
Hub-Spoke-Struktur 81, 90

I

IATA 113
Iberia 75, 146
ICS Ansatz
    zentrale Prinzipien 37
ICS Struktur
    Hauptschwächen 38
Identifikation 57

Ignoranz 129
Image 21, 125
Imagegewinn 178, 182, 186
Imageschaden 158
Imageverlust 27
Improvisation 25
Incident Command System (ICS) 37
Incident Commander 38
indirekte Kosten 140
individuelle Belastung (Stress) 34
individueller Kontext
   psychisches Ungleichgewicht 48
ineffiziente Produktivität 15
ineffiziente Prozessgestaltung 15
Inflation 70
Informationen 31, 47, 173
   aktuelle 172
   authentische 42
   glaubwürdige 42
   Interpretation der aufgenommenen 50
   krisenbezogene 36
   relevante 38
   unvollständige 38
Informationsarbeit 52
Informationsausstattung 193
Informationsbedürfnis 52
Informationsbeschaffung 38
Informationsdefizit 42
Informationsfluss 40, 63
Informationsgerechtigkeit 34, 36
Informationskanäle 41
Informationsmanagement 40
Informationsprozesse 39
Informationsquelle 111
Informationsstand 200
Informationssysteme 17
Informationsvakuum 42
Informationswege 36
Infrastruktur 107
Initiative „Cash 100" 161
Innenwirkung 177, 182
inneres Bild 52
Insolvenz 2, 79, 116, 166–168
   drohende 80
Insolvenzantrag 25
Insolvenzgefahr 123
Insolvenzverfahren 25
Insolvenzwelle 169
Integration 33
integriertes Informationsmanagement 39

Interaktionseffekte 184, 187–188
   Ausmaß 59
   einseitige 59
   positive 64
   Richtung 59
Interaktionseffekte zwischen Krisen 54
interaktive Kommunikation 38
Interdependenzen 53, 179, 183, 189
Interessensgruppen 32, 38, 52
Interkontinentalverkehr 155
International Air Transport Association (IATA) 148
internationale Finanzmärkte 141
internationale Handel 139
internationale Luftfahrt-Verband IATA 102
internationaler Handel 140, 143
internationaler Warenverkehr 140
Internationalisierung 71
Internet-Illusionen („dot.com-Bubble") 70
Interview 58
Invasion 142
Investitionen 151
   zurückstellen 109
Investitions- und Projektstopp 135
Investitionsgüter 141
Investitionsmanagement 15
Investitionsstopp 132, 137, 182
Investitionsvorhaben 132
Involvement 40, 50, 126
   persönliches 51
   Situations- 51
Involvement des Top-Management 177, 182
Involvierung 186
Irak-Krieg 142

J

Jahresüberschuss 171
Jet Blue 117

K

Kabinenpersonal 133
Kapazitäten 34, 77, 82, 116, 121–122, 152–153,
   155, 168–170, 172, 175–176
   Auslastung der 88
   Reduktion der 173
   Reduzierung 132
   Reduzierung der 133
Kapazitäten (Sitzkilometer) 115
Kapazitätsabbau 153
Kapazitätsanpassungen 175
Kapazitätsauslastung 76
Kapazitätsbeschränkungen 77

Kapazitätserhöhungen 155
Kapazitätserweiterungen 187
Kapazitätsmaßnahmen 134
Kapazitätsplanung 87, 181
Kapazitätspolitik 152
Kapazitätsprognose 76
Kapazitätsreduktion 116, 134–135, 182
Kapazitätssteigerung 122
Kapazitätstrends 148
Kapazitätsverlagerung 176
Kapital 141
kapitalintensiv 183
Kapitalkosten 76
Kapitalströme 101
Katalysator 166
Katastrophe 14, 37, 142
    Naturkatastrophe 14
    technische 14
Kaufentscheidung 81, 89
    Einfluss auf 90
Kennzahlen 128
KLM 75, 85, 146
Know-how 197
Koalition 46
kognitive Komponente 50
kognitive Neubewertung 45
kognitive Notfallreaktionen 45
Kollegium 37
Kombi-Tarife 161
Kommandostruktur 37–38
Kommunikation 42, 128, 130, 138, 175, 178, 186
    bildliche 126
    dialogische 41
    einseitig 41
    glaubwürdige 189
    interne 173
    konsenssuchende 42
    kontinuierlich 42
    mit Kunden und der Öffentlichkeit 135
    verständliche 126
    vorbehaltlos 42
    Zwei-Wege- 42
Kommunikationsbedürfnisse
    externe 40
    interne 40
Kommunikationsfähigkeit
    externe 15
    interne 15
Kommunikationskampagne
    integrierte 138
Kommunikationsmodelle 41

Kommunikationspolitik 175, 182
Kommunikationsprogramme 41
Kommunikationsprozesse 39
Kommunikationsstrategie 138, 186, 189
    defensive 40
    offensive 41, 186
kommunikative Maßnahmen 138
komparativer Stückkostenvorteil 89
Kompetenzen 36
komplexe Entscheidungsmechanismen 32
komplexe Gesamtaufgabe 33
komplexe Systeme 40
Komplexität 35, 56, 79, 193
    logistische 98
Kompromiss 158
Konative Komponente 50
Konflikte 14, 38, 135, 144–145
Konjunktion 72
Konjunktur 151, 163, 183
    rezessive 166
Konjunktureinbruch 124
konjunkturelle (Fehl-) Entwicklung 16
konjunkturelle Abhängigkeit 183
konjunkturelle Abhänigkeit 165
konjunkturelle Downturns 187
konjunkturelle Indikatoren 70
konjunkturelle Krise
    schleichende 186
konjunkturelle Zyklen 163
konjunktureller Abschwung 164
konjunktureller Downturn 183
Konjunktur-Krise 165, 183–184
Konjunkturkrise 166, 179, 181, 183
Konjunkturschwäche 73
Konjunkturzyklus 12
Konjunkturzyklus Indikator 164
Konkurrenten 83, 85, 130, 136, 151–152, 161, 170
Konkurrenz 73, 82, 171
Konkurrenzvergleich 180
Konkurs 103, 122, 167–168
Konsens 128
konsistente Entscheidungen 35
Konsolidierung 161
Konsumenten 41, 81
Konsumentenforschung 49
Konsumentenvertrauen 107
Konsumklima 70
Konsumverhalten 108, 117
Kontinuität 35
Kontrolle 35, 45, 49, 126
Kontrollfunktionen 47

Kontrollmaßnahmen 178, 182
Kontrollstrukturen 35
Kontrollsysteme 15
Konzentration 69
Konzepte 91
Konzernstrategie 173
Kooperation 74, 121, 137, 146, 149, 159, 170,
   175–176
   partnerschaftliche 88
Kooperationsoptionen 175
kooperative Beziehungen 88
Koordination 40
Koordinationsfunktion 39
Korean Air 146
Kosten 73–74, 77, 83, 85, 87, 103, 113, 117,
   119–120, 123, 130, 132, 140–141, 143, 145,
   149, 160, 168, 170, 185
   direkte 104
   Minimierung 77
   variable 76, 154
Kosten-/Erlösrechnung 88
Kosten-/Liquiditätskontrolle 135
Kostenabweichung 151
Kostenbewusstsein 186
Kostendruck 73, 79
Kosteneinsparungen 137, 174–175
   langfristige 176
Kostenführerschaft 90
Kostenmanagement 15, 161
Kostennachteil 182
Kosten-Nutzen-Analysen 33
Kostenoptimierung 186
Kostenreduktion 82, 128, 174–176, 182, 187, 189
   Personalbereich 180
Kostenreduktionsmaßnahmen 79, 83, 175, 186
Kostenreduktionsplan 170
Kostenreduktionsprogramme „D-Check" 179
Kostenreduktionsziele 180
Kostenreduzierung 134
Kostensenkungen 174
Kostensenkungsmaßnahmen 154
Kostensenkungsprogramm D-Check 151, 177
Kostensteigerungen 140
Kostenstrategie 122
Kostenstruktur 76
Kostentreiber 89, 116
Kostenvorteile 89, 186
Kostenwettbewerb 73, 90
Krankheitsanfälligkeit 45
kreatives Denken 45
Kredite 79

Krieg 16, 142, 145, 151
Krieg gegen den Terror 141, 144
Krise in der Krise 163, 177, 183, 194
   Abschätzung 173
   Auswirkungen 173
   Verlauf 173
Krisen 11, 37, 48, 79, 109, 116, 118, 122–123, 128,
   137, 139, 145, 157, 161, 163–165, 176–178, 183,
   185, 187–188
   akute 21, 30, 61
   Alterskrisen 21
   Analyse 58
   Anbieterkrisen 22
   Angst 52
   Art der 35
   Auslöser 55, 58
   Ausmaß 132
   Auswirkungen 48, 59, 125
   bedrohte Unternehmensziele 21
   Bewältigung 60, 128
   Bewältigung der 166
   Dauer der 36
   Determinanten 55, 58
   Dimensionen 55
   Dringlichkeit 60
   drohende 14
   Eintritt der 48, 129
   endogene 58
   Ernst 179
   eruptive 20, 166
   Evaluation 58
   exogene 58
   finanzielle 37
   Folgen 50
   Früherkennung 31
   Früherkennung von 29, 33
   Frühindikatoren 31
   Frühwarnsysteme 29
   funktionaler Verlauf 58
   Gegenmaßnahmen 63
   Gründungskrisen 21
   Gruppen 59
   Identifikation 63
   Identifikation von 57
   Indikatoren 31
   Interaktionseffekte 60, 64
   Interdependenz mit 58
   kaum vorhersehbare 166
   Kollektivkrisen 22
   Kommunikation 40
   konjunkturelle 70

Konsumentenforschung 48
langfristige 184
latente 21, 29, 61
Lernen aus den 129
Lernen in den 128
mittelfristige 184
nicht vorhersehbare 22
Organisations- und Informationsgestaltung 33
organisatorische Gestaltungsziele 33
periodische 21
physikalische 37
plötzliche 18, 22, 51, 123, 164, 166
potenzielle 26, 57
potenzielle Phase 29
Produktkrisen 16
publizistische 21, 26
Schadenspotenzial 60–61
schleichende 18, 21, 163, 183
Schrumpfungskrisen 21
schwer vorhersehbare 166
Signale 31
soziale 16
Stagnationskrisen 21
Strategiekrise 23
strategische 19
strukturelle 166
subjektiv empfundene 47
Symptome 17–18
Systematik betriebswirtschaftlicher
   Krisenbegriffe 13
temporäre Bedrängnis 61
temporäre Dimension 59
Über-Nacht-Krisen 25
Überraschungen 32
Überraschungskrisen 25
unternehmensexterne 165
unternehmensinterne 165
unternehmerische Chance 2
unvorhergesehene Probleme 32
Ursachen 55, 64
Verantwortung 32
Verantwortungsträger 32
verdrängen 129
Verhalten 40
Verlauf 187
Vermeidung 55
vorhersehbar 18
Wachstumskrisen 21
Warnzeichen 32
wiederholte 52
Wirkungen 55, 60, 64

Krisen in Krisen 53, 187–188, 193–194
   Gruppierung 60
   Relevanz von 3
   Wechselwirkungen 56
krisenanfällige Luftfahrtbranche 3
Krisenanfälligkeit 30, 53, 183, 188
Krisenausgänge 178
Krisenbeauftragte 39
Krisenbegriff 12
   Betriebswirtschaftslehre 12
   Medizin 12
   Politikwissenschaften 12
   Volkswirtschaftslehre 12
   Wirtschaftswissenschaften 12
Krisenbereiche 31
   potenzielle 31
Krisenbewältigung 29, 33, 35, 56–57, 134, 163,
   173–174, 184, 187
   destruktive Formen 45
   dreidimensionale 62
   individuelle 43
   Instrumentarien 64
   Maßnahmen 21, 64, 135
   mobilisierte Ressourcen 61
   Prozess der 34
   Ressourcen 177
   simultane 2
Krisenbewältigungsanforderungen 17
Krisenbewältigungsinstrument 56
Krisenbewältigungsmaßnahmen 121
Krisendeterminanten 164
Krisendimensionen 55–57, 62, 64
Kriseneffekte 184
   Ansatzpunkte zur Minimierung bzw.
      Neutralisation 58
Kriseneindämmung 30
Kriseneintritt 22, 38, 123
Kriseneinwirkungen 56
Kriseneinwirkungssystem 59
Krisenerfahrung 178
Krisen-Evaluator 63–64
Krisenfall 36
Krisenfrüherkennung 31
Krisengruppen 63
Krisenhandwerkszeug 30
Krisenherd 58
   Wirkungsgrad auf den 58
Kriseninstanz 36
Kriseninstrumentarien 187
Kriseninteraktionen
   Entkoppeln 60

Krisen-Interaktionseffekte 56, 59
Krisenkommunikation 40, 48, 50, 52, 138
    Vier-Stufen Modell 41
Krisenkompetenz 65, 178
Krisenmanagement 29, 34, 53, 55, 61, 116, 119,
    125, 130, 171, 177–179, 181, 183, 186, 188, 196
    aktives 29, 129, 184
    antizipatives 29
    effektives 33
    effizientes 30
    enge Auffassung von 30
    Erfahrungen 131
    im weiten Sinne 29
    institutionelles 29
    Instrumentarium des 57
    Mechanismen 30
    Phasen des 30
    präventives 29, 177
    proaktives 129, 186
    Prozesse 30
    prozessorientiertes 30
    Qualität 64
    reaktives 29–30
Krisenmanagementerfolg 177
Krisenmanagementtheorie 61
Krisenmanager 7, 35, 60, 63–64, 196
Krisen-Notfallpläne 187
Krisenpläne 183, 185
Krisenpolitik 136
Krisenpotenziale 36, 63
Krisenprävention 16, 22, 30–31, 165, 186–187
    organisatorische 25
Krisenprojektkollegium 36
Krisenprozess 17, 30, 44
Krisenreaktionen
    Ansätze 129
Krisenreaktionspläne 185
Krisenreaktionsteam 35, 38
krisenrelevante Ereignisse 41
krisenrelevante Informationen 34
Krisenschäden 56
Krisen-Schadenspotenzial 59
Krisensituationen 34, 42, 173
    Bewältigung 27
    ernsthafte 47
Krisenstab 36, 63, 131, 172–173
Krisenstabsorganisation 36
Krisenszenarien 130, 136, 173, 178, 182, 187, 189
Krisenteams 173, 185
Krisentheorie 11, 163, 185
Krisentypen 22, 166

Krisentypologien 22, 183
Krisenursache 123
Krisenursachen 55, 58, 166
    exogene 16
    externe 16
    hausgemachte 15
    managementelastische 60
Krisenverhalten
    bei Konsumenten 48
    bei Managern 43
Krisenverläufe 59, 128
    aus Sicht des öffentlichen Interesses 166
    eruptive 20
Krisenverlaufsmuster 18
Krisenvorbereitung 179
Krisenvorsorge 21, 26, 33
Krisenvorsorge als Investition 31
Krisen-Wächter 64
Krisen-Wirkungen 56, 58
Krisenzeiten 110, 122
krisis 11
kritische Unternehmensaktivitäten 30
kultureller Faktor 49
kumulierte Verluste 167
Kunden 138, 175, 177, 185
    potenzielle 125
Kundenloyalität 130
Kündigung der Versicherungspolicen 170
Kündigungen 187
    betriebsbedingte 170
Künstlichkeit (Artifical) 44
Kurseinbrüche 101
Kurseinbrüche am Aktienmarkt 24
Kurzarbeit 130, 133, 173–174
kurze Entscheidungszeit 34
kurze Wege 130

L

L'TUR 160
Ladefaktor 77–78
Lagerhaltungspolitik 15
lähmender Schock 165
Lan Chile 75, 146
langfristiger Zeithorizont 176
Langstreckenverkehr 155
Lauda 145
Learning 30
Leasing-Raten 155
Lebensarbeitszeitkonten 187
Lebenszyklus 21, 59
Leistung 45

Leistungsfähigkeit 39
Lerneffekte 21, 165, 179, 187
Lernen aus der Krise 30
Lernerfolg 194
Lethargie 52
Lieferanten- und Investitionsmanagement 135
Line Pilots Association 78
Linien-Fluggesellschaften 148
Liniennetz 122
Linienorganisationen 173
Liquidationsprobleme 12
Liquidität 12, 18–19, 108, 166
Liquiditätskrise 19–20, 24, 123, 166
Liquiditätsschwierigkeiten 25
Liquiditätssicherung 134
Lobbyarbeit 32, 181
Lockerbie 98
Logistik 175
Lohnerhöhung 78
Lohnkosten 24
Lösungen 47
    neuartige 132
Lösungssystem 34, 36
LOT 122, 159
Low Cost Carrier
    Kapazitätsanteil 86
Low-Cost-Anbieter 70, 81, 84, 89–91, 117,
    147–148, 150, 159–161
    Kunden 85
Low-Cost-Konkurrenten 92
Low-Cost-Modell 89
Low-Cost-Segment 86
LSG Sky Chefs 104, 134, 161
LTU 122
Luftbranche 123
Luftfahrtbranche 69, 73–74, 139
    Besonderheiten 71
    Schwierigkeiten 71
Luftfahrtindustrie 72, 74
    in den USA 76
    in Europa 79
    Veränderungen 145
Luftfahrtweltverband 148
Luftfracht 123
Lufthansa 75–76
Lufthansa Cargo 104, 123, 134
Lufthansa Passage-Gruppe 153
Lufthansa Technik 124
Luftraum 167, 172
Luftraumsperrung 169

Luftsicherheit 115, 119
Luftverkehrsaufsichtsbehörden 124
Luftverkehrsleistungen 76

M

Machtposition 47
Management 43, 58, 134
Management- und Führungsfunktion 65
Managementelastizität 58–59
Managemententscheidungen 62
Managementfehler 1, 23
Managementfunktion 53, 188
mangelnde Produktivität 15
Margen 78, 83
Marke 88, 138, 154, 182
Marketing 48
Marketingexperten 38
Markt 150
    regionaler 82
    Stabilisierung 157
    stagnierender 85
Marktangebot 89
Marktanteile 86, 92, 121, 150
Marktanteilsverluste 24, 27, 150
Marktaustritt 150
Marktbedingungen 165
Märkte 140
    geografische 85
    internationale 183
Markterfolg 125
Marktfragmentierung 165
Marktführer 92
Marktkenntnis 178
Marktposition 21
Marktrisiko 142
Marktsättigung 24
Marktschwankungen 157
Marktsituation 155, 171
Marktveränderungen 23, 152
mass communication face-to-face 128
Massenentlassungen 135
massenmediale Berichterstattung 2
Maßnahmen 37, 83, 119, 132–134, 172
    langfristige 176
    mittelfristige 175
    sicherheitstechnische 174
    Wirkung 171
    zur langfristigen Erfolgssicherung 154
Maßnahmeneffektivität 165
Maßnahmenkatalog 132

Matrix-Organisation 14
mediale Berichterstattung 26
mediale Bewältigung 178
Medien 1, 16, 26, 42, 173, 178
Medienpräsenz 138
    des Vorstandsvorsitzenden 173
Medientraining 42
Mehrfachkrisen 53, 57, 183–185, 188–189, 193
    Besonderheiten 53
    effizientes Bewältigen 53
    Praxisrelevanz 3
Mehrkosten 170
Mehrnachfrage 141
Meinungen 50
Meinungsführer 42
Meinungsführerschaft 138, 186
Meinungsklima 138
menschliches Versagen 26
Mental Change 125, 128
    Phasen 129
Merkmale der Persönlichkeit 49
MetroJet 84
Mexicana 75, 145
Midway Airlines 103, 167
militärische Disziplin 130
militärische Struktur 38
militärisches Vorgehen 111
Militärmacht 96
Mindestziele 13
Missstände 77
Misstrauen 120
Missverständnisse 38
Mitarbeiter 128, 157, 185
Mitarbeiter-Recruiting 176
Mobilisation 33, 177, 182
    von Kräften 33
Mobilität 138
Modell der fünf Wettbewerbskräfte 73
Modelle
    psychologische 48
    soziale 48
Modelle der organisatorischen Gestaltung in
    Krisen 36
Moral unter den Mitarbeitern 134
multidimensionale Facetten
    einer Krise 37
Multidimensionalität 183
multiple Krisen (s. auch Krise in Krise) 53, 59,
    163–165, 171, 179, 181, 183–184
    effiziente Bewältigung 3

Effizienzsteigerung der Bewältigung 65
Interaktionseffekte 62, 64
komplexere dynamische Systeme 58
multiple Krisensysteme
    Steuerung 61
Multiplikatoreffekt 60
Multiplikatorwirkungen 21
Muse Air 84

N

Nachfrage 78, 153, 156, 167
    ansteigende 136
Nachfragebelebungen 136
Nachfrageentwicklung 155
Nachfrageprognose 76
Nachfragerückgang 152, 155
nachfrageschwache Zeiten 161
nachhaltiger Unternehmenserfolg 129
nachlassende Konjunktur 16
Nachverhandlung 132, 135
nationale Interessen 74, 184
NATO 99
Naturkatastrophen 16, 22
negative Effekte 31
negative Entwicklung 124
negative Spirale 25
Network Carrier 150
Netz 86
Netzabdeckung 86
    globale 90
Netzverbund 76
Neuentwicklungen 175
Neutralisierung der Marktmechanismen 184
Niedrigpreise 122
Nikkei-Index 101
No Frill – Low Cost 184
nominales Bruttoinlandsprodukt 141
Nordatlantikrouten 121
Normalisierung 155
Northwest 75, 116, 146
North-West Airlines 78
Northwest Airlines 102
Notfallszenarien 151
Nothilfe 115
Notquartiere 173
Notwendigkeit des Luftverkehrs 138
Notwendigkeit neuer Krisenmanagementkonzepte 3
Null-Ergebnis 135
Nutzladefaktor 104–105
Nutzungskosten 83

O

Objektschutz 102
offene Flanke 42
öffentliche Meinung 42
öffentliches Image 43
öffentliches Interesse 1–2
Öffentlichkeit 38, 175, 177–178, 185
Öffentlichkeitsarbeit 38
ökonomischer Abschwung 79
Oneworld 75–76, 146
Onlinebuchungen 160
Online-Engagement 159, 176
Online-Verkauf 83
Online-Vertrieb 159
Opel 24
operative Probleme 15
operativer Verlust 132
operatives Ergebnis 161
Opfer 127
Opfer der Belegschaft 130
Opferbereitschaft 165
Opodo 159
Opportunitätsverlust 156
Optimierungspotenzial 154
Organisation 58
    globale 34
    lokale 34
Organisationsstrukturen 15
organisatorische Regelungen 33
organisatorischer Gestaltungsziele
    Umsetzung 34
organisatorisches Prinzip 35
Orientierungslosigkeit 25
Overhead-Kosten 116

P

Pacific 75
Pan Am 116
Partizipation 45
Partnerschaften 88
Passagieraufkommen 81, 147
Passagiere 76–77, 83, 118, 123, 169
Passagiergebühren 76
Passagierkilometer 118, 152, 171
    Maximierung 77
Passagierrückgang 161, 174
Passagierzahlen 85, 152–153
Passivität 43
Pentagon 94, 96, 102, 141
People Express 84
Performance Management-Systeme 128

periodische Messvorgänge 31
Personal 127, 157, 169
Personalabbau 121
Personalanpassung 135
Personalbefragungen 33
Personalbesetzung 62
Personalführung 125
Personalkosten 78, 140, 158, 180
Personalkürzungen 119
Personalmaßnahmen 134
Personalstellen 116
Personenbeförderung
    mangelnde Lagerfähigkeit 76
persönliche Betreuung der Passagiere 173
Pläne 172
Planung 36, 45, 48, 88, 126, 173, 181
    antizyklische 176
Planungskapazitäten 36
Planungssysteme 15
Planzahlen 152
Plötzlichkeit (Sudden) 43
Point-to-Point Verbindungen 90
Polaroid 23
Politik 110, 144, 188
politische Systeme 188
Porter 73
Portfoliopflege 15
Portfolios 141
Position 35
positive Interaktionseffekte 184
positiver Trend 147, 161
Potenzial 161
Potenziale zur Effizienzsteigerung 88
potenzielle Krisenherde 32
Prämien für die Versicherungen 168
Präsenz des Top-Management 178
Prävention 184
präventive Maßnahmen 17
Preis-Discount 116
Preisdruck 124, 153
Preisdumping 117, 184
Preise 73, 81–82, 85, 89–90, 135, 147, 161
Preiserhöhungen 135
Preisführerstrategie 122
Preiskampf 69
Preiskontrollen 77
Preiskonzepte 85
Preiskrieg 56, 82
Preiskriegsgefahr 165
Preismacht 73
Preisniveau 117

Preisoffensive 82
Preispolitik 15, 152, 176
Preisreduktionen 82
preissensible Kunden 81
Preissprünge 20
Preisstabilität 78
Preissteigerung 158
Preistransparenz 76
Preisverfall 155
Preisvorteil 90
Preiswahrnehmung der Konsumenten 81
Preiswettbewerb 56, 73, 76, 164
Preparation 30
Presse 173
Presseverlautbarungen 41
Prevention 30
Pricing 152
Priorisation 32
Priorität 32–33
Prioritisation 177
privater Konsum 71
Privatpersonen 89
Privatreisende 90
Privatwirtschaft 140
Probezeitkündigung 134
Probleme 38, 52
Problemlösung 34
Problemlösungsqualität 36
Produktfehler 26
Produktion 74, 124, 141
Produktionsschocks 187
Produktivität 140–141
Produktlebenszyklen 79
Produktpolitik 23
Produktportfolios 90
Professionalität 158
Profitabilität 73, 126, 155
Projekte 36, 131
    geplante 132
Projektmanagement 126
Projektstopp 132
Prominente 174
Prozesse 87, 154, 185
    mit zeitlich begrenzter Entscheidungszeit 18
Prozesskostenanalyse 154
Prozessoptimierung 154
Psychologie 48
psychologische Empfindungen 47
psychologische Symbolkraft 97
psychologischer Effekt 37
Publicity 27

Pünktlichkeit 161
Pünktlichkeitsreserven 88

Q

Qantas 75
Qualifikation 194
Qualität 52, 87
Qualität des Sicherheitsstandards 175
Qualitätspolitik 24
Qualitätsverständnis 125
Quantas 146
quantitative Kennzahlen 61

R

Rahmenbedingungen 149
    geänderte 145
    regulatorische 198, 200
Rahmenvertrag 78
rallying effect 110
Rationalisierung 130
Raynair 82
Reaktionen 51, 145, 154, 173, 185
    emotionale 52
    flexible 155
    schnelle 155
Reaktionen der Öffentlichkeit 26, 144
Reaktions- und Umsetzungszeiten bei
    Kriseneintritt 185
Reaktionsmöglichkeiten 29
Reaktionszeiten 130
real verfügbare Einkommen 71
Reales Bruttoinlandsprodukt 108
Realitätsbezug 35
Rechtfertigung 46
rechtliche Deregulierung 165
Recognition 32, 177
Recognition-Priorisation-Mobilisation-Prozess
    (RPM-Prozess) 32
Recovery 30
Recruiting 157
Redimensionierung 127
Reduktion der Flotte 170
Reduktion der Flugzeuge 132
Reduktion der Kapazitäten 121
Reduktion der Kosten 186
reduziertes Wohlbefinden 50
Reduzierung an Handlungsalternativen 17
Reduzierung der Fixkosten 154
Reduzierung der variablen Kosten 134
referent power 46
Refinanzierung 154

Reflexion 128
regionale Märkte 152
Regression 130
regulatorische Rahmenbedingungen 196
Reisegewohnheiten 73
Reisereservierungssystem 124
Reizereignis 44
Relevanz des Krisenmanagement 2
Remanenzverlust 156
Renditen 141, 161
Rentabilität 18, 78
Rentabilitätsziele 23
Resignation 48
resignative Verhaltenstendenzen 46
Ressourcen 33, 35, 187
Ressourcenallokation auf unterschiedliche
    Krisentypen 61
Ressourcenbindung 186
Ressourceneinsatz 53
Ressourcenverteilung 37
Ressourcenverteilungsschlüssel 61
Restrisiko 22, 26
Restrukturierung 103, 134–135, 154
Restrukturierungsmaßnahmen 80, 153
Restrukturierungsprogramm 86
Rezession 16, 70, 183
    globale 139
Rezessionsphasen 108
Richtung der Unternehmensentwicklung 21
Risiken 155
    volkswirtschaftliche 140
Risiko 1, 120, 124, 160
    eines Zahlungsausfalls 25
    inhärentes 53, 188
    wirtschaftliches 2
Risikobereitschaft 107–108
Risikostrukturen 141
Rivalität zwischen existierenden Konkurrenten 73
Rolle 178
Rollen- und Aufgabenverteilung 38
Routen 85
RPM-Prozess 177, 182, 185, 189
Rückführung der Überstunden 174
Rückführung von Mehrarbeit 133
Rückgang der Buchungen 125
Rückgang der Passagierzahlen 171
Rückgang des internationalen Handels 70
Rückgänge 124
Rückkopplungseffekte 140–141
Rückstellungen
    Auflösung von 24

Rückversicherer 101
Rückversicherungen 109
Rückzug bzw. Regression 46
Ryanair 84–85, 90, 122, 149–150

S

Sabena 121–122, 137, 145
Sabotageakte 26
Saison-Arbeitsvertrag 134
Sanierung 128
Sanierungsteams 131, 178
Sanktion 46–47
SARS 196
SAS 75, 145
SATs 173
Schäden 1, 26, 53
Schadensbegrenzungsphase 30
Schadensbilanz 98
Schadenspotenzialbewertung 62
schnelle Entscheidungen 43, 130
schnelle Kostenreduzierung 133
schnelle Krisenreaktionen 182
schnelle Reaktion 178
Schnelligkeit 34, 37
Schock 110, 129, 142, 144
    externer 166
Schockwellen 71
Schockzustand 177, 182
Schutz der Liquidität 130
Schwäche des Euros 71
Security Surcharge 134
Serviceangebot 175
Servicemaßnahmen 133
Servicepolitik 24
Services Excellence 161
Serviceverbesserungen 86, 128
Shell AG 21
sicherere Anlageformen 141
Sicherheit 77, 97, 141, 174, 188
    der Luftfahrt 138
    im Luftverkehr 178
    subjektiv empfundene 53
Sicherheitsanforderungen 103, 170
Sicherheitsauffassung 125
Sicherheitsauflagen 168
Sicherheitsaufwand 140
Sicherheitsbedürfnis 140
Sicherheitsmaßnahmen 113, 123, 134, 140–141,
    143, 166, 168, 174–175, 178, 182
Sicherheitsprobleme 77
Sicherheitsvorkehrungen 102, 140

Sicherheitszuschlag 135
Signal Detection 30
Simulationsrechnung 142
simultane Bearbeitung 38
Singapore Airlines 145, 159
Singapore Airways 75
Situationen 49, 61
    existenzgefährdente 13
    wahrgenommene 51
Situationsanalyse
    deskriptive 198, 200
Sitzkilometer
    angebotene 153
    verkaufte 153
Sitzladefaktor 104–105, 152–153, 171, 178
Sitzplatzangebot 133, 154
Sitzplatzkapazität 176
Sky Team 146
Sky-Marshals 116, 123, 174
Slots 150
Sofortbildkameras 23
Sofortmaßnahmen 173, 178
Sofortprogramm D-Check akut 174
Sofortzahlung 25
Solidarität 127
Sonderlaub 174
Southwest 83
Southwest Airlines 82–84, 150
soziale Kompetenz 158
sozialer Frieden mit der Belegschaft 130
Spanair 159
Special Assistence Teams (SAT) 172
Sperrung des amerikanischen Luftraumes 102
Sperrung des Luftraums 103, 115
Sperrung des zivilen amerikanischen Luftraums 167
Sprachrohr der öffentlichen Meinung 16
staatliche Beihilfen 117
staatliche Eingriffe 24, 164
staatliche Hilfen 168
staatliche Kreditinstrumente 115
staatliche Regulierungen 16
staatliche Subventionen 115
Staatsgarantien 124
Staatshilfen 79, 168, 184
Stabilisierung 171
Stabilität 177
Stagnation 170
stagnierende Märkte 81
Stakeholder 182, 184
    Opferbereitschaft 177
    Sensibilität 177

Standardisierung 74
Standort 182
Star Alliance 75–76, 88, 92, 145, 158–159, 175–176
Start-up Unternehmen 15
steigende Zinssätze 70
Steigerung der Schnelligkeit 36
Stellenabbau 122
stereotype Verhaltensweisen 44
stille Reserven
    Realisierung 24
Stilllegung 166
    von Flugzeugen 118, 130
Stillstand 129
Stornierungen 124
Störungen 14, 108
Strategie 74, 97, 116, 166
Strategie der Bestimmtheit 47
Strategie der Kapazitätsverlagerung 151
Strategieerfolg 18
strategische Managementgruppe 40
strategische Weitsicht 128
strategisches Investment 137
Streckennetze 158, 175
Streckenplan 85
Streichung von Flugstrecken 130
Streikdrohungen 79
Stress in Krisensituationen 44
Stressoren 44
Stresssituation 44
Stresssymptome 111
strukturelle Probleme 15
strukturelle Veränderung 16
struktureller Wandel 23
Strukturen 47, 87
Strukturkrise 165–166, 181, 183
Strukturprobleme 69, 107
Strukturwandel 164
subjektives Sicherheitsgefühl 175
Subventionen 148, 184
Supposed-Scenario ("Winter") 136
Swiss 146, 175
Swissair 25, 122, 137, 145, 156, 167
Symbolfunktion 96–97
symbolische Funktion 96
Symptombewusstsein 57
Symptome 29, 55
    Wahrnehmung der 18
Synergien 54, 74, 147, 154, 176
    von Allianzen 75
Szenarien 128, 130, 173
Szenario-Analyse 31

T

Tagesgeschäft 19
Tarifauseinandersetzungen 78
Tarife 116, 121, 147, 149
Tarifpartner 133, 158
Tarifverhandlungen 78, 158
Tarifvertrag 133
Teamarbeit 36
Teamorientierung 47
Technikkosten 140
technische Sicherheit 115
technisches Personal 38
Technologien 176, 188
    nicht ausgereifte 26
technologische Entwicklung 16
technologischer Fortschritt 2
Teilprozess 17
Teilsysteme
    spezialisierte 34
Teilzeit 157, 174
temporäre Verstärkung 166
Terroranschläge 98, 102, 112, 114, 117, 124, 142,
    144
    Chronologie 92
Terroranschläge vom 11. September 2001 161
Terrorattentate 16
Terrorattentate vom 11.9.2001 94
Terror-Ereignis 164
Terrorfolge
    wirtschaftliche 138
Terrorismus 98–99
    globaler 142
    internationaler 140
Terroristen 76, 94, 97, 167
terroristische Anschläge 160
Terrorkrieg 99
Terror-Krise 165
Terrorrisiken
    Absicherung 160
Terrorwarnungen 140
Thai 145, 159
Thai Airways 75
Thomas Cook 124, 134
Ticket 151
Ticketbuchung 159
Ticketing 175
Ticketpreise 76, 119
Ticketsystem 83
Ticketzuschlag 134
Toleranzgrenzen 31
Top-Management 7, 127, 131, 182, 186, 189, 196

Touristikbranche 108–109
Tragweite der Ereignisse 177
Transaktionskosten 140, 142–143
Transportation Committee 76
Transportkosten 143
Transportnachfrage 71, 139
traumatische Bilder 111
Treibstoffverbrauch 76
Triade-Märkte 183
Triple T 134
Turbulenzen in der Luftfahrtbranche 142
Turnaround 126, 171, 179, 187
Turnaroundzeit 83
TWA 116
Tyrolean 145

U

Überangebot 131
Überforderung 25
Überkapazitäten 24, 69, 73, 77, 148, 150, 155, 184
    Indikator 78
    Reduktion der 170
    resistente 164–165
überlebensrelevante Ziele 13
überlebenswichtige Ziele 13
Überprüfung aller Unternehmensbereiche 175
Überprüfung der Handhabbarkeit durch
    Gegenmaßnahmen 59
Überraschungseffekt 25
Überschuldung 13, 24
Überwachung 112
Überzeugungskraft 46
Umdenken 125, 184
Umsätze 18, 79, 85, 126, 153, 167
    zusätzliche 126
Umsatzeinbruch 27, 114, 168
Umsatzeinbußen 118
Umsatzrenditen 73
Umsatzrückgang 102, 174
Umsatzsteigerungen 161
Umsatzverlust 103, 118
Umsatzziele 23
Umstrukturierung 130, 158
Umwelt
    physische 49
    psychische 49
Umweltkrisen 16
unangemessene Reaktion 43
unbezahlter Sonderurlaub 133
unbezahlter Urlaub 134
Unfassbarkeit (Incomprehensible) 44

United 83
United Airlines 75–76, 78, 102, 114, 145, 158, 167–168
UN-Resolutionen 99
Unsicherheit 41, 52, 107, 109, 120, 130
Unterbilanzen 18
Unterkapitalisierung 80
Unternehmensbotschaft
    Ablehnung 52
    Akzeptanz 52
Unternehmenserfolg 18
Unternehmensführung 53
Unternehmenshierarchie 36
Unternehmenskenntnis 178
Unternehmenskommunikation 159
Unternehmenskrisen 1, 12, 17
    akute, nicht beherrschbare 17
    Erscheinungsformen 21
    plötzliche 25
    Ursache von 14
Unternehmensleitung 35, 37
Unternehmensorganisation 38, 65
Unternehmenspolitik 15
Unternehmensreaktion
    Dringlichkeit 58
    Schadenspotenzial 58
Unternehmensrestsubstanz 23
unternehmensstrukturelle Probleme 15
Unternehmenssubstanz 19, 166
Unternehmensvertrauen 108
Unternehmenswachstum
    nachhaltiges 128
Unternehmensziele
    Bedrohung der 18
    Gefährdung von 18
Unternehmenszugehörigkeit 35
Unternehmenszusammenschlüsse 74
unternehmerische Präferenzen 61
unternehmerische Tätigkeit 1
unternehmerischer Erfolg 158
unvollkommene Informationen 34
unvorhersehbare Ereignisse 26
Unwiderstehlichkeit (Irrepressible) 43
unwirtschaftliche Fertigungsverfahren 23
unzureichende Produktqualität 15
unzureichende Prozessinnovation 15
Urgency 184
Urlaubsabbau 133
Urlaubsreisende 90
Ursachen 58
    interne 15

operative 15
strukturelle 15
unternehmensstrukturelle 15
Ursachenbekämpfung 56
Ursache-Wirkungs-Zusammenhängen 58
US Airways 78, 83–84, 112, 168
USA 139

V

Variabilisierung der Vergütung 128
Varig 75, 145
veränderte Nachfrage 133
Veränderung des Führungsverhaltens in Krisensituationen 46
Verantwortung 198
Verantwortungsniveau 193
Verantwortungsträger 32, 60
Verbesserung der Pünktlichkeit 161
Verbesserung der Wettbewerbssituation 161
Verbesserungsvorschläge 88
Verbrauchervertrauen 70, 108, 139, 151
Verdrängung 48
Verdrängungskampf 150
Vereinheitlichung 74
Vereinigung Cockpit 78
Vergütung 175
Vergütungserhöhung 133
Verhaltensdispositionen 50
Verhaltensforschung 48
Verhandlung 133
Verhandlungsmacht der Abnehmer 73
Verhandlungsmacht der Lieferanten 73
Verkaufsaktivitäten 121
Verkehr
    lokaler 91
Verkehrsaufkommen 69, 116, 121, 148
Verkehrserlöse 123
Verkehrsflugzeuge 164
Verkehrsverbindung
    interkontinentale 92
    kontinentale 92
Verlauf der Krise 186
Verlust 78, 148
    an Bruttosozialprodukt 140
    Anpassung der Mitarbeiterzahlen 157
    des Versicherungsschutzes 168
Verluste 24, 85, 102–103, 113–115, 117–118, 121, 168, 171
    durch zu langsame Kapazitätsanpassungen 156
    kumulierte 169
    operative 24

Verlustzone 24
Vermeidung des Fliegens 125
Vermeidung von Kontakten 44
versatile Organisation 187
Verschuldungsstand 79
Versicherung der Flugzeugflotte 160
Versicherungen 109, 139
Versicherungsbranche 108
Versicherungsgesellschaften 120
Versicherungskosten 115, 119
Versicherungsprämien 119, 134
Versicherungsschutz 113, 124, 134, 168, 170
Verständnispotenzial 52
Verstärkungseffekte 183, 189
    zwischen einzelnen Krisen 53
Verteidigungsausgaben 141
Verteidigungshaushalt 141
Verteilungsindikator knapper Ressourcen 61
vertikale Strukturierung 45
Vertrauen 79, 107, 138, 173–175, 177–178, 186
    in das Management 177
Vertrauensbarometer 70
Vertrauensbasis 42, 138
Vertrauensgewinn 178, 182
Vertrauenspotenzial 52
Vertrauensverhältnis 127
Vertrauensverlust 41
Vertrieb 74
Vertriebskosten 78
Verunsicherung 140, 144, 151
Verunsicherung der Fluggäste 135
Verweis auf höhere Autorität 47
Verzögerungen 170
Verzweiflung 48
volative Eigeninteressen einzelner Staaten 165
Volkswirtschaft 107
Vollsperrung des US-Luftraumes 98
Vorbildfunktion 177
Vorhersage
    der Erträge 126
Vorsorgemaßnahmen 1
Vorstand 134
Vorstandsvorsitzender 131

W

Wachstum 78, 107, 149
    aggressives 82
    profitables 126, 155
Wachstum des BIP 71
Wachstumsbremse 142
Wachstumsmöglichkeiten 182

Wachstumstrend 85, 167
Waffen 164
wahrgenommene Konsequenzen 55
wahrgenommene Krisenwirkungen 57
wahrgenommene Symptome 58
Wahrheitsgehalt 41
Wahrnehmung 40, 50–51, 112
Wahrnehmungsfilter 51
Wahrnehmungsverzerrungen 51
Wandel 128
    Abschnitte 130
    Instrumente 129
    Prozess 128
Warnsignale 30
Wechselwirkungen 53, 166, 183–184
    negative 54, 59, 64
    positive 54
Wechselwirkungen zwischen Krisen
    bidirektional 54
    direkt 54
    indirekt 54
    monodirektional 54
Weg zum Wandel 128
wei-chi 12
Weisungsstrukturen 35
Weisungssystem 37
Welthandel 143
Weltkonjunktur 184
Weltkrise 125
Weltluftverkehr 112
Weltmarktanteil 146
    an Passagierkilometern 76
Weltwirtschaft 70, 108, 140, 164
    Beeinträchtigungen 139
Werbekampagne 121, 174
Werbemaßnahmen 104, 186
Werbeoffensive 159
Werte
    gesellschaftliche 51
    lebenswichtige 51
Wertewandel 184
Wertschöpfung 141
Wertschöpfungskette 73–74, 148
    der Airline-Industrie 72
Wertvorstellungen 51
Wettbewerb 73, 145, 150
    freier 183
    internationaler 137, 171
    transatlantischer 117
Wettbewerber 161
    etablierte 82

Wettbewerbprinzip 1
Wettbewerbsaktivitäten 1
Wettbewerbsdruck 53, 69, 79, 81
Wettbewerbsfähigkeit 86
Wettbewerbsintensität 73
Wettbewerbskräfte nach Porter 73
Wettbewerbsmaßnahmen 133
Wettbewerbsposition 92, 154, 184
Wettbewerbsverzerrungen 74
Wettbewerbsvorteil 136, 171, 179, 184–185, 187
Widerstandsfähigkeit 108
Widerstandskraft 141
    der internationalen Börsen 142
Willensdurchsetzung 36
Wings 75
Winter 135
Wirkung in der Öffentlichkeit 51
Wirkungsintensität auf die Unternehmung 60
Wirkungsverstärkung 184
Wirtschaft 188
    verflechtete 187
wirtschaftliche Auswirkung 133
wirtschaftliche Lage 79, 168
wirtschaftlicher Aufschwung 140
wirtschaftlicher Downturn 70
wirtschaftlicher Erfolg 86
wirtschaftlicher Rückgang 72
wirtschaftlicher Schaden 187
wirtschaftliches Wachstum 71, 80, 139
Wirtschaftsflaute 71, 73
Wirtschaftslage 116
Wirtschaftssysteme 188
Wissenspool 187
Wissensvermittlung 128
Wohlbefinden 40
Wohlfahrtsverluste im Welthandel 143
World Trade Center 93–95, 101–102, 109, 139, 142, 164
    komparative Besonderheiten 95
    Symbolträchtigkeit 95
Worst Case-Scenario (Ice-Age) 136
Wut 44

Y
Yield-Management 76

Z
Zahlungsbedingungen 135
Zahlungsfähigkeit 13
Zahlungsschwierigkeit 13
Zahlungsstockungen 18, 20
Zahlungsunfähigkeit 24, 34
Zahlungsverpflichtungen 24
Zeit 47, 57, 77, 87, 185
Zeitdruck 17, 21, 34, 45, 165
Zeitgewinn 29
Zeitverzug 185
zentrale Entscheidungsfindungsstruktur 40
Zentraleinkauf 132
Zentralisierung 34–35
Zentrum der Verteidigung 96
Zersplitterung 80
zerstörerisches Verhalten 44
Ziel
    uminterpretiert 46
Zielflughäfen 119
Zielgruppen 41
Zielobjekte der Anschläge 94
Zielsetzung 36
Zielsetzungsaufgabe 37
Zielvereinbarungen 128
zinsverbilligtes Darlehen der Staatskasse 115
zivile Luftfahrt 98
Zubringerflüge 92
Zugeständnisse der Gewerkschaften 134
Zugunglück 20
Zukunftsinvestition 137
Zukunftsszenarien 135
Zusammenarbeit 47, 182
    mit Partnern 176
Zusatzausgaben 102
Zusatzkosten 103
Zuverlässigkeit 154
zyklische Bestandsaufnahme 186

www.ingramcontent.com/pod-product-compliance
Lightning Source LLC
Chambersburg PA
CBHW081536190326
41458CB00015B/5565